中国葡萄产业经济研究

THE RESEARCH ON ECONOMIC ISSUES OF GRAPE INDUSTRY IN CHINA

穆维松　冯建英　编著

中国农业大学出版社
·北京·

图书在版编目(CIP)数据

中国葡萄产业经济研究/穆维松,冯建英编著.—北京:中国农业大学出版社,2010.11

ISBN 978-7-5655-0148-7

Ⅰ.①中… Ⅱ.①穆… ②冯… Ⅲ.①葡萄-产业经济学-研究-中国 Ⅳ.①F326.13

中国版本图书馆 CIP 数据核字(2010)第 223092 号

书　　名　中国葡萄产业经济研究

作　　者　穆维松　冯建英　编著

策划编辑	汪春林	**责任编辑**	童　云
封面设计	郑　川	**责任校对**	陈　莹　王晓凤
出版发行	中国农业大学出版社		
社　　址	北京市海淀区圆明园西路 2 号	**邮政编码**	100193
电　　话	发行部 010-62731190,2620	读者服务部	010-62732336
	编辑部 010-62732617,2618	出　版　部	010-62733440
网　　址	http://www.cau.edu.cn/caup	**E-mail**	cbsszs@cau.edu.cn
经　　销	新华书店		
印　　刷	北京时代华都印刷有限公司		
版　　次	2010 年 12 月第 1 版　　2010 年 12 月第 1 次印刷		
规　　格	787×1 092　　16 开本　　14 印张　　210 千字		
印　　数	1～1 000		
定　　价	32.00 元		

图书如有质量问题本社发行部负责调换

前言

葡萄(树)是地球上最古老的植物之一,也是人类最早栽培的果树之一。葡萄是一种美味的鲜食水果,营养价值丰富,成熟的浆果中含有15%~25%的葡萄糖以及许多种对人体有益的矿物质和维生素,受到世界各国消费者的喜爱。而且,葡萄具有较高的产后加工价值,丰富的加工产品如葡萄酒、葡萄干、葡萄汁等,尤其是葡萄酒,现在几乎已经成为欧洲和美洲人生活中的必需品。FAO统计数据表明葡萄种植已经遍布全球近100个国家和地区,是种植范围最广的水果之一,产量和面积均居世界水果前列。

我国葡萄种植历史悠久。在2 500多年前,中国的土地上就生长着葡萄并载入史册。春秋时期的典籍《诗经》之《周南》篇里就有"南有樛木,葛藟纍之"的歌吟,而"葛藟"就是一种野生葡萄。改革开放后,我国葡萄产业迅速发展,在种植面积、产量、单产、品种、栽培方式以及果品质量上都有了很大的提升与突破。截至2009年年底,全国各省、直辖市、自治区均有种植,葡萄种植面积突破46万公顷,产量突破738万吨,成为世界第二大葡萄生产国。其中,鲜食葡萄更是从1994年开始,一直处于世界第一位。从2007年开始,我国鲜食葡萄的出口量超过进口量,产品出口到俄罗斯、越南和日本等国家和地区,对增加葡萄种植户的收入发挥了积极的作用。近十年来,随着我国葡萄产业链不断延伸,葡萄酒产业发展迅速,葡萄酒产量的年均增长率均超过10%;据国家统计局对规模以上企业的统计,2009年全国葡萄酒产量96万千升,全国葡萄酒产值达到了232亿元。

虽然我国葡萄产业已进入了生产大国的行列,但是与葡萄生产强国相比还存在很大的差距。主要表现在:鲜食葡萄以自销为主,2008年出口量占葡萄产量只有1.37%;葡萄的出口不足世界出口量的1%;且价格仅为进口葡萄价格的50%左右,葡萄的国际竞争力不强;葡萄流通环节多,效率低;产后的储藏、保鲜加工比例低,产后加工增值小。从全球情况来看,目前我国葡萄生产主要以鲜食为主,鲜食葡萄产量约占葡萄总产量的75%;而酿酒葡萄的产量所占葡萄总产量的比例不到15%，仅有10%的葡萄用于制干、制汁或制醋，很少部分用于其他加工产品。其他葡萄主产国与我国葡萄产业情况不同，有近70%的葡萄用于酿酒，25%用于鲜食，5%用于制干、制汁或制醋；欧美葡萄主产国家这一比例更高，有90%左右的葡萄产量用于加工，近80%的葡萄用于酿酒，10%用于制干、制汁或制醋，而仅有10%用于鲜食。

在中国进入“工业反哺农业”的历史时期，国家高度重视“三农”问题和社会主义新农村建设，为我国葡萄产业发展创造了良好的发展环境。葡萄作为增值潜力较大的加工型水果之一，葡萄产业必将成为更受关注产业之一。如何放眼国际葡萄产业发展趋势、立足我国葡萄产业发展实际，发挥其产业链长的特性，促进葡萄加工业的发展；以市场需求为导向，合理安排葡萄的生产，为提高葡萄种植户收入和促进葡萄产业的良性发展，是摆在我们面前的重要课题。

本书通过广泛深入的调研和分析，全面研究我国葡萄产业的成本与收益、生产效率、产业布局、流通模式与效率、消费与需求、贸易与国际竞争力等方面的产业经济问题和技术经济问题，分析葡萄产业发展的现状与特征，为今后系统地、有针对性地深入开展葡萄产业经济问题研究奠定基础。本研究的目标是为提高葡萄产业技术水平，增强产业国际竞争优势提供经济学参考建议，为管理部门引导整个产业进入良性发展轨道提供决策参考依据。

本书主要包括几个方面内容：

(1)世界葡萄产业发展现状。利用联合国粮农组织(FAO)的统计数据，全面分析全球葡萄产业生产概况、区域布局与主产国的特征、葡萄加工品发展、世界葡萄产业国际贸易以及世界主要葡萄贸易市场。

(2)中国葡萄产业生产与市场发展现状。利用联合国粮农组织(FAO)和中国农业统计年鉴的统计数据，重点研究了我国葡萄产业生产布局、生产变动趋势、产业空间分布特征以及市场集中度状况。

(3)中国葡萄生产成本与收益分析。通过实地调查和问卷调研，获取我国葡萄生产成本与收益数据；比较分析我国不同省份地区、不同栽培模式(设施栽培与露地栽培)、不同用途(鲜食、酿酒、制干、制汁以及观光等)和不同品种(目前国内栽植的主要品种)的葡萄在生产环节的物质资料投入、人工投入以及经济收益的差异。

(4)中国葡萄生产效率研究。在成本与收益定量分析的基础上，运用C-D生产函数模型计量研究了我国葡萄生产效率问题，比较分析了全国整体情况以及不同地区之间，不同的生产投入对产出的影响与贡献程度的差异。

(5)中国葡萄流通模式及特点研究。以供应链管理和系统分析的思想为指导，分析中国葡萄供应链的演进阶段及特征、现有供应链的主要模式和特征、在我国占主导地位的葡萄批发市场的流通情况以及一些新型的流通模式。

(6)中国葡萄及其制品的消费研究。以消费者行为学研究方法为基础，结合葡萄及其产品的经济学与消费特性，通过问卷调查获取相关信息，研究了我国消费者对葡萄及其制品消费量的情况，对品种、葡萄属性、价格、购买渠道以及葡萄酒的消费场合与品牌认知方面的偏好；研究了消费者对反季节葡萄、对无公害、绿色、有机葡萄以及对转基因葡萄的态度、接受度和支付意愿等。

(7)中国葡萄产业国际贸易研究。以中国海关年鉴统计数据和联合国粮农组织统计数据为基础，详细分析了中国葡萄国际贸易概况、贸易产品结构、市场结构、贸易价格，并且运用国际市场占有率(MS)、贸易竞争力指数(TC)、显示性对称比较优势指数(RSCA)、净出口显示性比较优势指数(NRCA)模型，测算并分析了中国葡萄产业的国际竞争力。

(8)中国葡萄供求关系研究。以联合国粮农组织(FAO)、中国食品工业年鉴和美国农业部(USDA)的统计数据为基础，定量分析了中国葡萄市场的供给总量、产品供给结构、消费总量和消费结构的变化特征，并定性分析了影响葡萄供给和消费需求的主要因素。

在本研究的过程中，得到了中国农业大学傅泽田教授的大力支持和鼓励，傅泽田教授对整个研究内容构思和结构设计给予了悉心指导和启示，在此表示衷心的感谢！在本书编写过程中，团队成员张小栓、田东、周志坚、王瑞梅、郑小平和张领先等对本书内容大纲的设计、研究方法的选择、调研方案的设计与修改等工作贡献了大量的心血；中国农业大学的焦伟华博士、马常阳硕士、宋劲涛硕士、钟礼珍硕士、王下硕士、冯慧茹硕士、闫志勇硕士、管成硕士等参与了本书的资料整理、数据处理、文字编写等方面的工作；杜亚楠硕士负责了我国葡萄生产效率测评的研究与编撰，在此一并表示感谢。

CONTENTS

目 录

CONTENTS

图表目录

1 绪论

中国葡萄产业经济问题研究将按照国家葡萄产业技术体系的总体要求，放眼国际葡萄产业发展趋势、立足我国葡萄产业发展实际，以产业经济学和技术经济学研究方法为指导，以我国葡萄产业的发展状况、产业环境、产业结构、产业布局以及相关的产业政策为主要研究内容，在开展大量调研获取第一手数据的基础上，对我国葡萄产业发展的经济状况进行系统化研究和分析，为提高我国葡萄产业技术水平、增强我国葡萄产业国际竞争力提供经济学建议，为促进我国葡萄产业良性发展提供决策依据。

1.1 研究背景及意义

从全世界角度来看，葡萄种植历史悠久，是一种非常重要的水果，一直是世界四大水果之一。据 FAO 统计资料，2008 年世界葡萄园面积为 740.8 万公顷，占世界水果总面积的 12.3%，仅次于柑橘，居第二位；2008 年世界葡萄总产量约为 6 770.9 万吨，占世界水果总产量的 9.7%，仅次于柑橘和香蕉，居第三位。全世界的欧洲、亚洲、美洲、非洲和大洋洲五大洲的 230 个国家和地区，均有葡萄种植，其中欧洲为全球葡萄主产区，产量占全世界葡萄产量的一半以上，其次是亚洲，欧亚两洲占世界葡萄总产量的接近 80%。意大利、中国、美国、西班牙和法国是世界葡萄产量最大的五个国家。

葡萄在中国也是一种非常古老而重要的果树，尤其在改革开放后我国葡萄产业取得迅速发展。截至 2008 年，我国葡萄产量达到 728.47 万吨，面积 43.82 万公顷，分别占世界葡萄产量的 10.8%和面积的5.9%，成为世界第二大葡萄生产国和第一大鲜食葡萄主产国，在世界葡萄产业的舞台上引起越来越多的关注。从国内水果市场结构来看，葡萄也成为我国第六大水果。我国葡萄产业以传统的西北产区和环渤海湾产区为主，新疆、山东、河北、辽宁是主要的葡萄生产省份，由于科技的进步及葡萄收益比较高的导向作用，目前全国各省市区均有葡萄种植。葡萄产业在我国很多地区成为调整农业产业结构、促进农村经济发展、增加农民收入的重要途径之一。

我国的葡萄产业生产总量在世界上的地位引人瞩目，然而也存在着一些不容忽视的问题，我国已经迈入世界葡萄生产大国的行列，但是与世界葡萄强国相比，还存在较大的差距。

1.1.1 生产理念和方式相对落后，果品质量和经济效益有待提高

(1)标准化生产水平较低，葡萄园生产管理方式落后

目前我国葡萄标准化生产水平还比较低，栽培环节和质量管理都能严格标准化的产品很少，尤其在一些以家庭为单位的葡萄园中，凭经验施肥、打药的现象还很普遍。生产不能实现标准化，则现代化的管理方式和质量控制措施难以统一实施，进而影响产后处理和流通环节的标准化实施，以及葡萄产后的流通、保鲜加工的附加值的实现。

(2)重量轻质现象依然存在，优质栽培理念尚未普及

优质栽培理念尚未在广大葡萄种植者中普及，很多地区还不能正确处理质量与产量、质量与效益的关系，还存在盲目追求产量的现象，这既影响葡萄园的持续稳定生产，也严重影响了果品的质量，种植户的收益难以得到保障。

(3)葡萄生产者价格偏低，种植户收益偏低

生产者价格是指商品从生产领域进入流通环节直至消费领域的第一层价格，也是形成销售价格的基础。根据FAO的统计，2008年世界葡萄平均生产者价格为994.2美元/吨(根据FAO提供的有统计数据的74个国家的数据计算而来)，我国葡萄生产者价格为758.4美元/吨，显著低于世界平均水平；而同期法国的价格高达1 923.3美元/吨，其他葡萄主产国家如阿根廷为1 609.7美元/吨，德国为

1 565.8美元/吨。相比之下，我国的葡萄生产者价格只及法国的39%，明显偏低，种植户的收益也受到影响。

1.1.2 重生产、轻流通，缺乏有效的供应链管理和产品营销体系

(1)产销分离现象在很多地区还很明显，市场价格波动大

产销分离现象在很多地区还很明显，部分地区盲目扩大种植面积，而不能科学把握市场和进行产业规划，市场调研和推广工作没有做在前面，导致即使生产出质量好的葡萄，卖果难现象时有发生，市场风险加大；同时，很多非种植区的居民却在抱怨吃不到美味的新鲜葡萄，卖果难和买果难的矛盾并存。

(2) 缺少组织良好的葡萄产品销售网络及现代化的营销方式

葡萄市场销售网络不健全，现代化的营销模式和手段尚未推广。葡萄种植户多，葡萄经销商、专业销售人员以及市场人员太少；坐等收购商上门的多，主动出去跑市场的少；传统的地头批发和市场销售模式多，农超对接、电子商务等新型模式少。

(3)供应链管理效率低，流通环节风险大

葡萄产业供应链结构，特别是种植与加工企业间的利益分配关系不稳定，导致契约风险高，农户利益难以保证；供应链管理水平和效率偏低，不能严格实行“从田间到餐桌”的全面、全程质量监控，容易造成一些产品腐烂变质，加大了流通环节的风险。

1.1.3 产后处理、加工和商品化程度不高，较难形成品牌效应

(1)贮藏保鲜和冷链物流比例低，易造成流通环节的损失与浪费

葡萄的采后保鲜量还很有限，既产生了流通环节额外的损失与浪费，还不便于长期储存和反季节销售，不能向广大消费者全年提供美味的鲜食葡萄。在很多地区，尤其在农村和小城镇，居民消费葡萄主要是在葡萄盛产期的夏秋之际；而冬春季节消费量很少，消费的季节性均衡性很弱。

(2)葡萄加工比例低，加工业水平不高，难以提高附加值

从全球经验来看，在葡萄产业中鲜食葡萄只是其中一小部分，产

业发展主要是依靠加工业，尤其以酿酒业突出，全球有大概近70%的葡萄用于酿酒，5%用于制干、制汁或制醋，25%鲜食；欧美国家大概有90%的葡萄产量用于加工；而我国的产业结构却跟这个趋势相反，我国葡萄生产主要以鲜食为主，约占总产量的75%，而酿酒葡萄的量所占比例不到15%，10%制干、制汁或醋，较少部分用于其他加工产品。这组数据突出地显示了我国葡萄产业的结构性矛盾，过多的鲜食比例使得我国葡萄产业还处于主要是鲜食水果的提供者的地位，而损失了葡萄产品加工带来的高额的附加价值和增值价值。

葡萄酒产业基础薄弱。我国葡萄酒国际贸易以进口为主，出口量非常少而且增长乏力；近几年，葡萄酒进口价格比出口价格还低，这将进一步挤占我国葡萄酒产品市场空间；同时，由于进口国外的桶装葡萄酒价格更低，很多葡萄酒生产企业选择从国外进口原酒以降低生产成本，这导致进口葡萄酒中以桶装葡萄酒为主，占进口葡萄酒总量的70%以上，这也对我国葡萄酒产业的发展造成了一定的抑制影响。

1.1.4 市场开发深度、广度不够，消费者需求尚未充分释放

(1)葡萄消费宣传不足，消费者认知度不高

在一项产业经济岗位进行的全国范围调研中，高达20%的消费者不知道自己平时购买的葡萄的品种，超过50%的消费者只知道巨峰、玫瑰香和红地球这些市场上常见的品种；同时，在葡萄的消费动机中，超过70%的消费者表示只是作为时令水果而食用，远远高于对葡萄的保健、减肥、美容等功效的理性认知百分比。可见，消费者对葡萄及葡萄消费的认知度还不是很高。

(2)葡萄及葡萄酒市场还有待进一步开发，葡萄及葡萄酒文化普及不足

在葡萄酒消费方面，我国跟世界平均水平有较大差距。人均消费葡萄最多的三个国家依次是卢森堡、法国和意大利，人均消费量在50升左右，其他欧洲国家的人均消费也较多。目前我国年人均葡萄酒消费量仅有0.64升，远远不及全球平均的4.5升。我国的葡萄酒消费文化普及不够。据调研，我国消费者主要在宴会、请客等场合消费葡萄酒，出于保健、美容、习惯性消费等因素主动购买葡萄酒的消费者还很少。

1.1.5 产业化、组织化程度低，社会服务体系不健全

(1)大部分产区缺少真正发挥作用的规模性协会组织或合作社

我国葡萄产业化、组织化程度低，规模化和集约化发展模式少，目前全国葡萄种植的主体仍然是一家一户的小规模种植户，这些分散的小农户对市场的把握能力较差、难以抵御风云变幻的市场风险、难以适应势不可挡的现代化大市场的挑战，也将与葡萄产业化发展产生矛盾。国家为解决这一矛盾近几年建立了一大批葡萄专业合作社（协会），但是真正发挥作用的并不多。有一些村、镇甚至是为了完成上级的指标而强行摊派成立了合作社，导致全国合作社（协会）数量多，但是规模小，发挥作用的比例更小，形式主义的做法严重危害合作社的作用发挥和可持续发展。

(2)龙头企业参与度不够，小农户对大市场的风险依然比较大

目前，我国主要是在酿酒葡萄种植上发展了一批龙头企业，成立龙头企业的初衷是带领种植户，共同分担市场的风险，有效保障作为市场弱势群体的农户利益。然而，实际上这些龙头企业和农户很难形成真正的利益共同体，签订的合同、契约等执行率偏低；农户依然很被动，一旦葡萄酒企业拒收，就会面临低收益、零收益的风险。

(3)葡萄产业保险涉入程度低，种植户承担风险高

由于农业生产的季节性强、周期性长和自然灾害风险高、风险可控度低，我国农业保险工作一直较难开展。葡萄产业的保险业发展程度更低，大多数保险公司不愿意接受葡萄种植户的投保业务，因此种植户需要承担自然灾害和市场双重风险，收益难以保障。

1.1.6 产业国际竞争力不强，进入国际市场压力大

(1)鲜食葡萄贸易量虽然显著增长，但贸易额逆差仍然严重

我国是世界上最大的鲜食葡萄主产国，但是我国鲜食葡萄的相对竞争优势并不高。虽然我国鲜食葡萄的出口量在逐年增长而进口量在逐渐减少，从2007年开始鲜食葡萄的出口量超过进口量，这是我国葡萄国际贸易的一大突破；但是从贸易额来看，我国葡萄产业逆差还很严重，2009年我国葡萄产业贸易逆差大幅增至4.88亿美元，进口额是出口额的4倍之多，逆差有进一步加大趋势；多年来，我国鲜食

葡萄的出口价格都比进口价格低，2007年进口平均单价几乎为出口的3倍，我国葡萄的高端市场被很多进口产品充斥。

(2)葡萄酒产业在国际上竞争优势很弱，发展压力大

目前，我国葡萄酒产业仍处在培育期，国际贸易主要以进口为主，近20年来，葡萄酒进口量呈现快速增长形势，而出口的数量本来基数就小，且增长缓慢。从产品结构来看，一直以来我国进口葡萄酒中，装入2升以上容器的葡萄酒(桶装葡萄酒)占到了绝大多数比例，而出口产品中则以装入2升以下容器的葡萄酒(瓶装葡萄酒)为主。

我国葡萄酒进出口贸易，在价格方面同样存在结构性差异。2007年桶装葡萄酒进口单价仅为0.568美元/升，而瓶装葡萄酒进口单价达4.352美元/升；由于进口国外的桶装葡萄酒价格更低，很多葡萄酒生产企业选择从国外进口原酒之后进行勾兑生产最终产品，而放弃从本国收购酒葡萄、压榨、加工，用以降低生产成本，这给我国葡萄酒产业带来更大的挑战。

通过以上对我国葡萄产业现有问题的分析，可以看出：对我国葡萄产业发展从经济学角度进行系统、全面地调查研究是如此重要和迫切。但是由于葡萄在我国农业种植业中仍然属于小品种，国家层面对葡萄产业的基础数据统计工作开展不足，国内不同地区葡萄产业的对口管理部门也有所不同，从而造成葡萄产业统计数据非常匮乏。因此，国内学术界对葡萄产业经济问题的系统化研究非常少，现有的文献资料都不多，可以说葡萄产业经济问题的研究比较滞后，对我国葡萄产业的健康、持续发展会产生不利影响。因此，迫切需要集中一批专门的研究力量，深入我国葡萄产业发展第一线，调研实际生产中存在的经济问题和需求，有针对性地开展调查研究工作，为产业发展提供经济信息决策建议和服务。

1.2 研究目标与方法

1.2.1 研究目标

本研究将以产业经济团队的实地调查研究数据为第一手资料，针对我国葡萄产业在生产效率、产业布局、流通与供应链、供给与需

求、市场消费、贸易与国际竞争力等方面关键的产业经济问题和技术经济问题开展研究。通过实地调研，摸清我国葡萄产业发展的现状与问题；开展大量的调研，获取丰富的数据，逐步建立我国葡萄产业经济基础信息数据库，为今后系统地、有针对性地深入开展研究奠定基础；通过产业发展关键经济问题的调查研究，为实际生产中问题的解决提供评估依据和决策建议；为提高产业技术水平、增强产业国际竞争优势提供经济学参考建议；为管理部门引导整个产业进入良性发展轨道提供决策依据。

1.2.2 主要方法

(1)宏观分析与微观分析相结合

既有基于联合国粮农组织(FAO)统计数据和中国农业统计年鉴等统计数据，对世界及我国葡萄产业生产、贸易、发展方面的宏观环境分析，又有基于种植户的生产成本与收益、基于批发商的流通效率、基于消费者的消费与需求调研分析，通过宏观分析与微观分析有机结合，不仅从面上整体把握、也从点上深入挖掘，提高研究的定位准确性和信息可靠性。

(2)文献分析与实地调查相结合

本研究通过大量阅读国内外关于葡萄产业经济问题研究的相关文献，力求把握世界葡萄产业发展趋势和特点，了解和掌握国际领先的领域问题研究方法、模型及趋势；通过实地调研和问卷调研收集数据，获得第一手资料，为深入研究提供数据基础。

(3)定性研究与定量研究相结合

一方面有对影响葡萄流通效率、批发价格以及供需关系进行定性分析，另一方面也有基于计量经济学模型的定量测算和分析，力求通过定量的描述反映和提高研究结果的准确性。

(4)理论研究与实证研究相结合

通过扎实的经济学研究方法的掌握，将产业经济学、技术经济学、消费者行为学、国际贸易学等相关经济管理学科的一般性理论方法与中国葡萄产业发展实际相结合，确立研究框架和主要的研究内容；通过调研获取实证研究的数据和案例，通过理论分析和实证案例的有机结合，使研究紧密结合生产实际并能为生产实际服务。

1.3 研究特点及框架

1.3.1 本书特点

本书的一大特点即是紧密结合葡萄产业发展实际，通过大量的实地调研和大样本的全国调查，获取了研究的基本素材和数据，为后期的定量分析和深入研究提供了基础，也确保本研究来源于葡萄产业发展的生产实际、立足于产业发展、将研究做实做好。

其次，本书没有截取葡萄产业某一个发展方面，或某一个发展节点开展深入研究，而是从整个葡萄产业链的角度入手，系统性地调查研究我国葡萄产业的生产、供给、流通、消费、贸易中的产业经济学问题，使得研究具有系统性。

1.3.2 研究框架

根据研究目标，本书的结构框架主要如下：

第一章，绪论。通过分析世界和我国葡萄产业的发展现状与趋势，尤其是我国葡萄产业发展的问题与差距，提出本书的研究目标、研究方法、特点与框架，总体上介绍本书的研究背景和思路。

第二章，世界葡萄产业发展现状。利用联合国粮农组织(FAO)的统计数据，全面分析全球葡萄产业生产概况、区域布局与主产国的特征、葡萄加工品发展、世界葡萄产业国际贸易以及世界主要葡萄贸易市场。

第三章，中国葡萄产业生产现状。我国葡萄产业生产布局、生产变动、产业空间分布特征以及市场集中度的变动特征。

第四章，中国葡萄成本与收益分析。通过问卷数据，比较分析我国不同省份地区、不同栽培模式、不同用途和不同品种的葡萄在生产环节的建园投入、物质投入、人工投入、收益等差异。

第五章，中国葡萄生产效率测评。运用 C-D 生产函数模型计量研究我国葡萄生产效率问题，比较分析不同的生产要素投入对葡萄产出的影响与贡献程度的差异。

第六章，中国葡萄供应链模式及流通特征。分析中国葡萄供应链的发展阶段及其相应特征，葡萄供应链的主要模式及特点，批发市场在葡萄流通环节地位、作用及流通效率，农超对接的优势及发展潜力。

第七章，中国葡萄及其制品消费特征。通过问卷调研，研究我国消费者对葡萄及其制品消费情况，对不同的葡萄制品及不同的葡萄属性的认知、偏好以及购买意愿。

第八章，中国葡萄国际贸易特征。中国葡萄国际贸易发展、产品结构、市场结构、贸易价格，基于国际市场占有率(MS)、贸易竞争力指数(TC)、显示性对称比较优势指数(RSCA)、净出口显示性比较优势指数(NRCA)模型，测算中国葡萄产业的国际竞争力。

第九章，中国葡萄产业市场供求特征。以联合国粮农组织(FAO)、中国食品工业年鉴和美国农业部(USDA)的统计数据为基础，定量分析了中国葡萄市场的供给总量、产品供给结构、消费总量和消费结构的变化特征，并定性分析了影响葡萄供给和消费需求的主要因素。

2 世界葡萄产业发展现状

2.1 世界葡萄产业生产状况

2.1.1 葡萄的世界种植面积和产量均位居世界水果前列

据联合国粮农组织(FAO)统计,葡萄的种植面积比较稳定,一直是全世界种植面积较大的水果,其产量也位居各种水果前列。2008 年,世界水果面积为 6 006.4 万公顷,其中葡萄园面积为 740.8 万公顷,占总面积的 12.3%(图 2-1);从水果产量来看,2008 年世界水果产量为 69 961.1 万吨,葡萄产量为 6 770.9 万吨,占总产量的 9.7%(图 2-2)。

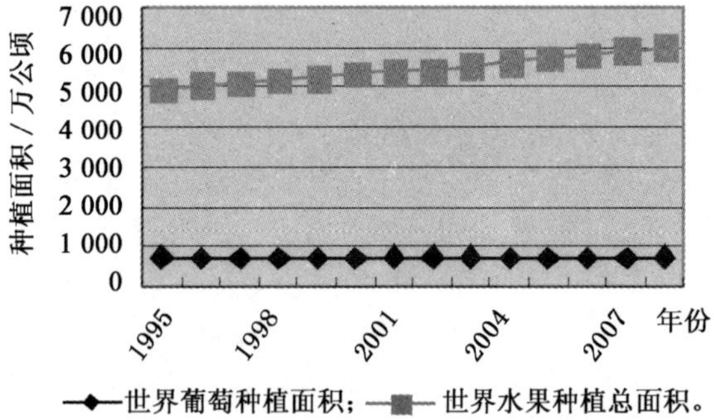

图 2-1 世界葡萄和水果种植面积(FAO 统计)

2.1.2 世界葡萄生产稳步发展,2008 年面积产量双增长

世界葡萄种植面积经过 20 世纪 80 年代的大增长到达顶峰,之后在 1991—1995 年出现了较大的萎缩,从 1995 年至今,一直保持着相

对比较平稳的发展态势，没有出现很大波动；2008 年葡萄园面积 741 万公顷，比 2007 年略有增长，涨幅为 1.9%(图 2-3)。

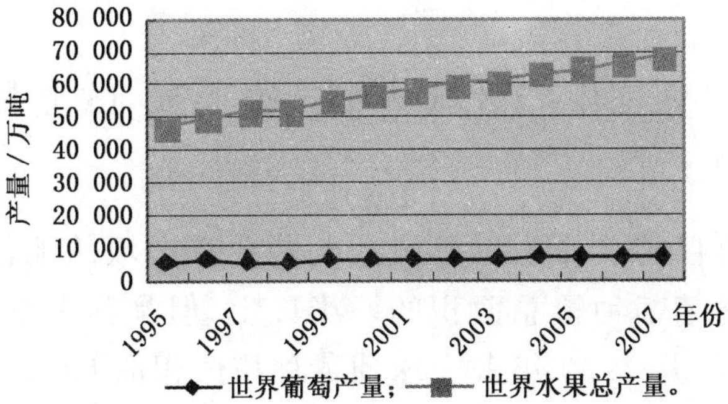

图 2-2 世界葡萄产量和水果产量(FAO 统计)

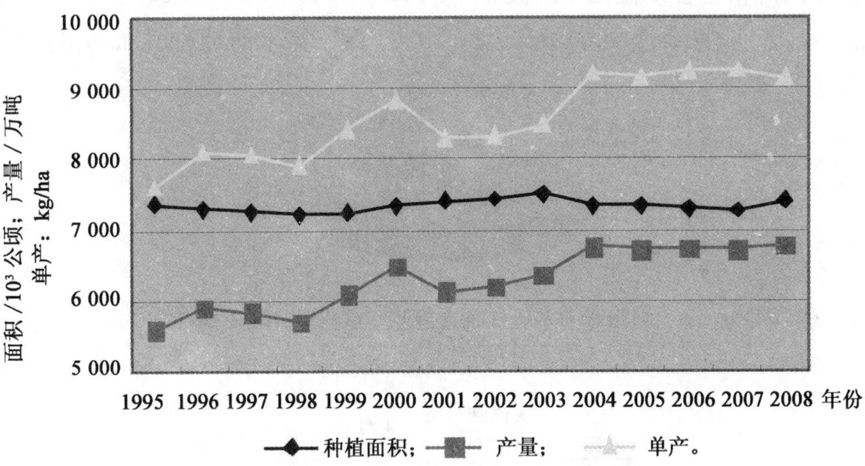

图 2-3 世界葡萄种植面积、产量和单产(数据来源:FAO)

葡萄产量与葡萄的种植面积正相关，但是其产量还受到品种、栽培方式、病虫害等各种因素的影响，所以产量与面积并不是严格地正相关。总体来看，与面积相比，葡萄产量的年度波动要更明显一些，但最近几年产量变化比较稳定，2008 年全球葡萄产量为 6 771 万吨，比 2007 年小幅增长。

受益于育种、栽培技术和病虫害防治技术的进步，世界葡萄的平均单位面积产出率取得了较大增长，2008 年单产达到 9 140 kg/公顷，比 1995 年增长了 20%以上。不过现在各国都意识到了控产提质的重要性，所以并不会一味地追求高产量，也这是葡萄的单产没有持续快速增长的原因。

2.2 世界葡萄产业区域布局

2.2.1 世界葡萄生产区域集中特征明显，欧洲是最大的葡萄主产区

欧洲一直保持着作为世界最大葡萄主产区域的地位，欧洲葡萄园面积占世界葡萄种植总面积的一半以上，但是其占总面积的比重却在逐渐下降，从 1990 年占全球葡萄种植面积的 69.6%（图 2-4）缩减到 1998 年的 61.2%（图 2-5），2008 年再次减少到 54.9%（图 2-6）；非洲所占比例相对稳定，一直在全球葡萄种植面积的 5%左右；亚洲和美洲所占比重日益增大，美洲从 1990 年的 9.7%增长到 2008 年的 12.5%，亚洲的增速更加显著，从 1990 年占全球葡萄种植面积的 16%

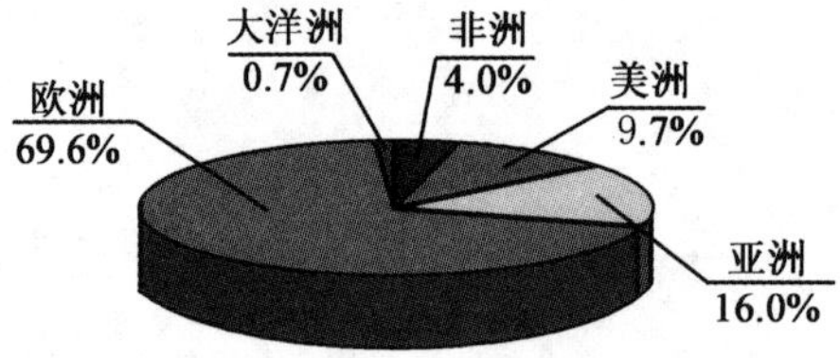

图 2-4　1990 年世界各大洲葡萄收获面积比例图（FAO 统计）

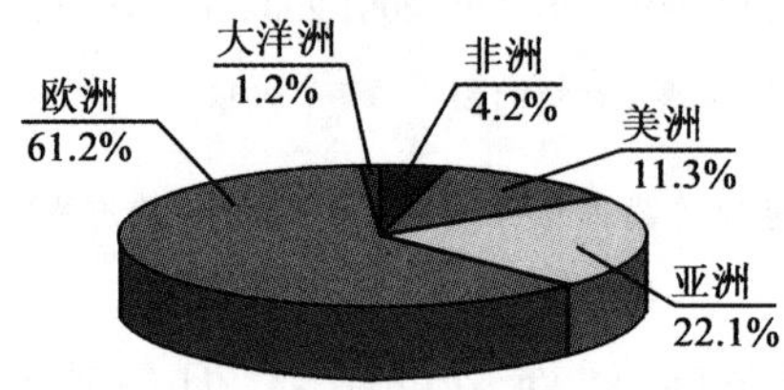

图 2-5　1998 年世界各大洲葡萄收获面积比例图（FAO 统计）

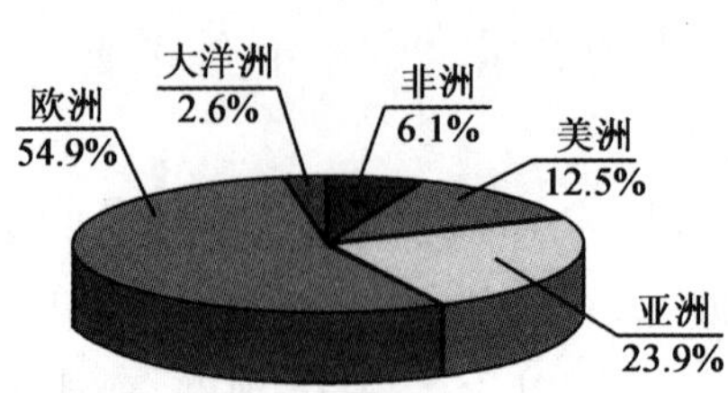

图 2-6　2008 年世界各大洲葡萄收获面积比例图（FAO 统计）

发展到 2008 年的 23.9%，这与中国、伊朗等亚洲国家葡萄产业的迅速崛起是密不可分的；大洋洲所占比例一直在 3%以内。

世界各大洲的葡萄产量分布也很不均衡，欧洲的产量占绝对优势，1990 年欧洲葡萄产量占全球的 60%以上，现在已经缩减至 42%；亚洲是崛起最迅速的地区，从 1990 年占总产量的 15%发展到现在的接近世界产量的 1/3；美洲所占的比例呈现缓慢的增长势头；非洲、大洋洲跟美洲的发展趋势类似。总之，除欧洲之外，其他各大洲葡萄产量占世界葡萄总产量的份额都在逐渐上升，欧洲的垄断份额正逐渐被其他各大洲所挤压（图 2-7 至图 2-9）。

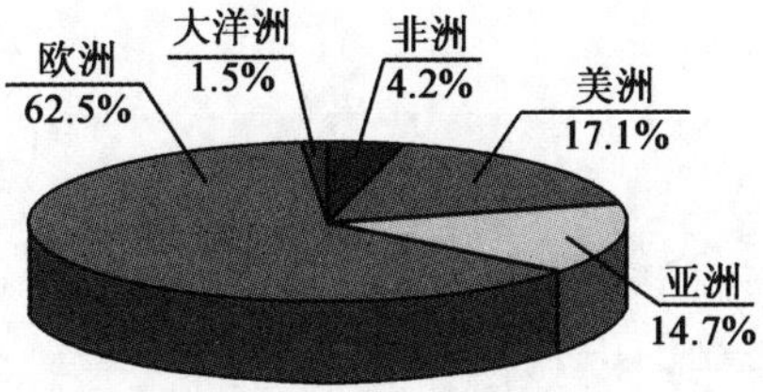

图 2-7　1990 年世界各大洲葡萄产量比例图（FAO 统计）

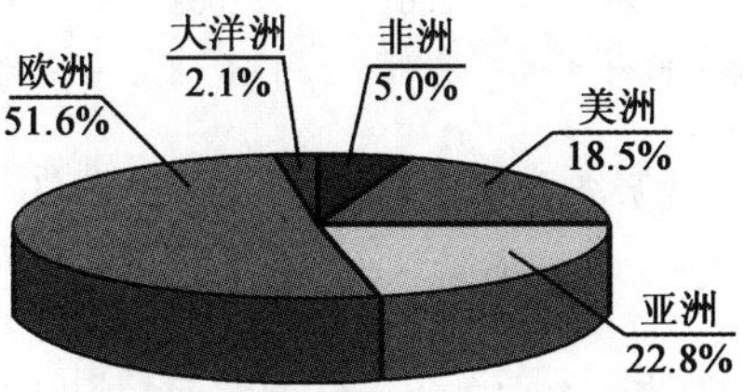

图 2-8　1998 年世界各大洲葡萄产量比例图（FAO 统计）

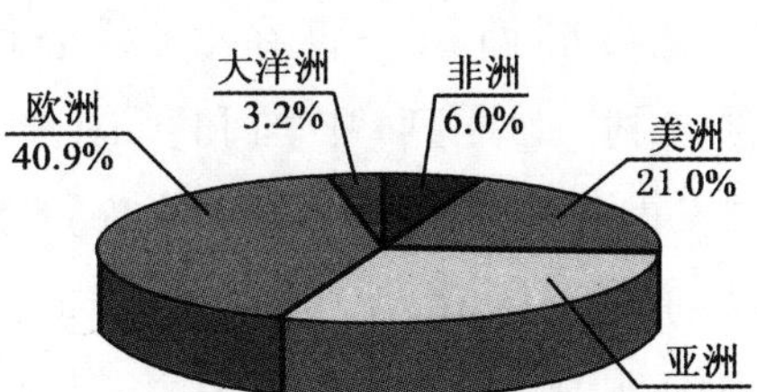

图 2-9　2008 年世界各大洲葡萄产量比例图（FAO 统计）

从单产看，各个大洲的差异也是很明显的。一方面与育种、栽培等技术水平的提高有关，另一方面又受到气候、自然灾害等不同因素的影响，同时，越来越多的消费者对葡萄产品提出了更高的品质要求，迫使种植者将关注的重心从提高产量转换到提高品质，进而提高葡萄园的总收益。

美洲的葡萄单产一直比较高(图 2-10)，近十年来都是世界单产最高的地区；亚洲的单产近年来一直保持上升趋势，目前与大洋洲相当；非洲的单产近几年基本呈现下降的趋势；欧洲的单产一直是最低的，这与欧洲种植大量的酿酒葡萄有关。欧洲是传统的葡萄优势产区，现在追求酿造一些高端的葡萄酒，这对作为原料的酿酒葡萄提出了更高的品质方面的要求，种植者懂得控产提质的重要性，不是一味追求高产。

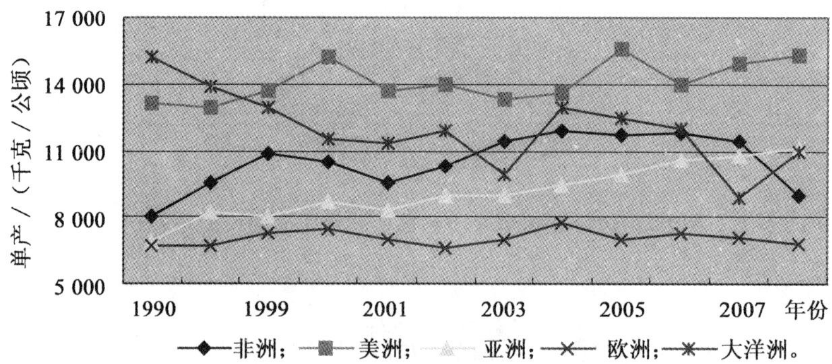

图 2-10 世界各大洲的葡萄单产变化趋势（FAO 统计）

2.2.2 主产国优势突出，意大利、中国和美国是葡萄产量最大的三个国家

2001—2008 年，葡萄园面积一直在 30 万公顷以上的国家有六个：西班牙、法国、意大利、土耳其、中国和美国。20 多年来，西班牙一直是葡萄种植面积最大的国家，而且远远高于排名第二的法国，意大利在 2002 年以前和法国相当，近几年葡萄园面积有一些较大波动，目前已经被法国明显超越。土耳其稳定地控制在 50 万公顷的水平，但 2007 年、2008 年有一些减少的趋势。中国的葡萄园面积增速明显，从 1995 年葡萄园面积在世界排名第十上升到 2008 年的第五位，葡萄种植大国的地位更加巩固。美国的葡萄面积总体上比较稳定，伊朗从 2003 年开始迈入葡萄园面积 30 万公顷的国家行列(表 2-1)。

表 2-1　世界葡萄主产国(前十)2008 年的种植面积及占世界总量的比例

主产国	面积(公顷)	占世界面积的比例(%)
西班牙	1 200 000	16.2
法国	813 496	11.0
意大利	770 000	10.4
土耳其	482 789	6.5
中国	438 232	5.9
美国	379 360	5.1
伊朗	315 000	4.3
葡萄牙	222 700	3.0
阿根廷	220 000	3.0
罗马尼亚	194 038	2.6
智利	182 000	2.5
	累计百分比	70.4

数据来源:FAO

从产量来看,意大利稳居世界葡萄产量第一的宝座(表 2-2)。但从 2000 年开始,其产量呈现大起大落的态势,虽然 2002 年、2003 年有所增长,但是一直没有回到 1996 年的高峰状态;法国、西班牙的产量与同属欧盟的意大利产量变化趋势相一致;美国的产量起落也比较大。中国在世界葡萄主产国中越来越引人注目,1995 年起中国的葡

表 2-2　世界葡萄主产国(前十)2008 年的产量及占世界总量的比例

主产国	产量(吨)	占世界葡萄产量的比例(%)
意大利	7 793 301	11.5
中国	7 284 656	10.8
美国	6 744 840	10.0
西班牙	6 053 000	8.9
法国	5 664 195	8.4
土耳其	3 918 440	5.8
伊朗	2 900 000	4.3
阿根廷	2 900 000	4.3
智利	2 350 000	3.5
澳大利亚	1 956 790	2.9
南非	1 791 643	2.6
	累计百分比	72.9

数据来源:FAO

萄产量快速增长,2008 产量达到 728 万吨,是第二个产量超过 700 万吨的国家,成为世界第二大葡萄主产国,产量仅次于意大利。伊朗、阿根廷、智利、南非四国的葡萄产量总体上也在增长,但是增速没有中国显著。

从主产国占世界总量的百分比来看,世界前三的主产国占世界葡萄园面积和产量的比例均在 10%以上,世界前十的主产国葡萄园面积之和占世界葡萄园总面积的 70.4%、葡萄产量之和占总产量的 72.9%,其他众多国家占总面积和产量的比例均低于 30%,可见世界葡萄生产主产国的集中优势非常明显。

2.3 世界葡萄加工品状况

葡萄是世界上加工比例最高、产业链最长、产品最多的水果。从全球情况来看,近 70%的葡萄用于酿酒,25%鲜食,5%用于制干、制汁或制醋。欧美国家这一比例更高,有近 80%的葡萄用于酿酒,而仅有 10%用于鲜食,10%用于制干、制汁或制醋。所以,葡萄酒和葡萄干是葡萄产业中最重要的两项加工产品。

2.3.1 葡萄酒

从世界角度来看,葡萄最重要的用途是酿造葡萄酒。这一点从传统的葡萄强国——欧洲的法国、意大利、西班牙,以及新兴的葡萄酒强国美国、澳大利亚都可以得到证实。但是对于亚洲国家,尤其是中国,虽然现在是世界第二位(产量)的葡萄主产国,但是由于受传统的消费习惯和消费文化影响,中国并没有形成浓厚的葡萄酒消费文化,因此中国的葡萄酒人均消费量还比较低,葡萄酒的加工量不大。

全世界的葡萄酒产量近几年来波动不大(图 2-11)。2008 年全球葡萄酒产量为 2 727 万吨,从 2000 年以后的发展趋势来看,全球葡萄酒产量在 2004 年达到高峰,之后一直没有再超越 2004 年的数据。相对而言,全球葡萄产量变化趋势也同样相对平稳,2004 年达到最近几年的最高产量,之后略有下降。可见,作为原料的葡萄产量的变化,会很明显地在加工制品葡萄酒产量上体现出来。

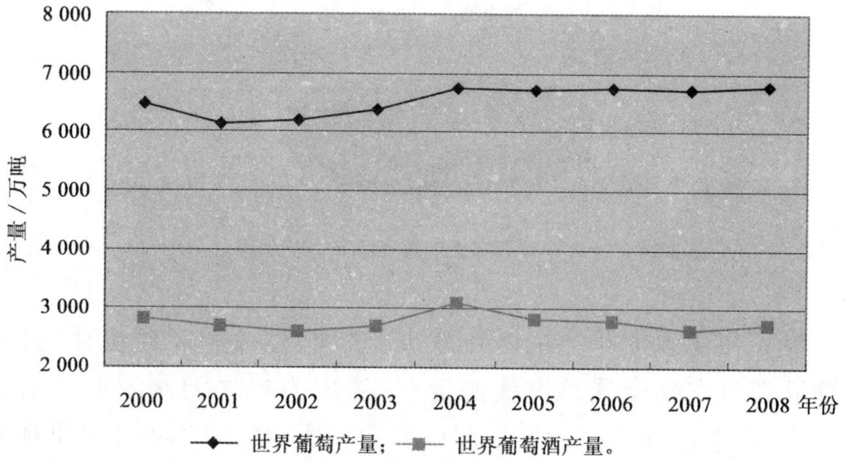

图 2-11　世界葡萄和葡萄酒产量年度变化图（FAO 统计）

欧洲是全球葡萄酒生产的绝对主产区。20 世纪 90 年代初期，欧洲的葡萄酒产量占到全世界的近 80%；进入 21 世纪，这个百分比有所下降。但是欧洲葡萄酒产量仍然占到全球葡萄酒产量的 60%以上；美洲稳居于世界葡萄酒产量第二位置，而且这个比例也在显著增长；1990 年，亚洲、非洲和大洋洲生产葡萄酒的总产量只占到世界产量的 6%左右，经过近 20 年的发展，目前这三大洲葡萄酒产量可以占到世界总产量的 15%以上（图 2-12 至图 2-14）。

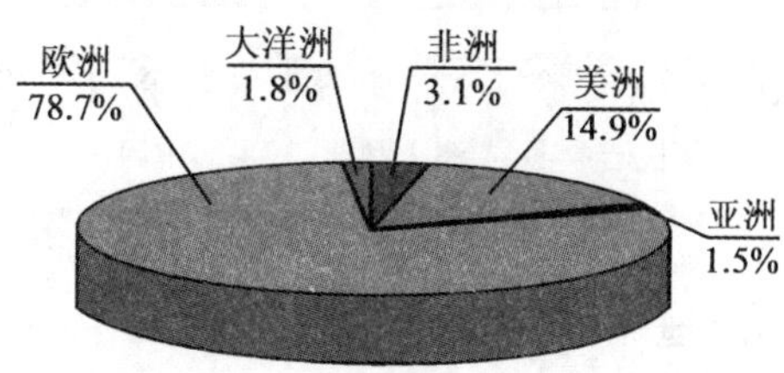

图 2-12　1990 年世界各大洲葡萄酒产量比例图（FAO 统计）

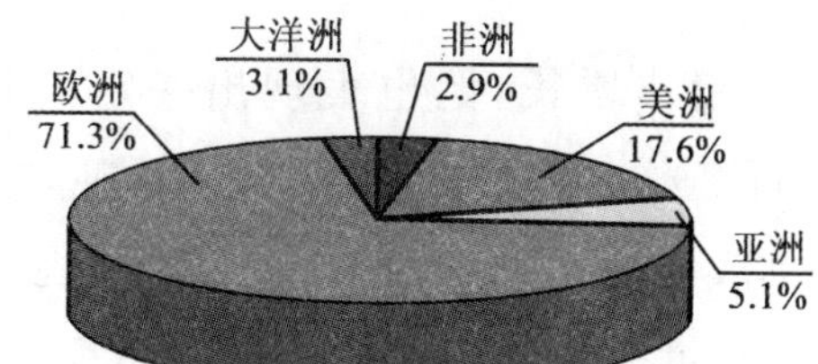

图 2-13　2000 年世界各大洲葡萄酒产量比例图（FAO 统计）

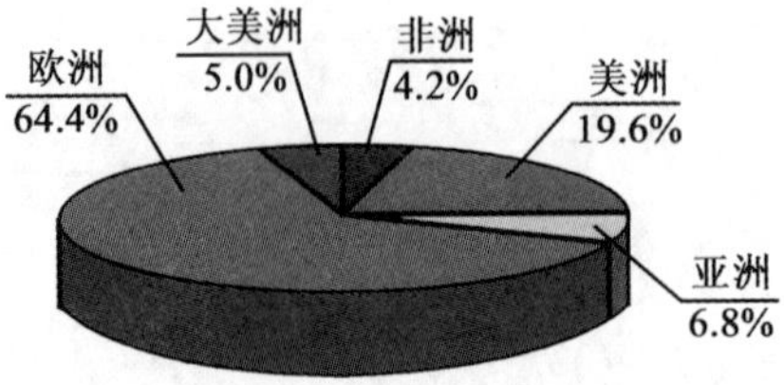

图 2-14　2008 年世界各大洲葡萄酒产量比例图(FAO 统计)

世界葡萄酒生产国主要在欧洲,法国、意大利和西班牙三国,其葡萄酒产量占到全球总产量的近一半,成为当之无愧的世界葡萄酒生产大国,但是这三国的产量起伏变化较大,从 2004 年开始出现明显的下降趋势,这导致全球葡萄酒产量也相应地呈现下滑趋势(图 2-15)。美洲的美国和阿根廷葡萄酒产量也较大,而且产量相对欧洲国家要稳定一些。中国的葡萄酒产量占到全世界的 5%左右,近几年产量比较平稳,变化不大。

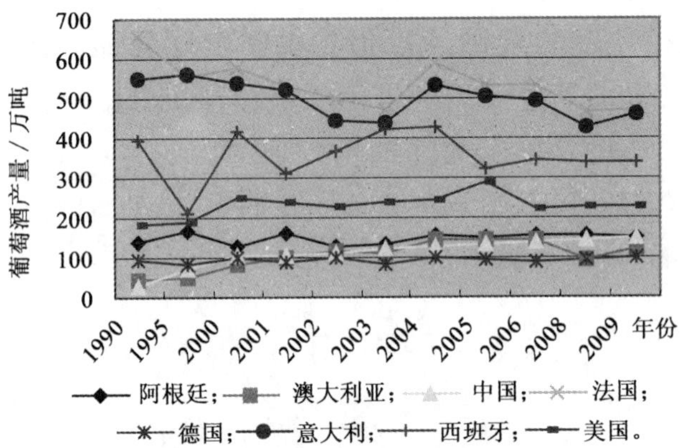

图 2-15　世界各国葡萄酒产量年度变化图(FAO 统计)

2.3.2　葡萄干

全球葡萄干产量稳步增长,但也表现出一定的起伏。2000 年,全球葡萄干产量达到近 20 年的高峰,为 128.2 万吨;之后开始出现降低趋势,从 2003 年开始,葡萄干的全球产量又开始逐渐增长,2007 年再次略微下降,全世界产量为 124.7 万吨(图 2-16)。

亚洲在世界葡萄干生产中一直占绝对优势,基本占世界葡萄干总产量中的一半以上;美洲的葡萄干产量比较稳定,居于全球第二;

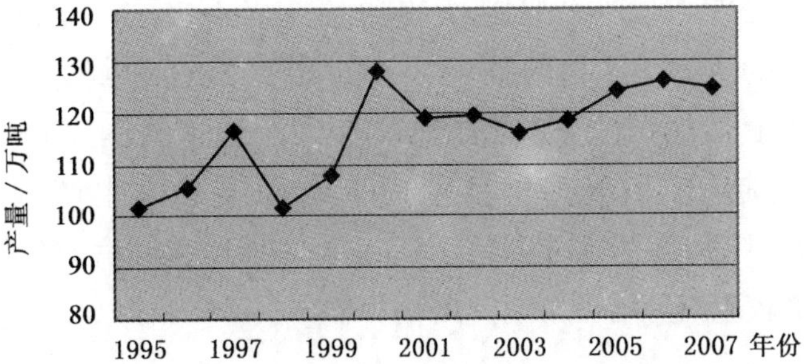

图 2-16　全球葡萄干产量年度变化图（OIV 统计）

非洲在葡萄干产量以绝对优势超越了欧洲；大洋洲和欧洲的产量则比较少。从所占全球葡萄干产量的比例看，大洋洲有所降低，欧洲则比较稳定（图 2-17 至图 2-19）。

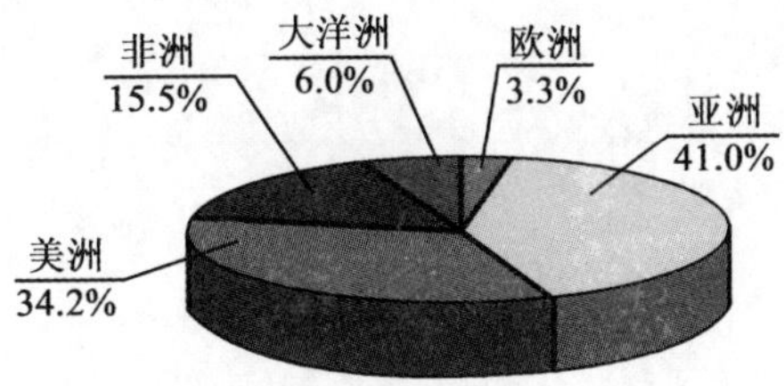

图 2-17　1986—1990 年世界各大洲葡萄干平均产量比例图（OIV 统计）

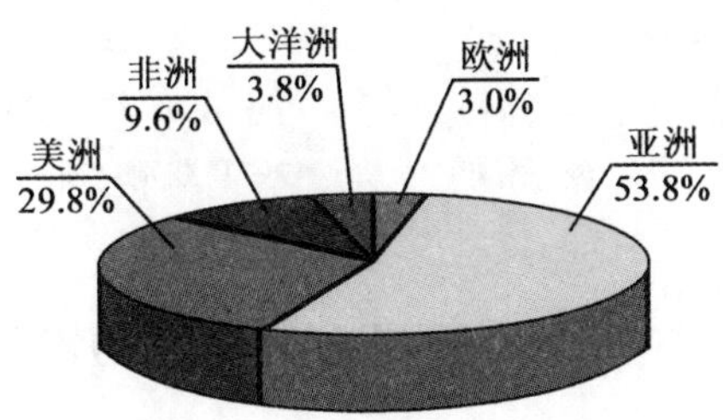

图 2-18　1998 年世界各大洲葡萄干产量比例图（OIV 统计）

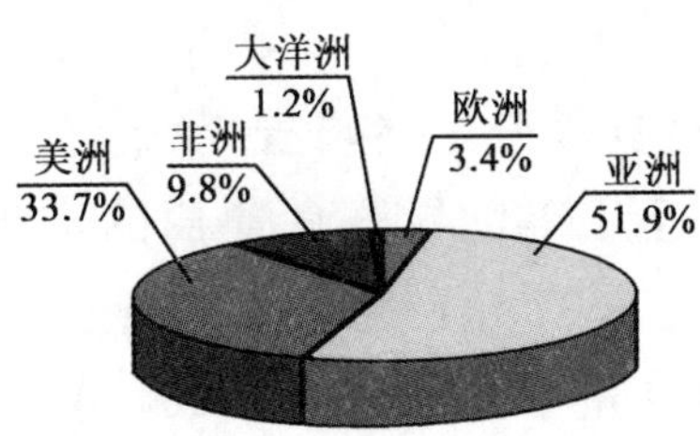

图 2-19　2007 年世界各大洲葡萄干产量比例图（OIV 统计）

除希腊之外，其他欧洲国家的葡萄干产量不高；亚洲的土耳其、伊朗和美洲的美国、智利的葡萄干产量很突出；土耳其和美国葡萄干产量远远高于其他国家，是全球葡萄干生产的主要国家；从2003年开始，土耳其超越美国，成为世界葡萄干生产第一大生产国；中国的葡萄干产量也不高，在世界排名前十之外；2004年以后，各葡萄干主产国的产量比较稳定，增幅较小(图2-20)。

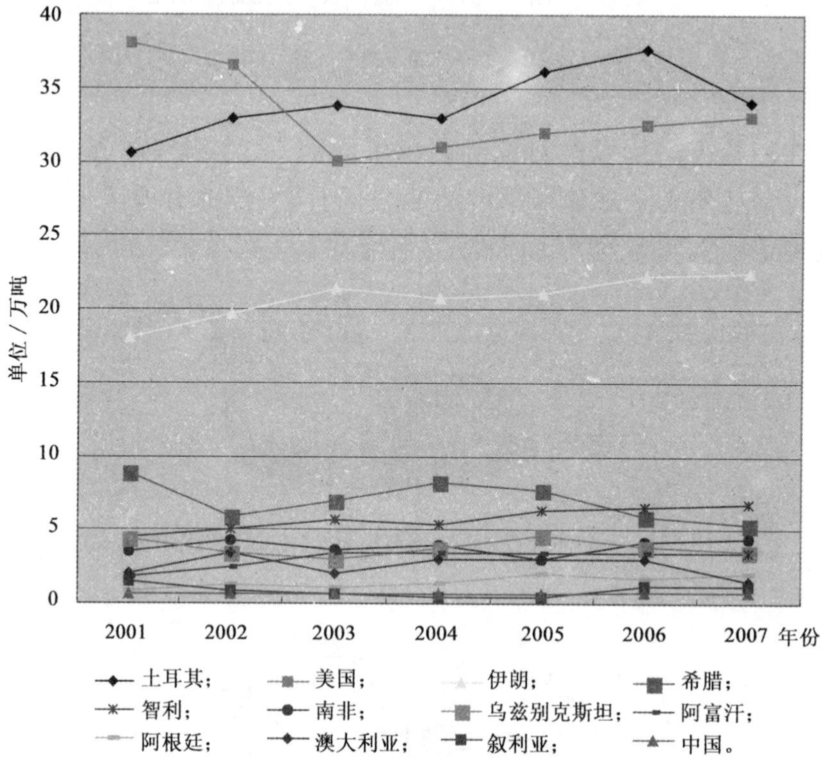

图2-20 世界葡萄干主产国年度产量变化图(OIV统计)

2.4 世界葡萄产业国际贸易基本情况

(1)鲜食葡萄进出口贸易总体增长，贸易价格逐年增高

如图2-21所示，近几年世界鲜食葡萄的进出口贸易数量总体上呈现增长趋势，尤其是2007年的增势更明显。据FAO统计，2006年全球鲜食葡萄进口贸易量336.4万吨，2007年则增加到354.6万吨；2007年全球鲜食葡萄进口额为592千万美元，比2006年增长16.4%。出口贸易增长更为显著，2006年全球鲜食葡萄出口量343.2

万吨，2007 年增加到 443.1 万吨，增长了 29.1%；出口额从 2006 年的 397.6 千万美元增长到 2007 年的 591.6 千万美元，涨幅高达 48.8%。可以看出，贸易额的增长幅度均大于贸易量的增长，表明从全世界范围来看，鲜食葡萄的贸易平均价格在逐渐升高。

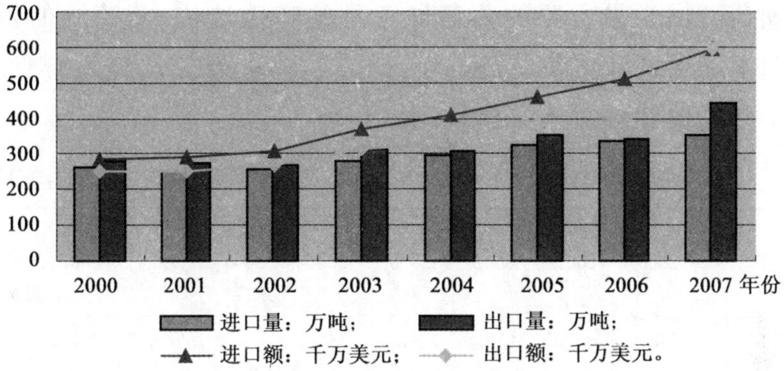

图 2-21 世界鲜食葡萄进出口贸易基本情况(数据来源:FAO)

(2)葡萄制品国际贸易发展迅速，葡萄酒贸易是葡萄产业国际贸易的主体，其贸易额远远超过鲜食葡萄、葡萄干和葡萄汁贸易量的总和

葡萄酒是最重要的葡萄加工品，从全球来看近 70%的葡萄用于酿酒，25%鲜食，5%用于制干、制汁或制醋。从 1995 年至 2007 年间，世界葡萄酒进口量年均增长率为 3.9%，虽然在 1995—2000 年间进口量有增有减，出现波动，但整体呈现上升趋势；2000 年以后增速加快，年均增长率 5.1%，2007 年全球葡萄酒进口量已经超过 800 万吨，贸易额突破 270 亿美元，贸易势头发展良好。葡萄酒出口总量逐年递增，尤其在 2007 年突飞猛进，比 2006 年增长率达到 15%，出口额达到 284 亿美元，增长率达到 27%，贸易形势非常喜人。

葡萄干国际贸易发展比较稳定，没有大起大落的起伏，贸易额增长幅度快于贸易量，反映出产品单价的提高。进入 21 世纪至今，除了 2007 年，世界葡萄干进出口量保持了持续增长，2007 年葡萄干的进口量出现了少量的萎缩，但贸易额从 2001 年开始一直在正向增长。

世界葡萄汁贸易快速增长。2000 年以来，世界葡萄汁贸易一直在比较平稳地发展，2007 年出现了飞速增长，与 2006 年相比，葡萄汁进口量和出口量增长分别为 20.7%和 17.0%，进口额和出口额的增速更加突出，增长率分别达到32.5%和40.2%。

2000—2007年的8年间，各种葡萄制品的国际贸易都取得了较大发展，尤其是葡萄酒和葡萄汁的贸易量都增长了50%以上，贸易额更是实现了翻一番的增长。比较三种葡萄制品的贸易数据，再次体现了葡萄酒作为最主要的葡萄加工品的特殊地位，葡萄酒的贸易额是葡萄干和葡萄汁贸易总额的十几倍之多，并且远远超过鲜食葡萄、葡萄干和葡萄汁贸易量的总和(表2-3)。

表2-3　2000—2007年主要葡萄制品贸易情况　　万吨，千万美元

项目		2000	2001	2002	2003	2004	2005	2006	2007	2007年比2000年增长百分比(%)
葡萄酒	进口量	548.0	603.2	629.8	684.1	735.1	772.6	780.8	834.2	52.2
	进口额	1 277.2	1 309.7	1 429.0	1 750.7	1 994.3	2 068.1	2 251.9	2 731.4	113.9
	出口量	610.1	657.5	665.5	711.1	766.8	791.9	835.6	959.5	57.3
	出口额	1 270.5	1 267.1	1 420.6	1 731.8	1 976.5	2 065.5	2 242.4	2 840.2	123.6
葡萄干	进口量	63.8	65.9	68.7	70.6	74.9	76.1	80.7	78.2	22.5
	进口额	70.7	60.0	60.2	69.1	86.5	90.8	102.2	109.7	55.1
	出口量	61.6	65.3	67.6	68.5	69.6	73.0	77.8	82.2	33.4
	出口额	67.3	55.8	57.7	67.3	81.0	89.6	91.6	102.9	53.0
葡萄汁	进口量	61.9	61.0	67.7	69.1	73.0	79.3	84.9	102.5	65.6
	进口额	38.2	33.3	34.6	41.1	50.2	53.1	57.7	76.4	99.8
	出口量	52.3	55.3	58.9	61.8	66.1	71.2	74.9	87.6	67.6
	出口额	35.3	32.5	34.0	40.5	49.8	53.6	58.5	82.0	132.4

数据来源：FAO

2.5　世界主要葡萄贸易市场分析

(1)欧洲是全球最大的鲜食葡萄进口区域，美国是最大的鲜食葡萄进口国；美洲是全球最大的鲜食葡萄出口区域，智利是最大的鲜食葡萄出口国

世界鲜食葡萄贸易主要在欧美两大洲之间进行，见图2-22、图2-23。欧洲是全球最大的鲜食葡萄进口区域，2007年欧洲进口了约217.1万吨葡萄，占全世界葡萄进口量的60%以上，其次美洲进口了

86.4 万吨，占总葡萄进口量近 1/4，亚洲、大洋洲和非洲合计进口量不到世界的 15%。在出口方面，2007 年美洲出口鲜食葡萄 228.5 万吨，欧洲出口 107.3 万吨，这两大洲占鲜食葡萄总出口量的 75%以上。欧洲近几年来每年的出口量相对稳定，而美洲出口量增长得非常迅速，2007 年比 2006 年增长了 64.1%。

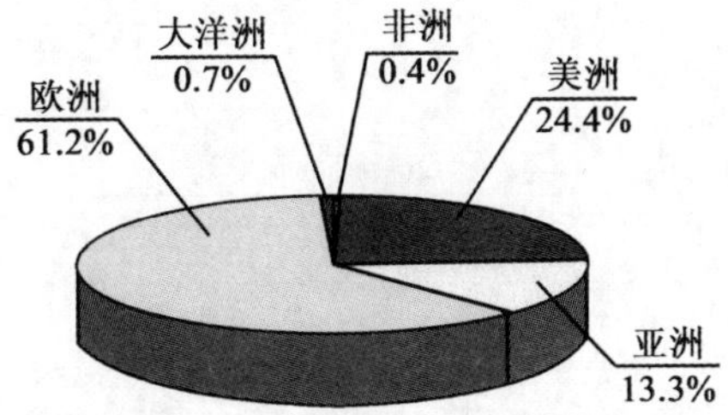

图 2-22　2007 年各大洲葡萄进口比例图(数据来源:FAO)

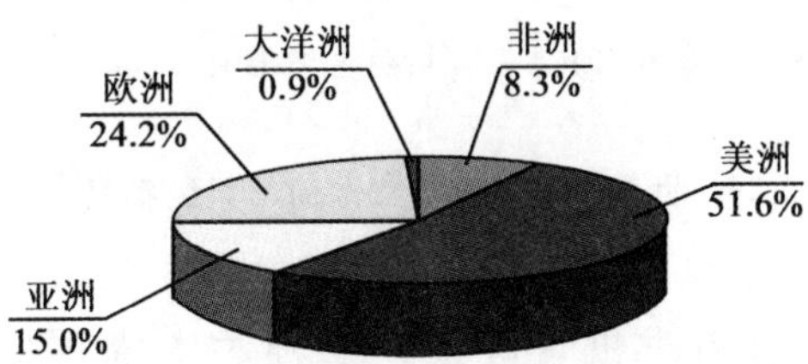

图 2-23　2007 年各大洲葡萄出口比例图(数据来源:FAO)

美国的鲜食葡萄贸易很活跃，既是进口大国，也是出口大国，目前美国是世界最大的鲜食葡萄进口国，2007 年进口量达到 51.4 万吨以上，其他主要进口国依次是俄罗斯、荷兰、德国和英国，大都是欧洲国家，可见欧洲国家对鲜食葡萄的进口量很大。从进口价值角度看，美国依然是最高，英国和德国的排名有所上升。这是由于进口单价比较高的原因，因此这两个国家进口高档葡萄的比例比较大。

如图 2-24 所示，智利一直是全球最大的鲜食葡萄出口国，其出口量在 2007 年突破了百万吨大关，达到 155.3 万吨，几乎占世界鲜食葡萄出口总量的 1/3，智利的出口量在 2007 年增长非常迅速，比 2006 年增长了88.6%，而且智利的鲜食葡萄在国际上的竞争力非常强。意大利和美国鲜食葡萄的出口量也居世界前列，但其出口量与智利相比，则相差甚远，两国的出口量之和约为 80 万吨。中国虽然是鲜食葡萄生产第一大国，但是出口量却很小，2007 年约为 5.6 万吨，排在世界前十名之外。

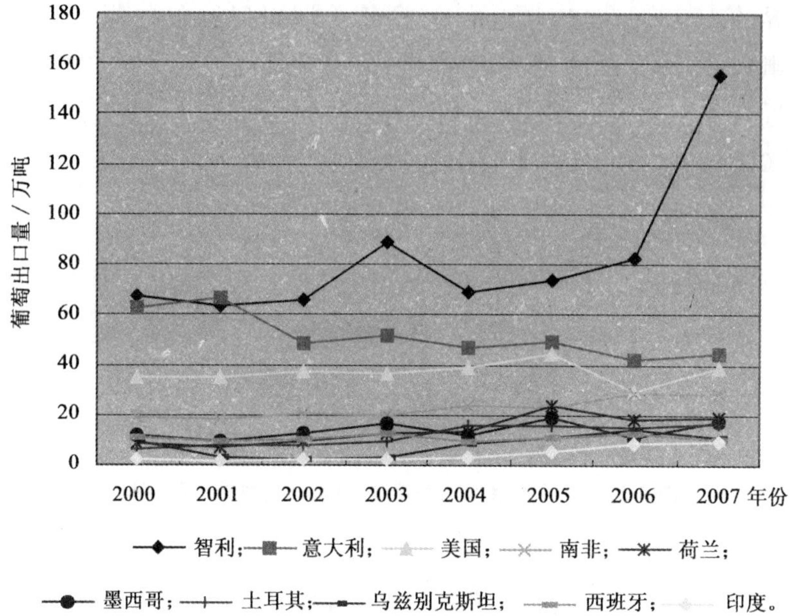

图 2-24　世界主要国家鲜食葡萄出口量年度变化图

(2)主要的葡萄酒进出口国也以欧洲和美洲国家居多

欧洲是传统的葡萄酒生产、消费地区，其进口量占世界的75%以上，美洲占15%左右，亚洲、非洲、大洋洲三个洲进口总量占全球的10%以内。欧洲也是世界上葡萄酒出口量最大的地区，20世纪80年代后期，欧洲占了世界近95%的葡萄酒出口份额。经过20年的发展，其他洲所占的比例逐渐上升，到2007年欧洲的葡萄酒出口份额下降到世界出口总量的71%；美洲成长成为重要的葡萄酒出口市场，占全球出口量的15%以上；非洲和大洋洲的出口份额也呈现一定程度的增长；然而亚洲的葡萄酒出口贸易一直没有大的发展，反而有被其他洲进一步挤占市场份额的风险。

德国、英国、美国、俄罗斯和法国是世界最主要的葡萄酒进口国家，在欧洲国家为主的葡萄酒进口市场上，除了美国和加拿大两个美洲国家外，还出现了亚洲国家日本，2007年日本的葡萄酒进口量居世界第七。世界主要的葡萄酒出口国家按照出口量排名，依次是意大利、西班牙、法国、澳大利亚和智利。2007年五国的出口量合计占全世界葡萄酒出口量的69%以上，占据了绝大部分的市场份额。意大利、西班牙和法国 2008 年出口的葡萄酒分别占其生产量的 35.4%、47.6%、32.8%，其他主要的葡萄酒出口国有阿根廷、葡萄牙、南非、美国和德国。

欧洲既是世界最大的葡萄酒出口区域，也是最大的进口区域；美洲是世界第二大葡萄酒出口区域，同时也是第二大进口区域，可见世界葡萄酒贸易呈现明显的产业内贸易特征。在葡萄酒国际贸易方面，亚洲存在明显的贸易逆差。

世界葡萄酒国际贸易的市场集中度非常高，如图 2-25 所示。虽然近几年欧洲国家在世界葡萄酒贸易的份额有所下降，但欧盟 5 个主要出口国家仍然占世界出口量的 60%以上。以澳大利亚、阿根廷、智利为代表的南半球和美国在国际葡萄酒市场的地位越来越重要，所占的市场份额已经从十年前的不足 15%上升到 30%左右，极大地分割了欧洲的市场份额。

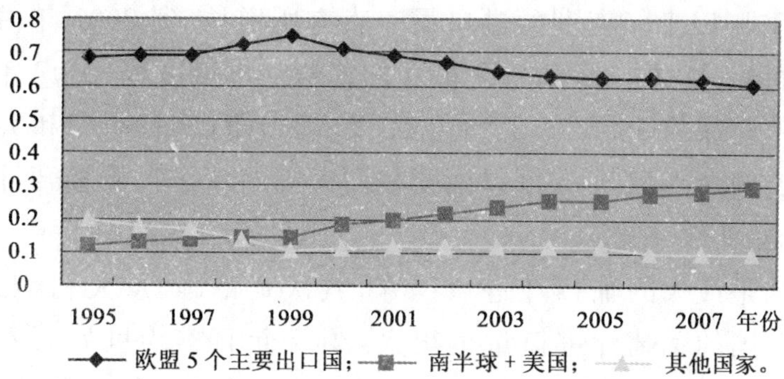

图 2-25 世界葡萄酒国际贸易市场份额（数据来源：OIV）

(3)葡萄干进口地区以欧洲为主，而绝大部分的出口份额则集中在亚洲和美洲；英国和土尔其分别是世界最大的葡萄干进口国和出口国

不同大洲的葡萄干进出口贸易呈现出较大的差异，欧洲是最大的进口市场，2007 年欧洲进口量占全球总量的 63.3%，其次是美洲和亚洲，分别占 15%左右的市场份额，非洲的进口量比大洋洲还要低近 3%。世界近 90%的葡萄干出口份额集中在亚洲和美洲，2007 年亚洲出口量占总量的 50%以上，这也是在葡萄及其制品中，亚洲出口量唯一超过欧洲和美洲的，可见亚洲在世界葡萄干市场上的优势地位很明显；美洲依然保持了强势地位；而欧洲在葡萄干方面则没有其在葡

萄酒产品上的优势。

英国是全球最大的葡萄干进口国，进口量远远高于其他国家，而且英国的进口量从2000年以来一直保持较明显的增长趋势，从2001年开始每年的进口量都超过10万吨；德国是第二大进口国，俄罗斯第三。亚洲国家土耳其、伊朗，美洲国家智利、美国是全球出口葡萄干最多的四个国家，土耳其是全球最大的葡萄干出口国，这个领先地位保持了很多年，智利第二，美国、伊朗紧随其后。美国的出口量虽然只是土耳其的一半左右，但两国的葡萄干出口价值相差无几，表明美国出口的葡萄干为更高档和价值更高的产品。

(4)欧美是最大的葡萄汁进出口地区，也垄断了世界葡萄汁出口市场；主要的葡萄汁进口国家是美、德、意三国，而意大利也是最大的葡萄汁出口国家

欧洲和美洲依然是最大的葡萄汁进口地区，两者进口量占世界总量的85%以上。亚洲的进口量一直有所增长，到2007年占世界总进口量的9%左右。欧洲也是最大的葡萄汁出口区域，2007年欧洲的出口量占全球的58.2%，美洲占到37.9%，而亚洲、非洲和大洋洲合计出口比例尚不足5%，可以说欧美两大洲垄断了世界葡萄汁的出口国际市场。

美国是最大的葡萄汁进口国家，其次是德国、意大利，亚洲国家日本和韩国的葡萄汁进口量也很大，2007年日本为世界第六大葡萄汁进口国。意大利既是葡萄汁进口大国，又是最大的葡萄汁出口国。另外，两个葡萄汁主要出口国家为阿根廷和西班牙；除了南非外，世界葡萄汁主要出口国家清一色是欧美国家，在世界葡萄汁出口量前十里面没有任何亚洲国家。

2.6 世界葡萄产业生产和贸易趋势预测

(1)世界葡萄生产将稳步增长，欧洲国家作为葡萄强国的优势将继续保持

在没有突发性自然灾害的条件下，全球葡萄种植面积和产量将基本保持稳定，延续近几年的趋势。欧洲是最大的葡萄种植区和传统的葡萄强国，在葡萄栽培技术、品种、加工、品牌、营销方面的优势会依然存在，欧洲主产国将保持在世界葡萄产业发展中的领先地位。

以中国为代表的一类国家，葡萄产业发展非常迅速，挑战了欧洲传统强国的地位；但中国的葡萄消费以鲜食葡萄为主，葡萄加工业的发展依然有很长的路要走。

(2)葡萄产业国际贸易将更加活跃，欧美在葡萄酒、葡萄汁国际贸易中的绝对强势地位将保持，但其所占的份额将会逐渐减少

随着经济全球化进程的加快，世界葡萄产业的发展也将更加一体化和全球化，葡萄产业国际贸易将更加活跃和深化。鲜食葡萄进出口的量和价值都将持续增长，美洲和欧洲将继续是最大的鲜食葡萄出口和进口地区，智利作为全球最大鲜食葡萄出口国的地位越来越巩固，而美国、俄罗斯和欧盟国家将会是主要的进口国。

全球葡萄酒进出口贸易总量会表现出持续增长的趋势。由于受消费习惯、文化、酿造工艺、品牌培育等因素的影响，当前葡萄酒国际市场存在的产业内贸易现象还将继续；欧洲在葡萄酒方面的优势将受到美国、澳大利亚这些葡萄酒新兴世界的挑战，欧洲在国际市场的份额将逐渐减小。亚洲国家葡萄酒产业的发展将进一步分割世界葡萄酒市场份额；但是意大利、西班牙、法国等老牌葡萄酒强国和澳大利亚、智利、美国等葡萄酒新世界这两大强势力量将给亚洲国家的葡萄酒产业发展带来严峻的考验。

各大洲在葡萄干国际贸易中的地位不会有太大的波动，亚洲依然会是葡萄干的主产区和主要出口区，而葡萄干的进口主要还是依赖于欧洲国家。随着果汁消费健康化观念的普及，葡萄汁的消费量也会持续增长，国际葡萄汁市场主要由欧美世界所占领，其他国家发展的压力较大。

3 中国葡萄产业生产现状

3.1 中国葡萄产业生产布局

改革开放以来，我国葡萄产业得到了长足的发展，葡萄种植面积和产量都迅速增长，目前葡萄种植范围已覆盖了全国所有省市。据2008年农业部统计数据显示：到2008年底，我国果树总面积10 734.4千公顷，葡萄园面积在所有水果中排第六位，前面依次是柑橘、苹果、梨、桃、荔枝；全国水果总产量为11 338.9万吨，葡萄产量也同样排在第六位，前面依次是苹果、柑橘、梨、桃、香蕉。葡萄种植和加工已经成为我国许多地区促进农村经济发展、增加农民收入的重要途径之一。

随着科技的进步、葡萄育种水平和种植技术水平的提高，目前全国每个省份都已经发展了葡萄种植产业。我国地域辽阔，南北横跨寒温带、温带、亚热带、热带几个气候带，气候的多样性和地形的复杂性为葡萄的种植提供了有力的自然条件，形成了多个极具特色的葡萄种植区域。目前，新疆、河北、山东、辽宁等葡萄主产区依旧保持了在葡萄种植方面的优势；同时，南方的湖南、四川、江苏、浙江、广西等产区作为葡萄种植的后起之秀，在发展特色葡萄种植的同时，农民增收方面也取得了较大进展。

本研究基于我国现行的行政区划，并结合各地的气候特点和葡萄种植方式的差异，按照业内普遍地将我国葡萄主产区分为五大产区的方法，将我国各葡萄生产省市划分到五大葡萄种植区域，分别进行省市间的比较和区域间的比较。这五大葡萄种植区域分别为东北、西北冷凉气候葡萄种植区（黑龙江、吉林、新疆北部属于本区域，但考虑到本研究在新疆采集的样本所在地都处于西北及黄土高原种植区，故将新疆从本区域中去掉，以黑龙江、吉林为例进行分析）；华北及环渤海湾葡萄种植区（辽宁、河北、山东、天津、北京）；西北及黄土高原葡萄种植区（新疆、甘肃、宁夏、陕西、青海、内蒙古、山西）；秦岭、淮河以南亚热带葡萄种植区（河南、安徽、浙江、湖北、湖南、江苏、上海、江西、福建）；云贵高原及川西部分高海拔葡萄种植区（四川、云南、贵州、广西、西藏），如图 3-1 所示（注：海南、广东、香港、台湾种植葡萄的面积很少，故本研究未包含这些省市）。

各葡萄种植区域具有不同的生产特征，下文从区域比较的角度来分析葡萄的生产特征。

(1)东北、西北冷凉气候葡萄种植区

该区主要包括沈阳以北、内蒙古、新疆北部山区。该区冬季气候严寒，尤其是吉林、黑龙江一带，冬季绝对最低温度常在－40～－30℃，大于10℃活动积温仅为2 000～2 500℃。积温不足是该区发展葡萄生产的主要障碍。这一地区葡萄露地栽培主要以抗寒性强的早熟和早中熟品种为主。

该种植区地域广阔，仅东北就拥有宜垦荒地约 1 亿亩，具有极大的发展潜力。此地区自东而西，降水量自 1 000 毫米降至 300 毫米以下，气候上从湿润区、半湿润区过渡到半干旱区，农业上从农林区、农耕区过渡到半农半牧区。水热条件的纵横交叉，形成东北区农业体系和农业地域分异的基本格局，种植业的历史悠久。

但该种植区也有劣势，其冬季绝对最低温度在零下几十度，气候极其寒冷，积温不足，严重制约了该区葡萄产业的发展。以温室为代表的设施栽培模式可以突破当地低温对葡萄产业发展的制约，是今后当地葡萄产业发展的趋势。

(2)华北及环渤海湾葡萄种植区

该区主要包括京、津地区和河北中北部、辽东半岛及山东北部环渤海湾地区，包括辽宁、河北、山东、天津、北京等省份。环渤海湾地区在地理、自然条件、气候等方面都具有天然的优势。该种植区种植葡萄的历史悠久，是当前我国葡萄和葡萄酒生产的重要地区，鲜食葡萄、酿造葡萄及葡萄酒产量均在全国占有重要的地位。

该区海拔低，大多是平原地区。受东亚季风影响，四季分明，春

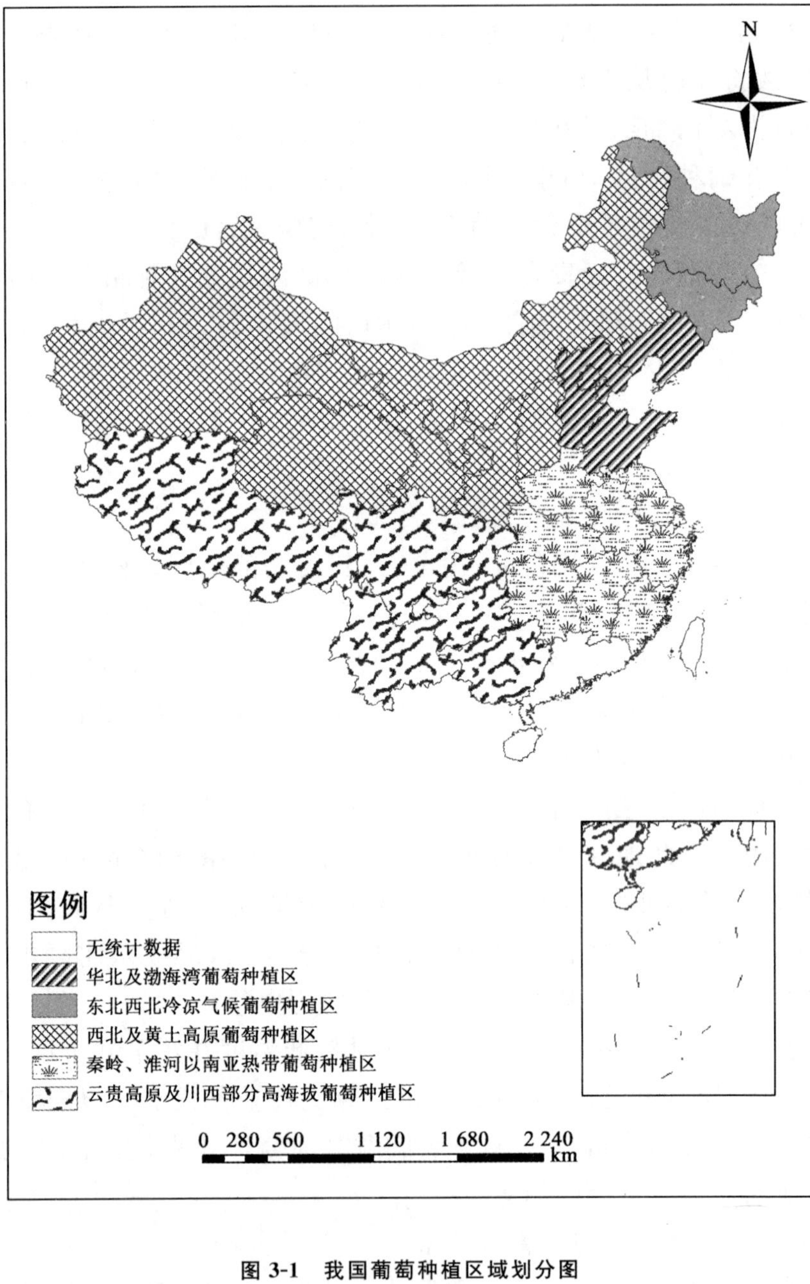

图 3-1 我国葡萄种植区域划分图

季多风，干旱少雨；夏季炎热，降雨集中；秋季干燥，冷暖适中；冬季寒冷，干燥少雪。该区气温大于10℃，年活动积温为3 500～4 500℃，无霜期180天以上，年降雨量500～800毫米，夏季气温不高，有利于色素和芳香物质的生成，加之该地区交通发达、科技基础雄厚、市场流通优势明显，是我国优质葡萄和葡萄酒发展的重点地区。

(3)西北及黄土高原葡萄种植区

西北及西北东部、华北西部黄土高原地区是我国葡萄栽培历史最为悠久的地区和传统的优质葡萄生产区，同时也是目前全国葡萄栽培面积最大的地区。主要包括新疆、甘肃、宁夏、陕西、青海、内蒙古、山西。该区远离海洋，深居内陆，周围有高山相隔，海洋湿气难以到达，故气候温和，降雨量小，日照充足，年活动积温高，葡萄糖分高，适宜优质葡萄生长。该区还具有面积广阔、地形崎岖的特点，气候较干旱，植被稀疏，开垦潜力大，适合种植葡萄这类对土质要求不高的作物，故该区成为目前全国葡萄种植面积最大的区域。

该地区独特的气候条件使得当地葡萄具有含糖量高、病害轻等明显优势，因此国内很多葡萄酒知名企业，如张裕、中粮、中信国安等非常重视该葡萄酒产区，陆续开始在西北地区发展酿酒葡萄基地，以甘肃、宁夏和新疆三地最为明显。另外，这一产区的葡萄还用作制干，如新疆吐鲁番和鄯善地区都是我国葡萄干的主要生产基地，而且随着甘肃、内蒙古等地葡萄干产业的萎缩，新疆地区将成为我国葡萄干产业的支柱性地区。

不过由于这一区域的经济发展水平较为落后，因而葡萄园管理较为粗放，迫切需要与时俱进、提高果园管理的标准化、建立我国优质果品基地。另一方面，由于葡萄灌溉时期需水量巨大，该区降雨量小而且蒸发量大，水资源严重匮乏，给葡萄产业发展带来了一定的限制。现在以新疆为代表发展葡萄滴灌等节水灌溉方式，将有效打破该地区水资源对葡萄产业发展的制约。

(4)秦岭、淮河以南亚热带葡萄种植区

该区主要包括河南、安徽、浙江、湖北、湖南、江苏、上海、江西、福建等省区。秦岭淮河以南地区气温较高，年降雨量大(800～1 500 毫米)，且常集中在 7～9 月，自然条件对葡萄的生长和品质形成都有一定的影响，以往被认为是不适宜葡萄发展的地区。近十余年来，该区引进了各种抗湿抗病的巨峰系葡萄，能很好地应对湿热及病虫害问题。另外，随着科技水平的提升，避雨设施栽培在该地区得到了极大的推广，这使该地区可以营造葡萄种植的适宜环境，同时一些农民从生产中自创的简易避雨栽培模式，投入少而操作简单，并能获得高利润，故该地区的葡萄产业得到了快速发展，这也为我国在高温潮湿地带的葡萄种植提供了新方向。

(5)云贵高原及川西部分高海拔葡萄种植区

该区主要包括四川、云南、贵州、广西、西藏。云贵高原及川西高原及金沙江沿岸河谷地区地形复杂，小气候多样。该地区位于多雨的季风区，雨量较多，山岭中分布着多个小盆地，其间土壤肥沃且深厚，地面较平坦，日照充足，年日照在 2 000 小时以上，日夜温差大，降雨量较少，而且多为阵雨，云雾少，适合葡萄的种植。

3.2 我国葡萄生产变动分析

3.2.1 我国葡萄生产总体变动分析

农业部种植业司提供的数据显示，我国葡萄生产经历了一个不断发展的过程，种植面积、单产和总产量变化曲线总体上呈现出不断上升的趋势。由图 3-2 可以看出，除 1989—1991 年、2004—2005 年外，我国葡萄的生产规模都呈现出扩大态势，葡萄产量基本上一路保持了持续增长态势。特别是在 1998 年之后，国家加大了对三农的政策和资金投入力度，扶持农业生产，支持和鼓励农民因地制宜的发展多种农业种植和经营模式，使得相对具有较高收益的葡萄产业进入了快速发展的时期。

图 3-2 显示了 1980—2008 年间我国葡萄生产的变动情况，根据其变化趋势可将其分为几个阶段。

1982—1988 年，我国葡萄种植面积、产量快速发展期。国家出台了关于农村工作的五个“一号文件”，实施了指导中国农村改革的一系列重大决策，极大地调动了农民种植葡萄的积极性，此阶段葡萄产量从 1982 年的 18.6 万吨增至 1988 年的 79.2 万吨，增长了60.6 万吨，年增长率达 27.3%，种植面积从 1982 年的 46.7 千公顷增至 1988 年的 146.6 千公顷，增长了 99.9 千公顷，年增长率达 21%。这一时期产量的增长更多地依赖于种植面积的扩张，葡萄单产的增幅不大。

1989—1997 年，我国葡萄生产波动发展期。受 1989 年严重灾害性天气影响，葡萄生产受到影响，种植面积从 1989 年的 138.6 千公顷降至 1991 年的 113.9 千公顷，产量从 87.4 万吨小幅增长到 91.6 万吨。1992—1997 年，葡萄产量从 112.5 万吨增长到 203.3 万吨，增

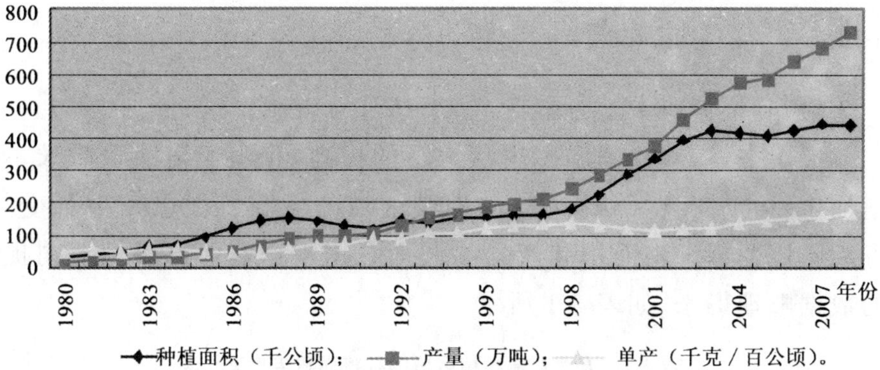

图 3-2　我国葡萄生产变动情况

数据来源：农业部种植业司统计数据

长了 90.8 万吨，年增长率为 12.5%，此阶段的葡萄单产从 1992 年的 8 094.3 千克/公顷增至 1997 年的 12 847.2 千克/公顷，年增长率为 9.7%，是单产提高幅度最大的时段。这一阶段产量的增长快于种植面积的增长，主要是受益于葡萄单产的明显增长。

1998—2002 年，葡萄产业快速发展时期。葡萄的种植面积从 1998 年的 178 千公顷大幅提升到 2002 年的 392.4 千公顷，增长了 214.4 千公顷，年增长率达 21.9%；产量从 1998 年的 235.8 万吨增至 2002 年的 447.9 万吨，增长了 212.1 万吨，年增长率达 17.4%。虽然在此期间，葡萄的种植面积和产量得到了快速的增长，但此阶段的单产有不同程度的回落，数量一直徘徊在 11 500 千克/公顷左右。

2003—2008 年，此阶段我国葡萄的发展进入了稳定发展阶段。葡萄的种植面积总体趋势稳定增长（除了 2004 年、2005 年有小幅波动），而产量依然得到提升，产量从 2003 年的 517.6 万吨增至 2008 年的 715.1 万吨，增长了 197.5 万吨，年增长率为 6.7%，单产从 2003 年的 12 294.4 千克/公顷增至 2008 年的 15 856.9 千克/公顷，增长了 3 562.5 千克/公顷，年增长率为 5.2%。需要注意的是，这一阶段单产没有像总产量一般持续增长，除了一些年份的自然灾害之外，主要是因为越来越多的葡萄种植户都意识到了葡萄这种经济作物与粮食作物的不同，即不能一味追求高产，而是应该通过控制产量来提高质量，更好地满足市场的需求，才能获得更多的经济效益，因而开始主动地控制葡萄产量，提高葡萄的质量。

3.2.2 各区域葡萄生产变动分析

(1)种植面积变动分析

近年来,随着我国居民生活水平的提高,我国葡萄消费需求不断增加,葡萄生产有了快速增长,种植区域的生产特征也发生了变化。五大区域葡萄种植面积和产量的截面数据根据农业部种植业司提供的数据整理得来,如表 3-1 所示。

表 3-1 五大葡萄种植区域的种植面积年度变化表 千公顷

种植区域	1980 年	1990 年	2000 年	2008 年
东北、西北冷凉气候葡萄种植区	1.0	6.6	13.84	15.1
华北及环渤海湾葡萄种植区	11.53	45.13	115.47	132.4
西北及黄土高原葡萄种植区	14.13	51.13	84.18	166.4
秦岭、淮河以南亚热带葡萄种植区	4.80	18.47	48.14	94.1
云贵高原及川西部分高海拔葡萄种植区	0.13	1.27	21.41	43.3

数据来源:根据农业部种植业司统计数据整理。

从五大葡萄种植区域 1980 年、1990 年、2000 年和 2008 年等四年的葡萄种植面积统计数据来看,葡萄种植面积总体上呈现快速增长态势。其中东北、西北冷凉气候葡萄种植区的种植面积的快速增长出现在 1980—1990 年间,这一时期中国的葡萄种植处于快速增长阶段,同其他种植区一样,该区域的种植面积增长了数倍。其后,该区的种植面积增速放缓。华北及环渤海湾葡萄种植区从 1980—2008 年间都呈现快速增长的态势,这也奠定了这一传统葡萄种植区域在全国范围葡萄种植的主体地位,目前这一区域葡萄园面积在我国处于第二。西北及黄土高原葡萄种植区的葡萄园面积近 30 年来一直快速增长,目前已经成为我国面积最大的葡萄种植区域。秦岭、淮河以南亚热带葡萄种植区的增长曲线相似,多年来持续快速增长,不过基数一直低于西北及黄土高原种植区,目前是我国第三大葡萄产区。云贵高原及川西部分高海拔葡萄种植区在 1980—1990 年间的葡萄的种植面积增幅较小,而在 1990—2000 年间又进入快速增长时期,进入 2001 年以后,其葡萄的种植面积增长速度放缓。

对比五大葡萄种植区域的种植面积数据(图 3-3),以华北及环渤海湾葡萄种植区和西北及黄土高原葡萄种植区的种植面积的增长最为突出,这两个种植区域葡萄生长的自然条件总体上好于其他种植区域，其中以西北及黄土高原葡萄种植面积增长最快，在2008年超过了华北及环渤海湾葡萄种植区，这和当地地域广阔、具有适合葡萄生长的良好天然条件有关，也反映出当地农户种植葡萄的热情。相比之下，秦岭、淮河以南亚热带葡萄种植区由于葡萄成熟期恰逢雨季，不适合葡萄生长，故种植面积较北方少，这个区域现在大力发展设施葡萄避雨栽培，近年来也取得了不错的进展。云贵高原及川西部分高海拔葡萄种植区及东北、西北冷凉气候葡萄种植区都具有制约葡萄生长发育的自然条件，但随着科技进步和葡萄种植效益高的利益驱动，这两个区域也通过各种方式改善种植条件，比如引进早熟或晚熟品种，发展设施温室栽培等，提高当地葡萄生产水平，使当地的葡萄种植面积大幅增加。

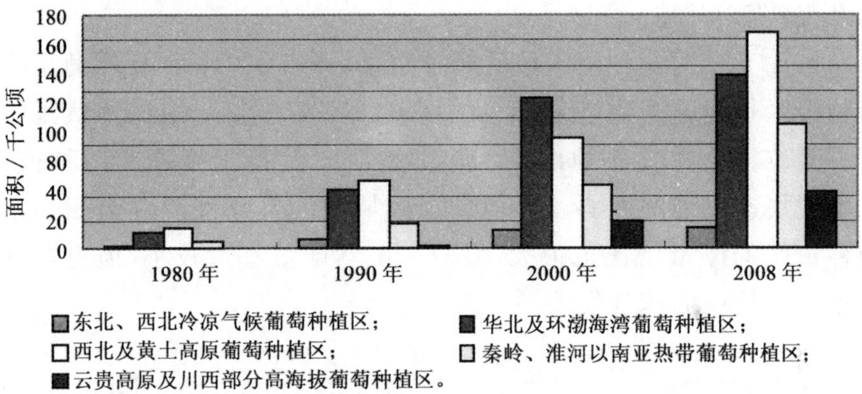

图3-3　五大葡萄种植区域的种植面积年度变化图

(2)产量变动分析

农业部种植业司的统计资料显示，我国各区域的葡萄产量呈现不断增长的趋势，不同种植区域产量变动的差别显著(表3-2)。

表3-2　五大葡萄种植区域的产量年度变化表　　万吨

种植区域	1980年	1990年	2000年	2008年
东北、西北冷凉气候葡萄种植区	0.165	2.388 5	7.532 7	17.700 2
华北及环渤海湾葡萄种植区	3.19	32.412 7	156.537	265.232 3
西北及黄土高原葡萄种植区	5.865	38.240 6	82.287 2	221.928 2
秦岭、淮河以南亚热带葡萄种植区	1.69	12.052 5	62.476 1	154.082 3
云贵高原及川西部分高海拔葡萄种植区	0.09	0.760 2	19.336 8	56.205 4

东北、西北冷凉气候葡萄种植区在1980—1990年间的产量增长

最快，在1990年达到了1980年的14倍之多。华北及环渤海湾葡萄种植区在1980年至1990年间葡萄产量增长了10倍，之后一直保持了迅猛发展势头，现在成为我国葡萄产量最大的区域。西北及黄土高原葡萄种植区在1980年至2008年间产量一直呈现快速增长的态势，现在成为我国总产量第二大的葡萄产区。以上两大产区占了我国葡萄产量的70%左右。秦岭、淮河以南亚热带葡萄种植区在1990年之后的十几年内产量有大幅提升，随着葡萄种植水平提高和先进技术的引进，该区域潮湿多雨、不适合种植葡萄的特点通过技术手段得以弥补，故产量有大幅增长。云贵高原及川西部分高海拔葡萄种植区在1980年至1990年间的葡萄种植产量基数较小，但增长速度快，其后十几年也呈现快速增长的态势，到2008年该地区的葡萄产量已经突破50万吨。

对比五大葡萄种植区域的产量数据（图3-4），华北及环渤海湾葡萄种植区是我国葡萄产量最大的区域，从2000年开始该种植区的产量一直位于全国领先的地位。其次是西北及黄土高原葡萄种植区，也呈现快速发展的态势。其他三个区域中，秦岭、淮河以南亚热带葡萄种植区的产量增速也很大，另两区虽然产量基数较小，但也在近十几年里以较快的速度发展。

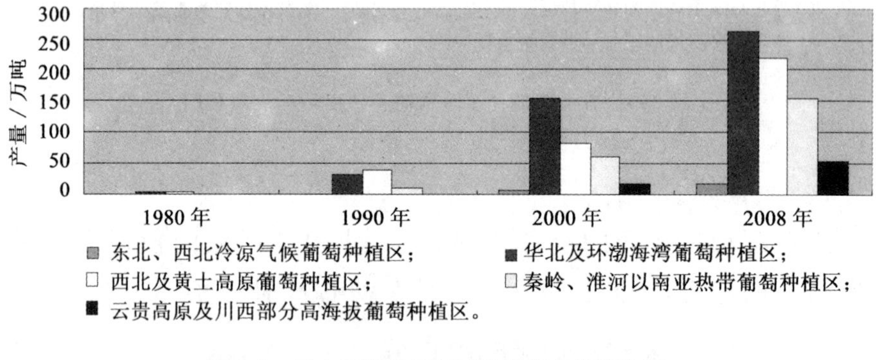

图3-4　五大葡萄种植区域的产量年度变化图

总体来看，我国葡萄产量提高的幅度大大快于种植面积提高的幅度。结合五大种植区域葡萄种植面积和产量年度变化两表可以看出，各区域葡萄产量提高的幅度均快于种植面积提高的幅度。由于葡萄收益相对较高的导向作用，使农户种植葡萄的积极性增加，种植面积大幅增长，同时育种和种植技术的提高促使葡萄单产增长，在种植面积和种植技术双重增长的正向促进作用下，葡萄产量增长的幅度超过种植面积增长的幅度。

(3)单产变动分析

在葡萄种植面积和产量增长的同时，各区域的葡萄单产也得到大幅提升(表3-3)。从五大葡萄种植区域在1980年、1990年、2000年和2008年等4年的葡萄单产数据来看，各区域都有不同程度的增长。除云贵高原及川西部分高海拔葡萄种植区在1980年至1990年的单产有所下降外，其他时间段的单产都在增长。增长较快的是华北及环渤海湾葡萄种植区，其单产在1980年至2000年间一直呈现快速增长的态势。其他三个种植区域的单产也呈现不同程度的增长。

表3-3　五大葡萄种植区域的单产年度变化表　千克/公顷

种植区域	1980年	1990年	2000年	2008年
东北、西北冷凉气候葡萄种植区	1 650.0	3 618.94	5 442.70	11 721.99
华北及环渤海湾葡萄种植区	2 765.88	7 181.55	13 556.51	20 032.65
西北及黄土高原葡萄种植区	4 149.77	7 478.60	9 775.19	13 337.03
秦岭、淮河以南亚热带葡萄种植区	3 520.76	6 526.61	12 978.0	16 374.31
云贵高原及川西部分高海拔葡萄种植区	6 746.63	6 001.42	9 031.67	12 980.46

单产的增长一方面与新品种的不断引进和原有品种优化有关，另一方面也与葡萄种植技术水平的提高有关。

五大葡萄种植区域的单产统计数据显示(图3-5)，1980年单产数值最高的种植区域是云贵高原及川西部分高海拔葡萄种植区；1990年西北及黄土高原葡萄种植区和华北及环渤海湾葡萄种植区的单产数值超过了云贵高原及川西部分高海拔葡萄种植区，这与它适宜葡萄种植的优越的自然地理条件有关；2000年，华北及环渤海湾葡萄种植区单产数值超过了西北及黄土高原葡萄种植区的单产，成为单产数值最高的区域。随着设施葡萄种植技术及栽培设施多样化的发展，秦岭、淮河以南亚热带葡萄种植区的单产数值在这个阶段得到了大幅上升；2008年，东北、西北冷凉气候葡萄种植区的单产得到了提升，此时该区引进了抗寒性强的早熟品种，极大地改善了东北、西北冷凉气候对发展葡萄业带来的局限，使之成为单产增幅最大的葡萄种植区域，而其他区域也开始向从提高单产向控产提质的发展方式转变。

总结以上我国葡萄总体及各区域的生产特征，可以看出：我国的葡萄生产总体呈现增长态势，种植面积和产量不断扩大，而规模化种

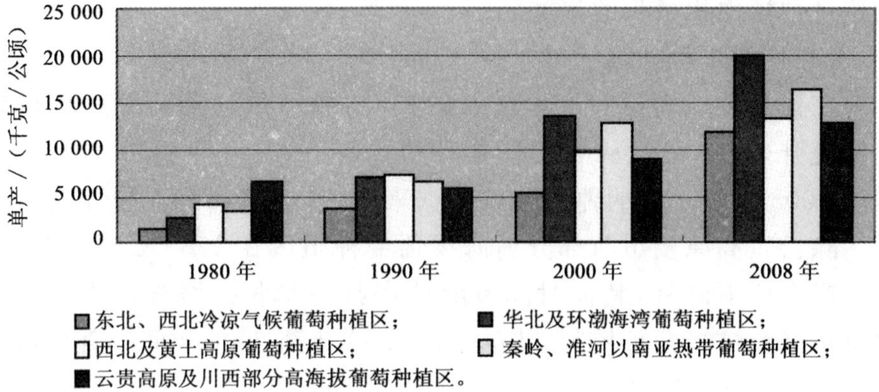

图 3-5　五大葡萄种植区域的单产年度变化图

植及育种、设施栽培等新技术的引进，使不适宜葡萄种植区域的自然条件也得到改善，这些传统的不适宜葡萄种植的地区也都发展了葡萄产业。葡萄单产在经历了快速增长之后，目前由快速增长开始向控产提质的方式转变，我国葡萄产业进入了新的发展阶段。

3.3　中国葡萄产业空间分布特征

葡萄的生长对气温、光照、地理纬度、土壤等都有特定的要求，这就隐性地决定了葡萄的种植会有明显的区域分布性而呈现出一定的空间分布性。为了研究中国葡萄产业的空间分布特征，本研究选取区位基尼系数、产业地区集中度及区位熵三种产业集聚测度方法，利用 2000—2008 年的葡萄产量、水果产值及种植业产值等统计数据对葡萄产业的集群程度进行实证分析。本节内容所用数据主要包括：葡萄产量、水果产值、种植业产值，都是来自《中国农业年鉴》，指标数据经由本研究计算而来。

3.3.1　葡萄产业空间分布均衡程度

在此选取区位基尼系数（Space Gini coefficient）来分析我国葡萄产业空间分布均衡的程度。

洛伦茨（Lorenz）在研究居民收入分配时，创造了解释社会分配平均程度的洛伦茨曲线。基尼系数是意大利经济学家科拉多·基尼在 Lorenz 曲线的基础上提出的用于计算收入分配公平程度的统计指标。

1986 年，Keeble 等人利用洛伦茨曲线和基尼系数的原理和方法发展成区位基尼(Gini)系数，用于度量某行业地区间分布的集中程度。区位基尼(Gini) 系数是传统的衡量经济活动地理集中度最为常用的方法，典型的有 Krugman (1991) 用行业就业水平研究美国制造业的集聚程度。

$$G = \sum_{1}^{n} (S_i - M_i)^2 \qquad \text{公式(3-1)}$$

其中，G 为基尼系数；S_i 是地区某产业就业人数占全国该产业总就业人数的比重，M_i 是该地区就业人数占全国总就业人数的比重。

与收入基尼系数反映收入分配的不均等程度类似，区位基尼系数则刻画出产业空间分布的不均匀程度，因此本研究将区位基尼系数的概念应用到我国葡萄产业空间分布均衡程度的研究中。通过计算葡萄产业的区位基尼系数，并观察这一系数的变动规律，可以清晰地观察到葡萄产业的集聚情况。

从基尼系数的定义和内涵出发，国内外学者给出了十多种不同形式的基尼系数计算公式，结合本研究和葡萄产业可获取数据的特点，选取我国葡萄产值和水果产值统计数据来反映葡萄产业在空间的分布均衡程度，因此采用以下形式的区位基尼系数计算公式：

$$G = \sum_{i=1}^{n} (X_i - S_i)^2 \qquad \text{公式(3-2)}$$

其中，X_i 是 i 省(市)葡萄产值占全国葡萄产值的比重；S_i 是该省(市)水果产值占全国水果产值的比重。

区位基尼系数的取值范围在 0～1 之间，它的值越接近于 1，表明产业在空间的分布越不均匀。换言之，产业的区位基尼系数越大，产业的空间集聚程度越高。如果区位基尼系数等于 1，说明该产业完全集中在一个地区。本研究依据区位基尼系数的测算方法，利用 2000—2008 年的葡萄产量和水果产值统计数据对葡萄产业的区位基尼系数进行测算，结果见葡萄产业区位基尼系数表(表 3-4)。

表 3-4 葡萄产业区位基尼系数

年份	2000	2001	2002	2003	2004	2005	2006	2007	2008
区位基尼系数	0.068	0.055	0.065	0.060	0.066	0.063	0.067	0.070	0.062

从表 3-4 可以看出，近十年来我国葡萄生产的区位基尼系数变化不大；2000—2008 年葡萄产业的区位基尼系数平均在 0.064 左右；2007 年的空间基尼系数最高也只有 0.070；说明从全国范围葡萄生产的空间分布来看，葡萄种植的空间分布集中度并不高；葡萄的种植区域分布很广泛，这也和目前我国葡萄在各区域广泛种植的现状相吻合。

3.3.2 葡萄主产区产业集中度变化趋势

产业发展的地区集中度是产业内产出排列前几位的地区占全国该行业总产出的累计份额。主要用来反映产业的集中水平。在此，本研究选用五省集中度指数（CR_5），即评估葡萄产量排列前五位的省市占全国葡萄产业的市场份额。其计算公式为：

$$CR_5 = \sum_{i}^{5} S_i \times 100\% \qquad \text{公式(3-3)}$$

其中，S_i 为排列第 i 位的省市葡萄产量占该产业全国总产量的比重。

标准差系数是对产业在主产省份间分布的不均等性进行测算的指标，其计算公式为：

$$V_\sigma = \frac{5 \times \sigma}{\sum_{i}^{5} S_i} \times 100\% \qquad \text{公式(3-4)}$$

其中，σ 为前五位省市葡萄产量所占比重的标准差。

根据《中国农业统计年鉴》中的相关统计数据整理显示，在多数年度，我国的新疆、河北、山东、辽宁和河南等 5 个省区居全国葡萄种植的前五位；本研究采用地区集中度的计算方法，利用 2000—2008 年间这 5 个省区葡萄的产量和全国葡萄产量的相关数据，依据公式(3-3) 测算出中国葡萄产业的地区集中度，结果见表 3-5。

表 3-5 葡萄产业地区集中度

年份	集中度(%)	集中地区
2000	70.7	新疆、河北、山东、辽宁和河南
2001	69.0	新疆、河北、山东、辽宁和河南
2002	70.0	新疆、河北、山东、辽宁和河南
2003	68.5	新疆、河北、山东、辽宁和河南

续表 3-5

年份	集中度(%)	集中地区
2004	69.2	新疆、河北、山东、辽宁和河南
2005	68.6	新疆、河北、山东、辽宁和河南
2006	67.3	新疆、河北、山东、辽宁和河南
2007	66.2	新疆、河北、山东、辽宁和河南
2008	64.2	新疆、河北、山东、辽宁和河南

从表 3-5 可以看出，2000—2008 年间的五省集中度指数始终保持在 60%以上，说明前五位省市的生产累计份额占到了全国的 60%，这也表明中国的葡萄产业具有高度的市场集中水平，且主要集中在我国的新疆、河北、山东、辽宁和河南等地区。但从五省(区)集中度指数变化情况来看，近年来这五省(区)集中度指数有逐年下降的趋势，说明我国葡萄的生产集中度逐渐降低，这主要是由于葡萄产业的相对经济效益比较高，再加上技术的进步，在我国原来认为不适宜种植的地区也开始种植，而且种植面积有逐年增长的趋势。同时，从 5 个省(市)的标准差系数计算结果来看，可以看出，5 个省(市)的标准差系数从 2003 年开始在逐年增加(表 3-6)，说明五省之间葡萄产业的发展差异越发明显，由于不同地域不同的自然资源以及不同的市场条件和政府导向，使得主产省之间的发展差异逐渐增大。

表 3-6 标准差系数

%

年份	2000	2001	2002	2003	2004	2005	2006	2007	2008
标准差系数	37.1	32.0	36.7	38.4	40.6	41.7	49.3	55.5	50.5

3.3.3 葡萄产业的集群化程度

通过五省集中度指数和区位基尼系数的分析可以看出，我国葡萄产业在区域上是具有显著的集群特征，为了进一步分析葡萄产业的地区集群化程度，及其在区域种植业中的地位和作用等，本研究将进一步通过区位熵来分析和判断我国葡萄产业的空间分布特征。

区位熵(Location Quotient)：又称专门化率，用以衡量某一区域要素的空间分布情况，反映某一产业部门的专业化程度，以及某一区域在高层次区域的地位和作用等方面。本研究结合葡萄产业与种植业的关系及本研究现有数据的特点，选取我国葡萄产值和种植业产值统计数据来反映葡萄产业的地区集群化程度。其计算公式为：

$$LQ=\frac{q_i\Big/\sum_{1}^{n}q_i}{Q_i\Big/\sum_{1}^{n}Q_i} \quad \text{公式(3-5)}$$

其中，q_i 为 i 省市葡萄产值；$\sum_{1}^{n}q_i$ 为全国葡萄产值；Q_i 为 i 省市种植业产值；$\sum_{1}^{n}Q_i$ 为全国种植业产值。

当区位熵大于 1 时，说明该地区葡萄产业具有比较优势，具有较高的产业集群程度；区位熵小于 1 时，说明该地区葡萄产业的集群化程度低于全国；区位熵等于 1 时，说明该地区葡萄产业的集群化程度与全国相当。

本研究选取了 2000—2008 年葡萄产值和种植业产值等统计数据对地区产业集群发展进行了实证分析。由于分省市葡萄的单价数据难以获取，本文选用联合国粮农组织统计数据种植葡萄的生产者价格来代替各地葡萄的单价，以计算葡萄种植的产值。经过测算，2000 年到 2008 年，我国葡萄产业的区位熵指数大于 1 的各地区如表 3-7 所示。从区位熵的测算结果看，区位熵一直大于 1 的地区有山东、山西、宁夏、辽宁、河北、天津、北京和新疆等 8 个省市区，这些地区葡萄产业在种植业中具有重要的地位，有显著的产业集群化特征；2008 年区位熵大于 1 的地区新增了吉林和内蒙古，说明这两个地区葡萄产业在种植业中的地位越来越重要。

表 3-7 各地区葡萄产业的区位熵指数

年份	地区									
	京	津	冀	辽	疆	鲁	晋	宁	吉	蒙
2000	1.46	5.48	2.61	4.04	7.57	1.42				
2001	1.77	5.21	2.55	3.21	7.09	1.60	1.36	1.51		
2002	1.76	5.15	2.78	3.35	7.97	1.40	1.24	1.31		
2004	1.10	6.11	2.37	2.59	8.12	1.14		2.58	1.34	
2005		3.66	2.03	2.60	8.43	1.08	1.32	3.90	1.67	
2006		4.01	2.00	2.39	8.42	1.04		3.83	1.61	1.40
2007		3.94	2.00	2.02	9.94	1.02	1.17	2.84	1.69	1.38
2008		3.59	1.93	2.89	7.70	1.01	1.13	3.30	1.65	1.26

本研究用地理信息系统(GIS)分析软件显示了2001年和2008年区位熵大于1的省份的变化如图3-6、图3-7所示。可以看出:我国葡萄产业的区域集群特征与葡萄主产区生产的实际布局情况是吻合的;而且从2000年到2008年我国葡萄产业的集聚特征是显著的。

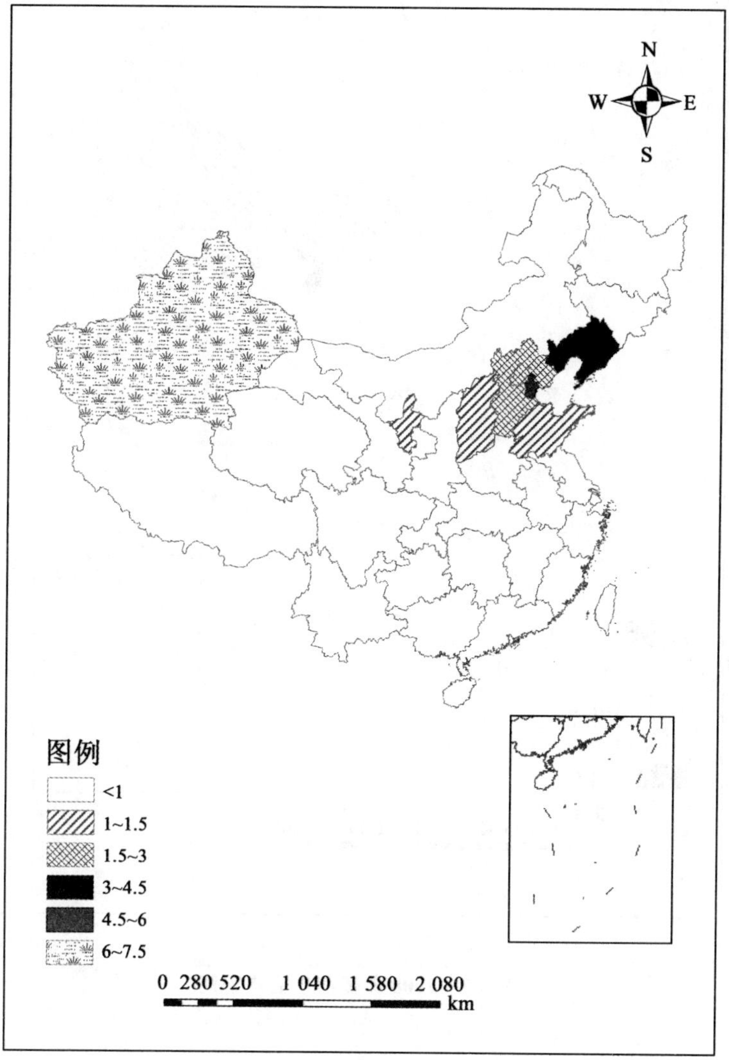

图 3-6　2001 年葡萄产业集群图

从2001年和2008年的葡萄产业集群图来看,新疆、河北、山东、天津、辽宁等地的葡萄产业集群度一直很显著。纵观这几个主产区,它们都具有得天独厚的自然条件。

新疆吐鲁番光照充足,昼夜温差大,降水稀少,7月份的平均最高

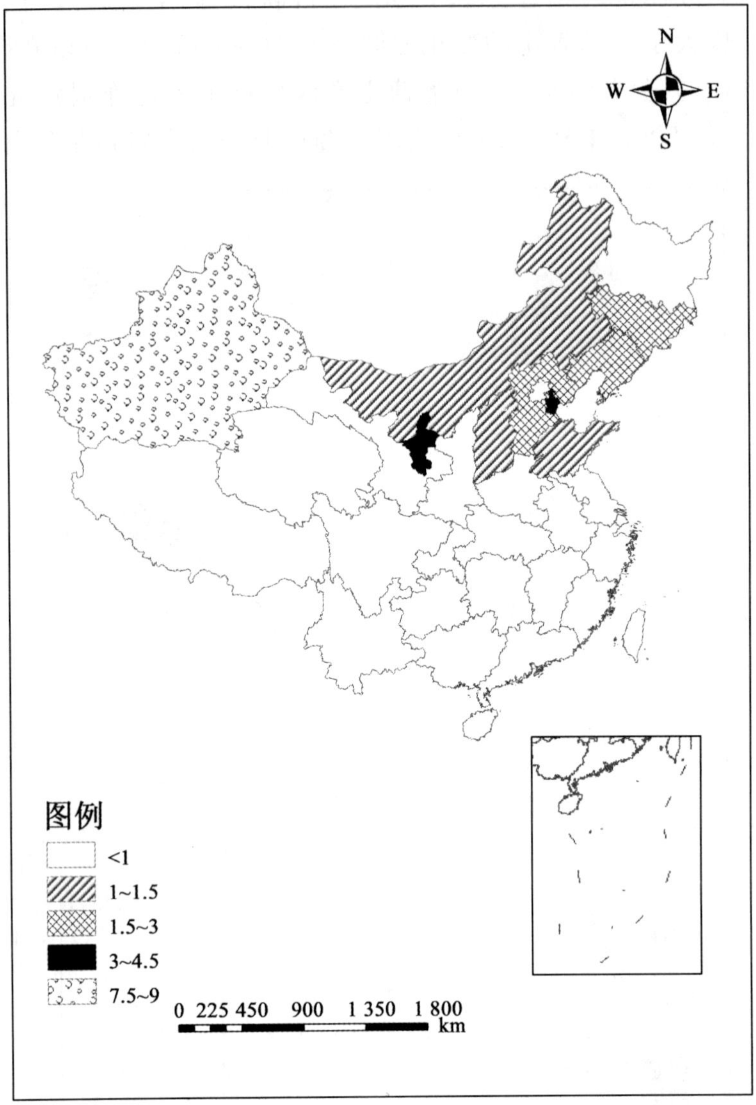

图 3-7 2008 年葡萄产业集群图

气温达 39.9℃，而同期的降水量却只有 2.3 毫米，吐鲁番葡萄最著名的有无核白、马奶和索索葡萄。新疆吐鲁番把当地的特色景区与葡萄文化联系在一起(如把坎儿井暗渠、葡萄博物馆及葡萄沟等景区联系在一起)必然会吸引更多的游客，更好的促进当地的经济消费。葡萄产业的集群化发展给当地企业带来了无与伦比的竞争力，其竞争优势又将转化为壮大葡萄产业集群化发展的动力。

再如山东烟台位于胶东半岛的最东部，地处北纬 36°～39°，与世界著名葡萄产区波尔多同处一个纬度。面山临海，气候宜人，葡萄生长期年平均有效积温 1 615°，无霜期达到 218 天，年平均降水量 680 毫米，盛产赤霞珠、品丽珠和蛇龙珠等品种。近年来，随着人们生活水平及葡萄酒消费水平的提高，作为朝阳产业的葡萄酒产业也得到了长足的发展。优越的自然条件，增长的消费需求吸引着国内外的投资商到各大葡萄主产区发展酿酒葡萄基地。到 2009 年为止，天津中法合营王朝葡萄酿酒有限公司、中粮葡萄酿酒有限公司、新疆新天国际葡萄酒业有限公司及北京金六福酒业销售有限公司等企业都在烟台设立了自己的酿酒葡萄基地，法国、意大利、加拿大等地的投资商也对中国的葡萄酒市场投入了大量的资金，总投资额达到了 20 亿元。良好的投资环境及便利的交通大大促进了当地葡萄产业的国际化。产业集群的发展对当地基础设施建设及相关辅助产业的发展也起到了很大的推动作用。如当地的旅游业，都追求葡萄文化与旅游观光的一体化发展。山东烟台本来就是个美丽的旅游城市，碧海蓝天，阳光沙滩，每年都吸引着成千上万的游客。现当地政府把旅游业与葡萄酒文化宣传联系在一起，如张裕集团斥巨资建立了葡萄酒文化博物馆，具有异国情调的卡斯特葡萄酒庄园及葡萄酒发酵中心，既让游客饱览了烟台美丽的风景，也了解了葡萄酒文化，对区域品牌认知及葡萄酒消费都起到了积极作用。

3.4 中国葡萄产业集中度

现代微观经济学根据市场垄断与竞争程度的强弱，将市场结构划分为四种基本类型，突破了早期只把市场划分为完全垄断和完全竞争两种极端形式的弊端，之后在实践中，在对市场结构的研究和分析中，美国著名产业经济学研究专家贝恩和日本著名产业经济研究专家植草益等分别在对本国产业市场结构进行实证研究的过程中，将不同垄断和竞争的市场结构进一步具体化为实用性更强的不同等级的竞争型和寡占型市场结构。在本研究中主要采用贝恩的市场结构分类方法对我国葡萄产业市场结构进行分析。

贝恩是最早使用产业集中度指标对产业的垄断竞争程度进行分类研究的学者。贝恩依据产业内前四位和前八位的产业集中度指标，对不同垄断、竞争结合程度的产业市场结构进行了分类(表 3-8)。

表 3-8　贝恩的市场结构分类　　%

类型	C_4 值	C_8 值
寡占Ⅰ型	$75 \leqslant C_4$	
寡占Ⅱ型	$50 < C_4 \leqslant 85$	或 $85 \leqslant C_8$
寡占Ⅲ型	$35 \leqslant C_4 < 85$	$75 \leqslant C_8 < 85$
寡占Ⅳ型	$35 \leqslant C_4 < 50$	或 $45 \leqslant C_8 < 75$
寡占Ⅴ型	$30 \leqslant C_4 < 35$	或 $40 \leqslant C_8 < 45$
竞争型	$C_4 < 30$	$C_8 < 40$

资料来源:【美】J. S. 贝恩,《产业组织》,丸善 1981 年版,第 141-148 页。

决定市场结构的因素很多,主要因素有:集中度、产品差别化、企业进入和退出壁垒、市场需求的增长率、市场需求的价格弹性、企业规模等等,这些因素除了影响市场结构,相互间也存在影响,而其中最基础的指标是市场集中度。市场集中度能够反映出行业内垄断和竞争情况,是分析竞争行业环境和发展阶段的一项重要指标。

最基本的市场集中度指标是绝对集中度指标,通常用在规模上处于前几位企业的生产、销售、资产或职工的累计数量(或数额)占整个市场的生产、销售、资产或职工的累计数量(或数额)的比重来表示。指标的测定相对容易,并且能够较好地反映产业内的集中程度,显示市场的垄断和竞争程度。在葡萄产业中,本研究利用市场集中度的研究方法,将省(市、区)视为葡萄生产的单元,从葡萄产量和种植面积的角度,分析葡萄产业的集中度,以了解省(市、区)间竞争状况。

3.4.1　葡萄产业的集中度分析——生产产量

本研究利用绝对集中度来计量葡萄产业集中度,计算公式为:

$$CR_n = \sum_{i=1}^{n} X_i \Big/ \sum_{i=1}^{N} X_i \qquad \text{公式(3-6)}$$

其中,CR_n 是葡萄产业中产量为前 n 位省份的绝对集中度;N 为生产葡萄的省份数;X_i 是葡萄产业中第 i 位省份的产量。

n 的确定取决于研究的需要,在其他条件一定时,n 越大,CR_n 也越大;当 n 取定值时,CR_n 越大,则说明产量大省所占生产份额越多,该行业的垄断程度越高。根据 2000—2008 年中国葡萄产量的资料进行计算,分别选取全国葡萄产量前四位和前八位省份的数据,得到结果如表 3-9 所示。

表 3-9　2000—2008 年全国葡萄产量前四位、八位市场集中度

项目	2000 年	2001 年	2002 年	2003 年	2004 年	2005 年	2006 年	2007 年	2008 年
全国总计(t)	3 281 678	3 679 680	4 479 453	5 176 000	5 675 318	5 794 411	6 270 756	6 696 814	7 151 484
前四位总量(t)	2 112 853	2 257 795	2 829 133	3 216 000	3 545 767	3 564 692	3 813 490	4 012 554	4 155 970
前八位总量(t)	2 653 940	2 906 523	3 550 904	4 026 000	4 461 792	4 531 330	4 839 989	5 088 740	5 385 080
CR_4	0.64	0.61	0.63	0.62	0.62	0.62	0.61	0.60	0.58
CR_8	0.81	0.79	0.79	0.78	0.79	0.78	0.77	0.76	0.75
前四位占全国百分比(%)	64	61	63	62	62	62	61	60	58
前八位占全国百分比(%)	81	79	79	78	79	78	77	76	75

注：根据《中国农业统计资料》计算所得。

从表3-9中的数据得知，我国葡萄产业自2000年至2008年CR_4的值基本在0.58～0.64之间，均属于寡占Ⅱ型（表3-8），这表明我国葡萄产业的产量集中度较高，我国葡萄产业的产量基本上被前几位的葡萄生产大省所影响。

根据2000—2008年我国葡萄产量前八名排列表（表3-10），前四位主要是新疆、河北、山东、辽宁，这四省的产量占到了全国总产量的58%以上。但是，从表3-9中可以看出，前四省的产量占全国总产量的比例呈下降趋势，这是由于一系列以优质、安全、高效为中心的新观念、新技术在葡萄生产上的广泛应用，如品种区域化、抗逆栽培、病虫害综合防治等，有力地推动了全国葡萄产业的发展，尤其是设施栽培的迅猛发展，从根本上改变了中国葡萄生产的面貌和时空布局，由集中在西北、华北和环渤海湾地区扩展到全国各省。

表3-10 2000—2008年我国葡萄产量前八名排列表

排名	2000	2001	2002	2003	2004	2005	2006	2007	2008
1	新疆	新疆	新疆	新疆	新疆	新疆	新疆	新疆	新疆
2	河北	山东	河北	河北	山东	河北	河北	河北	河北
3	山东	河北	山东	山东	河北	山东	山东	山东	山东
4	辽宁	辽宁	辽宁	辽宁	辽宁	辽宁	辽宁	辽宁	辽宁
5	河南	河南	河南	河南	河南	河南	河南	河南	河南
6	四川	浙江	浙江	浙江	浙江	浙江	浙江	浙江	浙江
7	浙江	四川	天津	安徽	安徽	安徽	江苏	江苏	江苏
8	天津	江苏	四川	四川	江苏	四川	安徽	陕西	陕西

注：根据《中国农业统计资料》计算所得。

3.4.2 葡萄产业的集中度分析——种植面积

应用公式(3-6)，重新定义其中参数含义。式中，CR_n是葡萄产业中面积为前n位省份的绝对集中度，N为生产葡萄的省份数，X_i是葡萄产业中第i位省份的种植面积。

根据2000—2008年中国葡萄种植面积的资料进行计算，分别选取全国葡萄种植面积前四位和前八位省份的数据，得到结果如表3-11所示。

表 3-11　2000—2008 年全国葡萄面积前四位、八位市场集中度　千公顷，%

项目	2000	2001	2002	2003	2004	2005	2006	2007	2008
全国总计	283.0	334.3	392.4	421.0	413.5	408.1	418.7	438.4	451.2
前四位面积总量	123.9	143.8	162.1	177.0	166.0	155.0	152.2	153.5	151.1
前八位面积总量	150.7	173.2	200.1	221.6	208.5	198.8	199.6	208.3	207.5
CR_4	0.44	0.43	0.41	0.42	0.40	0.38	0.36	0.35	0.33
CR_8	0.53	0.52	0.51	0.53	0.50	0.49	0.48	0.48	0.46
前四位占全国百分比	44	43	41	42	40	38	36	35	33
前八位占全国百分比	53	52	51	53	50	49	48	48	46

注：根据《中国农业统计资料》计算所得。

从表 3-8 和表 3-11 可知，我国葡萄产业自 2000 年至 2007 年的种植面积结构均属于寡占Ⅳ型，而 2008 年的种植面积结构为寡占Ⅴ型，由种植面积表征的葡萄产业的集中度显示我国葡萄产业结构的垄断性略大于竞争性，并且有竞争性上升的趋势。

我国葡萄产业的种植面积基本上是由全国葡萄生产面积前几位的葡萄生产省份影响和左右的，根据表 3-12，可知主要是新疆、河北、山东、辽宁、河南、四川、吉林、山西、陕西等省份，2000 年全国葡萄种植面积前四位为新疆、河北、山东和辽宁，前四位省份生产面积之和占全国葡萄生产面积总和的 44%，一直到 2008 年，产量前三位省份依然是新疆、河北和山东，河南则在 2007 年和 2008 年挤入四强排名。但前四位的产量总量所占比例有所下降，到 2008 年所占比例为 33%。

表 3-12　2000—2008 年葡萄生产面积排名

排名	2000	2001	2002	2003	2004	2005	2006	2007	2008
1	新疆	新疆	新疆	新疆	新疆	新疆	新疆	新疆	新疆
2	河北	山东	山东	山东	河北	河北	河北	河北	河北
3	山东	河北	河北	河北	山东	山东	山东	山东	山东
4	辽宁	辽宁	辽宁	辽宁	辽宁	辽宁	辽宁	河南	河南
5	河南	河南	河南	河南	河南	河南	河南	辽宁	辽宁
6	吉林	吉林	山西	吉林	山西	陕西	陕西	湖南	陕西
7	四川	山西	吉林	山西	陕西	山西	湖南	陕西	江苏
8	山西	四川	陕西	江苏	四川	湖南	江苏	四川	四川

注：根据《中国农业统计资料》计算所得。

3.4.3 葡萄产业产量与种植面积的集中度比较分析

我国葡萄产业的种植面积集中度相对于产量集中度普遍较低，这说明各地区的葡萄单产并不一致，可能有的地区单产非常高，而有些地区单产比较低。2008 年面积排名前八位的省份是(表 3-12)新疆、河北、山东、河南、辽宁、陕西、江苏和四川。和 2008 年产量排名相比较，可以发现，辽宁省按照面积的排名下降了 1 位，表明辽宁省 2008 年的葡萄单产产量相对前三名省份要高。同理，可以看出浙江省的单产也相对较高，而河南省和陕西省的单产相对比较低。

我国葡萄生产产量和面积的市场集中度呈现逐年下降的趋势。由图 3-8 和图 3-9 所示的历年我国葡萄生产产量和种植面积的市场集中度比较来看，其走向基本一致，都是呈逐年下降趋势。相对于葡萄产量的集中度的连续下降，在 2003 年这个时间点上，种植面积集中度表现出异常攀升现象，通过查阅历史资料并分析得到，我国葡萄种植业在 2003 年前后许多葡萄园农户由于市场选择或经营不善等原因，改种其他作物，而这些农户所在省份并不是葡萄种植面积前四位或前八位所在省份，这样在计算市场集中度时就会表现出突然集中的现象，在绘制出的曲线上出现了奇异点；另外，由于葡萄的种植特性，并不是当年成熟作物，具有一定的时滞性，而计算面积时并不会细致地将当年可收获葡萄面积和不可收获葡萄面积分开，

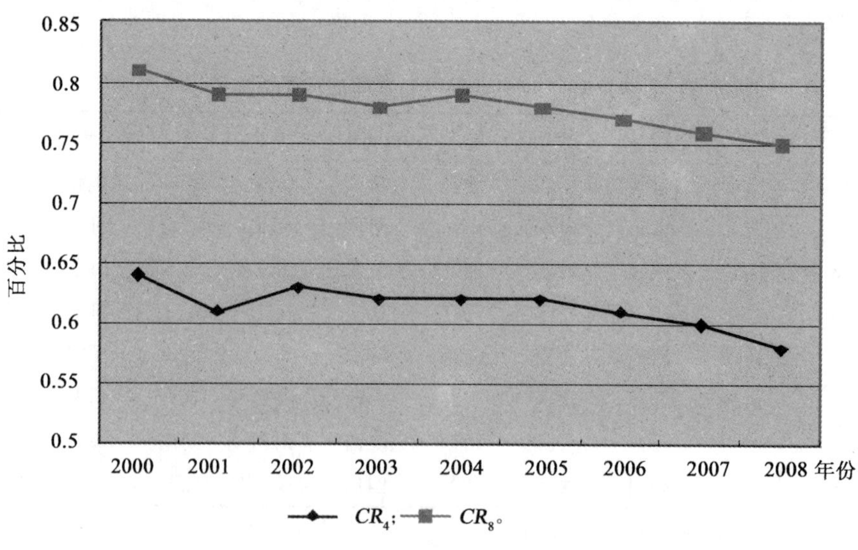

图 3-8 葡萄生产产量的集中度变化

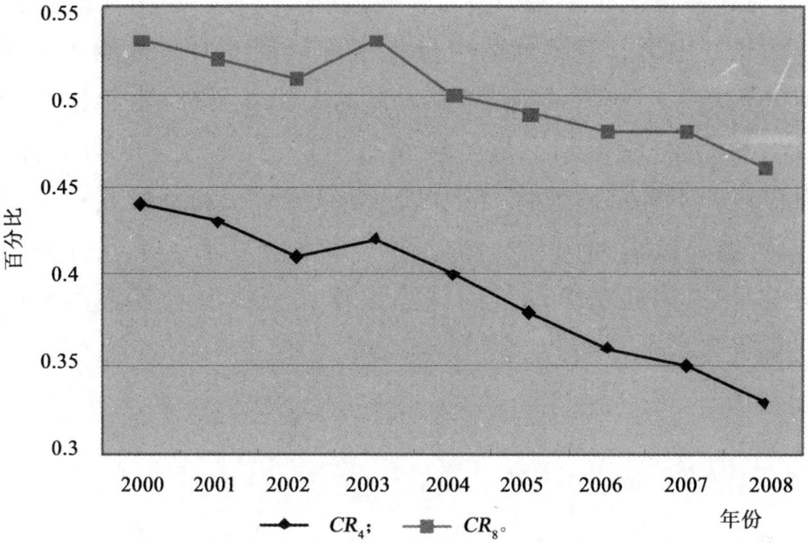

图 3-9　葡萄种植面积的集中度变化

可能导致得到的葡萄园的面积并不能显示当年各省葡萄产业的竞争水平。相对而言葡萄产量的集中度比较符合当年葡萄产业的实际情况。

3.4.4　小结

首先，以省（市、区）域角度来看，我国葡萄种植产业正处于垄断竞争阶段，兼具垄断和竞争的特点。即我国葡萄种植产业总体格局是：少数几个省（市、区）占有较大的生产份额，其他省（市、区）亦表现出生产扩大的潜力。

其二，从 2000 年到 2008 年的集中度变化来看，葡萄种植产业的集中度总的趋势是在下降，这是由于近几年来，我国的葡萄生产在全国范围得到有效的推广，广大种植户意识到葡萄种植的较高收益，加之现代设施农业的有效应用，使得一些气候、地理上不适宜葡萄生长的地区也可以种植葡萄，随着葡萄种植技术等科技手段的提高，各省葡萄种植地域的垄断性将有可能慢慢降低。

最后，通过葡萄产业产量和面积的集中度研究分析，可以看出葡萄种植产业的集中度情况，但是结果有所不同，产量的集中度数值高于面积集中度的数值。这说明我国葡萄产业单位面积产量高低有别，出现这种情况可能有地区、气候、品种等的差别因素作用。葡萄产业面积集中度相对于葡萄产量集中度较低的原因可能还有葡萄品种的区别和生产酿酒葡萄、鲜食葡萄的差异。另外，由于葡萄产业本身属于种植业，葡萄并不是当年成熟作物，具有一定的时滞性，而计算面积时并不会细致地将当年可收获葡萄面积和不可收获葡萄面积分开，可能导致得到的葡萄园的面积并不能显示当年各省葡萄产业的竞争水平，因此基于产量的计算数据比较能反映各省葡萄产业当年的竞争力水平。

4 中国葡萄成本与收益分析

在农业生产过程中，成本和收益是直接关系到种植者切身利益和农业发展的两个关键因素。在葡萄的生产过程中也同样如此，葡萄的成本与收益是衡量葡萄市场竞争能力的决定性因素。具体来说，葡萄生产成本和收益情况直接关系到生产者的经济收入，进而影响种植者的生产积极性；市场经济条件下，如果与其他作物相比，葡萄生产利润比较高，就会出现越来越多的人愿意从事葡萄生产，增加对葡萄生产的投入，从而促进葡萄产业发展；反之，则有可能使葡萄生产者减少，甚至放弃葡萄生产。

在经济全球化的环境条件下，市场越来越开放，我国的农产品面临越来越激烈的国际市场竞争，葡萄也不例外；葡萄的市场价格、质量及生产效率成为衡量我国葡萄是否具有市场竞争力的决定性因素。我国地域广大、气候多样，不同种植区域的种植模式、自然环境、经济条件、投入与产出都有很大差异，因此，翔实地比较分析我国不同地区葡萄生产的成本与收益情况，比较不同栽培模式、不同葡萄用途以及不同葡萄品种的成本投入与产出的差异化程度，对摸清我国葡萄生产"家底"、把握地区间资源禀赋差异及优化葡萄产业生产布局具有重要的现实意义。

说明：此部分的研究结论均来自于2009年国家葡萄产业技术体系开展的"我国葡萄种植的成本与收益调研"所收集的样本数据；在第一年开展调研工作中，由于受到时间和条件的限制，本研究抽样对象与代表区域的葡萄投入与产出实际情况会存在偏差。另外，有些葡萄种植农户对问卷指标理解的误差，导致某些数据不能准确反映个别地区葡萄生产的成本与收益情况。因此，这部分的研究结果也是我们基于葡萄成本与收益调研得出的相关结果研究的，部分的结果分析未必完全真实地代表当地的真实情况，我们也会在以后的葡萄种植成本与收益的调研中，加强调查抽样的科学性和严谨性，提高问卷信息获取的真实度与可靠度，使我们的调查研究更能反映出我国葡萄生产的实际情况。

4.1 调研情况说明

4.1.1 概念界定

(1)成本

成本是某一生产单位产出一定量产品所付出的各种投入(生产要素)的价值总和。根据统计方法的不同，成本的反映形式可以分成经济成本与会计成本。会计成本是人们通常所熟悉的，即某个生产单位，会计人员在企业经济核算中，将各种投入的数量与价格的乘积加总得出的成本，即为生产商品所发生的一切账面上的货币开支。经济成本则是在生产过程中的所有的投入。

在很多时候，会计成本和经济成本是一致的，但当部分或者全部农场人工劳动由自家劳动力提供、并未表现为货币支付时，经济成本就要高于会计成本了。严格来说，经济成本对生产中各项投入描述地更为全面和准确，不过在本研究问卷调研中，很多种植者表示并不能准确衡量自身投入的劳动成本，因此在此次研究中均采用会计成本对葡萄生产状况进行衡量，不考虑自家劳动力的支出。

农业生产成本分为物质成本和人工成本。葡萄作为一种多年生的藤本植物，在种植之初需要整理土地、建造葡萄园、搭建固定葡萄架，这部分基础设施、苗木以及施工费用需在建造葡萄园时一次性支付，以后每年只需一些日常维护即可。基于这方面考虑，本研究把建园时的这部分物质费用、人工费用和维护费用单独作为建园成本，在具体计算每年成本时把这部分成本按照该葡萄园预计使用年限进行逐年分摊。把每年需要支付的日常费用分成日常物质成本和日常人工成本。日常物质成本是指为了维持葡萄植株的正常生长而投入到葡萄园的所有生产资料、设备、水电等物质的货币折算开支，简称物质成本。日常人工成本是指每年投入到葡萄园的所有劳动力的货币折算开支，简称人工成本。

(2)收益

经济学家将收益理解为实际物质财富的绝对增加，会计学家认为收益为产出价值超过投入价值的差额。而葡萄作为一种多用途产品，可以鲜食，也可以进行加工，所以其价值的表现也不尽相同。本研究单指葡萄生产环节的收益，同投入一样，也是选择葡萄生产者通过销售葡萄获得的货币收益，而不考虑进入流通环节之后的利润。

另外，在对葡萄的投入与产出数据信息进行搜集过程中需要注意以下情况：由于葡萄是多年生的作物，在中国大部分地区幼苗需要经过两年的生长才能进入稳定结果期，所以在一些新建葡萄园存在没有收入或者收入较少的情况。基于葡萄生产的这个特征，本研究选择的样本是已进入稳定结果期的葡萄园 2009 年的产量。

本研究根据葡萄生产过程中投入与产出的特点，将葡萄生产成本和收益分为建园成本、物质成本、人工成本和葡萄收益 4 项，具体的投入与产出的项目构成如图 4-1 所示。

4.1.2 调研方法

在本次调研中，采用了实地调研与问卷调查相结合的方法。研究团队在实际调查和文献分析的基础上，设计完成了初始的调研问卷，带着初始的调研问卷课题组成员实地走访了多处葡萄生产农户、葡萄生产专业合作社和葡萄生产企业，不断修改和完善成本与收益调查问卷，葡萄产业经济研究团队也对我国葡萄主产区的生产情况进行了详细调研；并且通过国家葡萄产业技术体系管理平台，征求了体系内各位岗位科学家、综合试验站站长的意见；通过以上两种途径，后期对问卷进行了改进，从而确定了问卷终稿。在 2009 年 5～12 月份，开展了全国范围内的葡萄的成本与收益的普遍调研。

本研究的问卷调查主要依靠两种渠道：其一是国家葡萄产业技术体系 20 个综合试验站和部分地区没有设置试验站的岗位专家，这

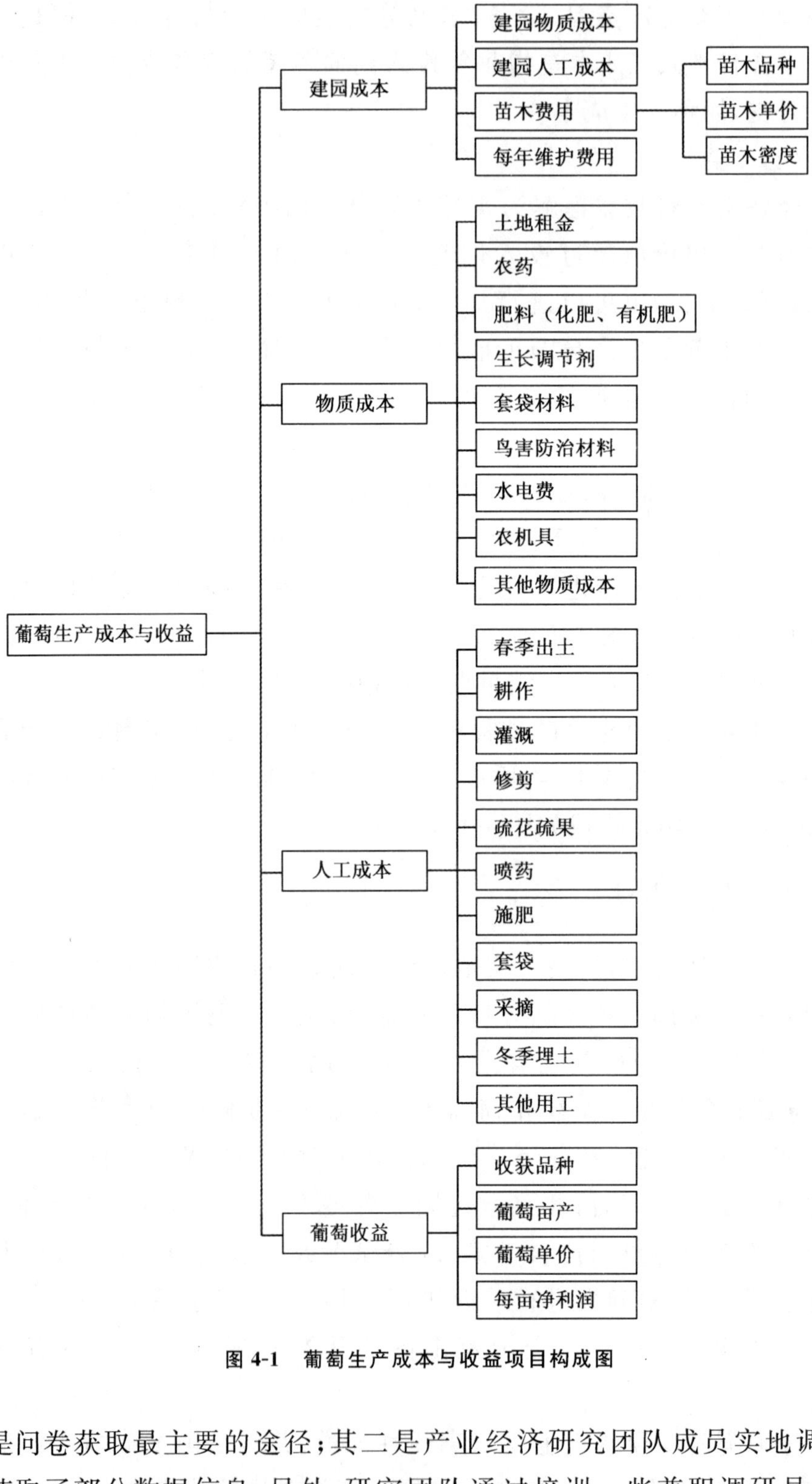

图 4-1　葡萄生产成本与收益项目构成图

是问卷获取最主要的途径；其二是产业经济研究团队成员实地调研获取了部分数据信息；另外，研究团队通过培训一些兼职调研员，通过他们也获取了一定数量的葡萄的生产成本与收益信息。这三个渠道获取的成本与收益信息最终通过统一的分类汇总，作为葡萄生产的成本与收益分析的数据基础。

4.1.3 调研问卷

(1)问卷结构

调研对象主要是种植葡萄的农户、葡萄专业合作社成员以及葡萄种植企业的经营管理人员；调研内容主要从葡萄园的基本信息、成本投入情况、产出收益情况进行信息采集。调研主要内容具体包括以下四部分：

①种植者的基本信息。种植者所在地址，种植者类型，是否加入葡萄专业合作社等。

②葡萄园信息。主要是了解葡萄种植园的基本信息，包括葡萄园的地址，园龄，栽培的葡萄种类、用途、面积以及种植模式等。

③成本投入信息。包括建园成本、每年日常开支的物质成本和人工成本等 3 个部分，具体项目与前面设定的各个成本构成项目相同。

④收益产出情况。包括葡萄园种植的主要葡萄品种，对应的单位面积产量和单价以及葡萄园的总收入和净利润。

成本与收益的调研设计旨在尽可能全面地收集关于葡萄生产的各种信息，但葡萄实际的成本和收益的情况较为复杂，不同地区，不同农户对于葡萄生产的成本构成也是存在差异的，因此调研的信息难以囊括所有投入成本。在葡萄生产成本方面，图 4-1 中表示的三类成本列出的项目包括了葡萄每年生产环节所需的成本，但在部分地区的销售环节难免会有遗漏和应用不到的项目，比如许多地区的农户在葡萄销售环节会涉及包装成本、运输费用、销售用工成本等，虽然其不属于直接种植葡萄的成本，但仍然属于生产者的经济收入前的成本投入，调查员便在其他用工费用中对其进行了记录，本研究在统计中一并计入成本投入。在收益方面，也会有一些特殊情况，例如广西地区的一些农户每年可收获两季葡萄，这样就以两次收获的总收益作为研究指标进行进一步分析。

(2)测评指标

葡萄的成本与收入的具体测评指标分为投入和产出两方面，首

先投入指标(即成本)可概括为以下几个方面(注:以下指标均按照单位(每亩)葡萄园每年的投入和产出指标进行计算):

①建园成本。它包括建园时投入分摊到各年度的费用和葡萄园每年新增的维护费。即:

建园成本=葡萄园建园一次性经济支出/葡萄园寿命
+每年的维护费

其中,建园的一次性支出包括建园所花费的物质、人工和苗木成本之和。葡萄园寿命用葡萄园的预计使用年限进行代替。

②物质成本。即每亩葡萄园种植过程中每年的物质投入,等于每亩葡萄园每年投入的所有生产资料等物质折算成现金的累加之和。包括:土地租金、农药、肥料(化肥、有机肥)、生长调节剂、套袋材料、鸟害防治材料、水电费、农机具费及其他物质费用。

③人工成本。即每亩葡萄园种植过程中每年投入的人工费用,等于每亩葡萄园每年投入的人工投入折算成现金的累加之和。具体包括:春季出土、耕作、灌溉、修剪、疏花疏果、喷药、施肥、套袋、采摘、冬季埋土及其他用工费用。由于本研究的调研没有对种植户自家劳动力的投入单独调研,故在此不作为葡萄生产的人工成本投入。

④总成本。就是指葡萄园每年每亩所支出的以上 3 种成本的总和。

⑤净利润。为生产者每年通过每亩葡萄园获得的净收益;即每年每亩葡萄园的总销售收入减去每年每亩葡萄园的总成本。

⑥销售价格。是指葡萄的生产者价格,即每个样本生产者销售葡萄时的单价。

需要指出的是,在人工成本的统计过程中会存在特殊情况:比如在有些地区,生产者种植葡萄的规模较小,自家的劳动力足以应付葡萄种植过程中的人工投入,没有其他雇工的人工投入,因此对该类生产者而言,就没有人工成本的货币支付;另一方面,对一些种植企业而言,葡萄种植规模比较大,除了雇佣多名劳动力进行葡萄生产,还要雇佣一些工作人员来管理葡萄的种植,这样就会比实际用到葡萄种植方面的人工费用多出一部分。本研究计算的时候,将这部分管理人员的劳务支出也计入生产的人工成本之中。

4.1.4 样本概况

本次调研共回收到 2 312 份问卷，其中通过国家葡萄产业技术体系实验站和部分岗位获取问卷 1 452 份，产业经济研究团队通过实地调研和雇佣调研员获取问卷 860 份；经过筛选，将部分填写不完整、字迹不清、数据失真以及问卷存在逻辑矛盾、经核实存在虚假信息等问题的所有无效问卷删除，最后合格的问卷数为 1 267 份，回收的问卷有效率为 54.80％，虽然比预想的有效率低，但也在可接受的范围内。

取样范围包括全国种植葡萄的 24 个主要省、市、自治区；在后期数据处理阶段，由于云南、重庆、安徽、黑龙江、江西、湖南回收的有效样本量较少，从统计学角度来说，小范围样本不能很好地代表总体，这些样本也就不能很好地代表当地葡萄生产的实际水平，失去了葡萄生产成本与收益的分析的意义，因此将以上省份的样本删除，最终有效的 1 267 份样本分布在北京、天津、河北、山西、内蒙古、陕西、甘肃、宁夏、新疆、四川、辽宁、吉林、上海、江苏、浙江、山东、河南、湖北和广西等 19 个省、市、自治区。

4.2 我国葡萄成本与收益的总体情况

4.2.1 全国平均水平

根据调查问卷的相关统计指标统计得出全国的葡萄生产的平均成本与收益（表 4-1）。从全国葡萄生产平均成本和收益统计结果（表 4-1）来看，我国葡萄生产每年每亩葡萄园的平均支出总成本为 3 596.39 元/（亩・年），其中建园费用为 692.79 元/（亩・年），每亩的物质成本和人工成本投入分别为 1 587.28 元/（亩・年）和 1 316.32 元/（亩・年）。

在成本投入结构中，建园成本占总体的比例为 19.26％，物质成本与人工成本分别占到了总成本的 44.14％和 36.60％，物质成本投入的比重较大。虽然建园成本在总成本中所占比例最低，但是考虑到建园费用是在葡萄园建立之初就必须一次性投入的成本，葡萄园的平均寿命以15～20年计算，建园时需要一次性支出也要在10 000元以上，这对一般农户来说还是一笔不小的投入；另外，由于葡萄多年生的属性，在气候正常的情况下，一般地区也需要在第三年才能进入丰产期，因此在葡萄园建立的前两年，第一年是没有收入的，第二年一般情况下也是没有收入或者收入很少，这对一些经济欠发达的地区的种植户来说，建园初期的一次性投入和开始的前两年无收入压力还是较大的；另外，种植户还要承担未来可能的自然灾害以及市场风险。

表4-1　全国葡萄生产平均成本和收益表

每亩成本构成	总成本（元/亩）	建园成本（元/（亩・年））	物质成本（元/亩）	人工成本（元/亩）
全国平均	3 596.39	692.79	1 587.28	1 316.32
每亩收益	净利润（元/亩）	平均单价（元/斤）		
全国平均	5 481.48	3.18		

注：本表中所有指标均采用全国1 262份样本的算术平均值，以下表格计算方法相同。

从全国葡萄生产收益的统计的结果看，葡萄的种植收益水平还是比较高的（表4-1），全国葡萄种植户售出的葡萄平均单价为3.18元/斤，全国平均每年葡萄园的净利润平均为5 481.48元/亩。

4.2.2　各地区葡萄种植成本投入情况

虽然全国葡萄园的平均投入是3 596.39元/（亩・年），但是不同地区，同一地区不同农户之间的葡萄种植的成本投入还是存在比较大的差异。本研究将各省市的葡萄种植投入情况汇总结果如表4-2所示。从各省份的成本投入来看，上海、浙江、四川、江苏、北京、广西6个省份的总成本投入均超过了4 000元/（亩・年）；投入最高是上海市，每亩的总成本投入为8 956.67元，是全国平均水平的2倍多，这也和上海市的葡萄产业发展的实际情况即发展高档设施和优质葡萄园的情况相吻合；而内蒙古、新疆、湖北、宁夏和山西5个省份葡萄的种植投入的总成本较低，每年每亩支出不足3 000元。内蒙古自治区的葡萄种植总成本投入最低，每年每亩仅740.0元，仅为全国平均水平的20.58%。其他省份如天津、辽宁、河南、河北、陕西、山东、吉林、甘肃地区的葡萄每年的种植投入都集中在3 000～4 000元/亩。

表 4-2　全国各地区葡萄生产成本及其构成表

省份	总成本（元/亩）	建园成本（元/(亩·年)）	物质成本（元/亩）	人工成本（元/亩）
上海	8 956.67	1 556.67	4 700.00	2 700.00
浙江	5 611.62	1 328.76	2 594.96	1 687.89
四川	5 449.84	1 201.01	2 404.26	1 844.57
江苏	4 689.93	1 065.24	2 114.60	1 510.09
北京	4 615.91	443.49	1 970.02	2 202.39
广西	4 604.76	633.62	2 006.90	1 964.24
天津	3 975.38	642.96	1 779.72	1 552.71
辽宁	3 554.23	978.26	1 303.46	1 272.51
河南	3 516.97	474.73	1 468.03	1 574.22
河北	3 285.33	607.38	1 491.07	1 186.88
陕西	3 138.57	402.62	1 868.15	867.80
山东	3 135.73	481.08	1 764.35	890.30
吉林	3 131.87	661.33	1 165.54	1 212.08
甘肃	3 012.36	530.20	1 124.91	1 357.26
山西	2 768.76	332.64	991.76	1 444.36
宁夏	2 512.57	205.91	1 130.27	1 176.38
湖北	2 135.17	479.98	957.07	698.12
新疆	2 030.26	495.23	855.58	679.45
内蒙古	740.00	205.00	315.00	220.00
全国平均	3 596.39	692.79	1 587.28	1 316.32

注：本表中每个省的指标均采用本省所有样本的算术平均值，全国指标是全国所有样本的算术平均值，而不是各个省份数据的算术平均。以下表格计算方法相同。

在葡萄生产投入的建园成本方面，上海、浙江、四川、江苏和辽宁等5省市的建园费用投入均在全国平均水平之上；其中上海、浙江、四川以及江苏4省的建园成本均超过了1 000元/亩，其中上海、浙江、四川的建园成本较高，分别为1 556.67元/(亩·年)、1 328.76元/(亩·年)和1 201.01元/(亩·年)，这也是由于调研样本中多为设施葡萄园的缘故；山西、宁夏和内蒙古等3省的葡萄建园投入均在400元/(亩·年)以下。

在葡萄生产投入的物质成本方面，上海、浙江、四川、江苏、广西、北京、陕西、天津和山东等9个省份的物质投入均高于全国的平均水平，其中上海、浙江、四川、江苏和广西等5省区的物质投入均在2 000

元/(亩·年),分别为 4 700.00 元/(亩·年)、2 594.96 元/(亩·年)、2 404.26 元/(亩·年)、2 114.60 元/(亩·年)和 2 006.90 元/(亩·年);其余各省的物质成本均低于全国平均的物质投入水平,河北、河南、辽宁、吉林、宁夏、甘肃等 6 个省区的物质成本在 1 000～2 000 元/(亩·年),内蒙古、新疆、湖北和山西 4 省的每亩物质成本投入均低于 1 000 元。

在葡萄生产投入人工成本方面,上海和北京市的人工投入较高,分别为 2 700.00 元/(亩·年)和 2 202.39 元/(亩·年);广西、四川、浙江、河南、天津和江苏等省市区的人工投入成本也比较高,均在 1 500 元/(亩·年)以上;山西、甘肃、辽宁、吉林、河北和宁夏等省区人工投入成本在 1 000～1 500 元/(亩·年);内蒙古、新疆、湖北、陕西及山东 5 省投入均不到 1 000 元/(亩·年),尤其是内蒙古,每亩人工投入仅 220 元/(亩·年)。

成本投入的地区间差异是由多方面因素作用的综合效果。我国地域广阔,各地区的经济发展水平、自然条件、葡萄的种植模式等存在差异,导致葡萄种植在不同生产环节成本投入量、种植与管理方式等方面不尽相同,所以在葡萄生产的投入成本总量及成本构成上会存在较大差异。

成本投入的高低首先与当地的经济发展水平和物价水平、劳动力水平与价格密切相关。一般来说,经济发展水平高的地区,物价水平、土地租金、用工价格都会比较高,葡萄的成本投入也高,这与调研的情况也是基本吻合的,比如上海、浙江、江苏的经济发展水平高,葡萄种植的投入成本在全国来看都是比较高的;另外,葡萄的种植成本投入情况也和地区的种植规模及自然条件密切相关,如南方地区高温多雨,葡萄病害防治的物质和人工投入要大一些,而西北地区如新疆和甘肃等省份一般农户葡萄种植规模大,土地租金相对低,并且,这些地区干旱少雨,葡萄的病害防治的费用相对比较低,人工投入的也比较少,而葡萄的灌溉费用会高一些。

在同一地区,不同的葡萄种植模式的成本投入会存在很大差异。调研样本统计结果显示:四川省和广西壮族自治区的葡萄生产投入也较高,这与研究之初设想的情况不同。进一步分析调研样本信息发现,四川省提供的样本多为设施栽培葡萄模式,而露地栽培葡萄的样本较少，因而导致总体葡萄种植投入水平增高，这也是影响成本投入的另一个方面，即栽培模式的差异；广西的葡萄种植成本也比较高，主要是由于广西提供的样本中有部分是葡萄种植一年两熟的情况，因此其葡萄的单位面积种植成本也比较高。上海市葡萄的单位面积的种植总成本投入之所以显著高于其他省份，也是由于其提供的样本全部是设施栽培葡萄的缘故。同时，上海提供的样本多是在100 亩以上规模的种植基地，这样大规模的基地化种植不仅设施葡萄园的一次性投入高，同时规模化种植也需要一些管理人员对整个基地的运作进行协调和管理，因此也增加了管理人工成本支出。

4.2.3 各地区葡萄种植收益情况

葡萄的销售单价受多种因素的影响，如葡萄的品种、质量、地区经济发展水平、物价水平、区位条件、葡萄种植户、地区葡萄协会（葡萄专业合作社）以及地方相关葡萄生产经营管理部门的市场营销能力和水平等。由于我国地区间经济发展水平、资源禀赋、葡萄的种植水平和质量及品种的差异都比较大，因此葡萄销售单价存在很大的差异。从葡萄销售单价统计结果来看（表 4-3），以上海的葡萄 13.10 元/斤最高；北京、江苏、四川、浙江和广西 5 省的单价也高于全国的平均售价，均在 3 元/斤以上；相反，内蒙古、新疆、宁夏、甘肃和河北 5 省的葡萄的销售单价较低，不到 2 元/斤；其他省份葡萄的销售单价都在2～3 元/斤，也是种植户销售单价最集中的价格区段。

表 4-3 全国各地区葡萄种植收益表

省份	净利润(元/亩)	单价(元/斤)	省份	净利润(元/亩)	单价(元/斤)
江苏	9 879.58	7.10	吉林	4 884.18	2.98
浙江	9 097.92	4.47	河北	4 092.55	1.98
四川	8 175.88	6.10	湖北	4 019.28	2.12
山东	8 093.64	2.23	天津	3 775.18	2.50
广西	7 584.78	3.78	甘肃	3 232.33	1.62
上海	7 400.00	13.10	河南	3 110.81	2.48
山西	6 351.16	2.85	新疆	2 618.69	1.31
辽宁	6 310.29	2.83	内蒙古	1 850.00	1.00
北京	5 788.33	7.59	宁夏	1 348.53	1.52
陕西	4 976.78	2.34	全国平均	5 481.48	3.18

葡萄单位面积的净利润主要由投入成本、葡萄的单位面积产量及销售单价决定的。从葡萄种植每亩净利润的统计结果来看,我国各地区的葡萄平均每亩净利润存在明显的差距。统计结果显示:江苏和浙江的种植净利润最高,净利润均在 9 000 元/(亩·年)以上;接下来是四川省和山东省,葡萄的种植净利润在 8 000 元/(亩·年)以上,广西壮族自治区和上海市的葡萄种植每亩净利润也在 7 000 元/(亩·年) 以上,显著高于全国的平均水平;宁夏回族自治区和内蒙古自治区葡萄种植的净利润相对较低,均在 2 000 元/(亩·年)以下;宁夏回族自治区的净利润为 1 348.53 元/(亩·年),为全国最低,这和宁夏以酿酒葡萄种植为主,鲜食葡萄种植的比例比较低的实际情况相吻合。值得注意的是,上海市的葡萄单价最高,但是由于其成本投入高和对产量的限制,导致上海市的净收益相对浙江和江苏等地有所降低;山东的净利润较高,一方面由于其成本投入较低,每亩葡萄园每年总投入只有 3 000 多元,另一方面是其单产较高,山东省平均单产在 5 000 斤/亩左右,因此虽然山东的葡萄单价比较低,但是葡萄种植单位面积的净收益在全国还是排在前列;广西的葡萄单价并不是很高,但是由于近几年广西部分种植户发展了一年两熟栽培模式,明显提高了种植户的收益,因而样本的统计结果显示广西每亩葡萄种植的净利润在全国处于较高水平。

为了对比分析不同的栽培模式、生产用途和品种在成本和收益上的差异,本研究对总样本根据栽培模式、葡萄用途和主要品种进行分类,分别分析比较在不同的分类条件下,全国及各地葡萄生产成本与收益的差异。

4.3 不同栽培模式的葡萄成本与收益比较

根据我国目前的情况,本研究将栽培模式分为露地栽培与设施栽培两种模式。露地栽培,顾名思义,就是在大田中没有建立任何防护设施的葡萄种植方式。而在实际中,葡萄种植所需要的基础设施,如篱架和棚架中的水泥桩,铁丝等,在这里不列为设施栽培的项目。设施栽培葡萄是指在不适宜葡萄生长发育的季节或地区(或者在适宜葡萄种植地区为了有目的地促早、延迟上市),利用温室、塑料大棚和避雨棚等保护设施,改善或控制设施内的环境因子(包括光照、温度、湿度和二氧化碳浓度等），为葡萄的生长发育提供适宜的环境条件，进而达到葡萄生产目标的人工调节的栽培模式，葡萄的设施栽培是一种高投入、高产出、经济效益相对高的新兴栽培模式，因此近年来全国各地设施栽培葡萄得到了大力推广和发展。

4.3.1 露地栽培葡萄的成本与收益

(1)全国总体情况

本研究收集到露地栽培的样本一共有 1 032 份，占总样本量的绝大部分，全国露地栽培葡萄生产成本及统计结果见表 4-4。从统计结果来看：无论是从单位面积葡萄种植的总成本，还是从葡萄种植的成本构成来看，露地栽培葡萄的成本投入均低于全国葡萄（不分栽培模式）种植投入的平均水平。

从葡萄栽培模式分类的统计结果看，露地栽培葡萄投入成本共计 3 040.23 元/（亩·年），而全国葡萄总平均成本 3 596.39 元/（亩·年），露地栽培葡萄投入成本要比全国葡萄总平均成本低 556.16 元/（亩·年）。在露地栽培葡萄的成本构成中，主要集中在每年的物质投入和人工投入成本，这两项成本分别占建园成本的 44.96％和 38.64％；建园成本相对较低。由于露地栽培在种植基础设施方面简单，投入少，所以露地栽培的平均建园一次性投入成本低于全国总平均水平也是露地栽培的显著特征；平均建园成本仅为 498.62 元/（亩·年），占总投入的 16.40％，比全国平均葡萄建园成本低 194.17 元/（亩·年）。在露地栽培葡萄实际的物质成本和人工成本投入方面，分别比全国葡萄总体平均水平低 220.45 元/（亩·年）和 141.54 元/（亩·年）。

露地栽培葡萄单位面积的平均收益明显低于全国葡萄单位面积的总平均收益（表 4-4）。露地栽培葡萄平均纯收入在 4 365.02 元/（亩·年），比全国总平均低了 1 116.46 元/（亩·年）；销售单价为 2.48 元/斤，也低于全国 3.18 元/斤的平均水平，相差 0.7 元/斤。

表 4-4 全国露地栽培葡萄生产成本及收益表

类别	样本量	总成本（元/（亩·年））	建园成本（元/（亩·年））	物质成本（元/亩）	人工成本（元/亩）	净利润（元/亩）	单价（元/斤）
全国露地栽培平均	1 013	3 040.23	498.62	1 366.83	1 174.78	4 365.02	2.48
全国葡萄总平均	1 267	3 596.39	692.79	1 587.28	1 316.32	5 481.48	3.18

(2)各地区露地栽培葡萄的成本情况

为了分析各地区露地栽培葡萄的成本差异,本研究将样本中的成本信息进行分类统计,统计结果如表 4-5 所示。从露地栽培葡萄的总成本来看,浙江、江苏、广西、四川、北京、河南、辽宁、天津、陕西、山东和河北等 11 个省区市的露地栽培葡萄总成本水平高于全国露地栽培平均水平,均在 3 100 元/(亩·年)以上,其中最高的省份是浙江省,露地栽培葡萄支出总成本 5 646.02 元/(亩·年);甘肃、吉林、山西和宁夏等 4 个省区市的露地栽培葡萄总成本投入在全国露地栽培平均水平之下,但也均超过了 2 500 元/(亩·年);内蒙古露地栽培葡萄总成本投入最低,只有 740 元/(亩·年)。

表 4-5　全国各地区露地栽培葡萄生产成本及其构成表

省份	总成本(元/亩)	建园成本(元/(亩·年))	物质成本(元/亩)	人工成本(元/亩)
浙江	5 646.02	1 115.89	3 141.64	1 388.49
江苏	4 619.29	978.13	2 131.44	1 509.72
广西	4 202.89	353.21	2 145.00	1 704.68
四川	3 954.27	471.73	1 609.56	1 872.98
北京	3 832.15	331.09	1 216.18	2 284.87
河南	3 516.97	474.73	1 468.03	1 574.22
辽宁	3 215.48	693.82	1 216.75	1 304.90
天津	3 184.49	271.33	1 557.03	1 356.13
陕西	3 138.57	402.62	1 868.15	867.80
山东	3 135.73	481.08	1 764.35	890.30
河北	3 118.18	502.58	1 473.69	1 141.91
甘肃	3 012.36	530.20	1 124.91	1 357.26
吉林	2 814.39	620.58	1 161.25	1 032.56
山西	2 768.76	332.64	991.76	1 444.36
宁夏	2 512.57	205.91	1 130.27	1 176.38
湖北	2 135.17	479.98	957.07	698.12
新疆	2 030.26	495.23	855.58	679.45
内蒙古	740.00	205.00	315.00	220.00
全国露地栽培平均	3 040.23	498.62	1 366.83	1 174.78

在露地栽培的建园成本方面,浙江、江苏、辽宁、吉林、甘肃和河

北等6个省区的露地栽培葡萄的建园成本均高于全国的露地栽培建园成本的平均水平，最高省份是浙江，建园费用为1 115.89元/(亩·年)，比全国的露地栽培建园成本平均水平高出617.27元/(亩·年)；江苏省露地栽培葡萄的建园成本投入也比较高，为978.13元/(亩·年)；内蒙古、宁夏、天津、北京、山西和广西等6省区市的露地栽培葡萄的建园成本较低，均低于400元/(亩·年)。

在露地栽培葡萄的物质成本投入方面，浙江、广西、江苏、陕西、山东、四川、天津、河北和河南等9个省区的露地栽培葡萄的物质成本投入高于全国的平均水平；而辽宁、北京、吉林、宁夏和甘肃等5个省份露地栽培葡萄的物质成本在1 250～1 000元/(亩·年)，低于全国露地栽培物质平均水平；内蒙古、新疆、湖北和山西4省的露地栽培葡萄的物质成本均低于1 000元/(亩·年)。

在露地栽培葡萄的人工成本方面，不同地区人工投入成本差异也非常显著。北京市的露地栽培葡萄人工成本最高，达到了2 284.87元/(亩·年)；其次是四川、广西、河南和江苏省区，其露地栽培葡萄人工成本分别为1 872.98元/(亩·年)、1 704.68元/(亩·年)、1 574.22元/(亩·年)、1 509.72元/(亩·年)；内蒙古、新疆、湖北、陕西和山东等5个省区露地栽培葡萄人工成本低于1 000元/(亩·年)。

(3)各地区露地栽培葡萄的收益情况

全国各地露地栽培葡萄生产收益情况见表4-6。从统计结果可以看出，全国不同地区露地栽培葡萄的单位收益存在很大的差异。浙江和江苏省露地栽培葡萄净利润依然最高，分别为9 995.75元/(亩·年)和9 513.84元/(亩·年)；山东、广西、山西、陕西和辽宁等5省区也高于全国的露地栽培葡萄净利润平均水平4 365.02元/(亩·年)；在净利润较低的省份中，宁夏、内蒙古、四川和新疆等4省区露地栽培葡萄净利润相对比较低，均在3 000元/(亩·年)以下。

从露地栽培葡萄的销售单价来看，江苏、北京、浙江和广西4省区市的葡萄单价均在3.0元/斤以上；内蒙古、新疆、宁夏、甘肃、河北和四川6省区的葡萄单价都在2.0元以下。

表 4-6　全国各地区露地栽培葡萄种植收益表

省份	净利润(元/亩)	单价(元/斤)	省份	净利润(元/亩)	单价(元/斤)
浙江	9 995.75	3.64	吉林	3 292.47	2.74
江苏	9 513.84	6.92	河北	3 276.60	1.83
山东	8 093.64	2.23	甘肃	3 232.33	1.62
广西	7 023.74	3.35	河南	3 110.81	2.48
山西	6 351.16	2.85	新疆	2 618.69	1.31
陕西	4 976.78	2.34	四川	2 107.44	1.90
辽宁	4 648.76	2.25	内蒙古	1 850.00	1.00
湖北	4 019.28	2.12	宁夏	1 348.53	1.52
天津	3 496.59	2.18			
北京	3 437.51	4.34	全国露地栽培平均	4 365.02	2.48

4.3.2　设施栽培葡萄的成本与收益

(1)全国总体情况

本研究收集到的设施栽培葡萄有效样本共计 254 份,样本涉及的省份有北京、上海、天津、四川、河北、浙江、辽宁、江苏、广西和吉林等 10 个省区市。分别对这 10 个省区市的设施栽培葡萄样本的成本收益情况进行汇总,统计结果见表 4-7。由于本研究收集设施栽培葡萄有效样本量不大,为了最大限度地利用样本信息,本研究将个别提供有效样本量较少的省份在分析葡萄设施栽培成本收益情况中予以保留。

表 4-7　全国露地栽培和设施栽培成本收益对比表

栽培模式	样本量	总成本(元/亩)	建园成本(元/(亩·年))	物质成本(元/亩)	人工成本(元/亩)	净利润(元/亩)	单价(元/斤)
露地栽培	1 013	3 040.23	498.62	1 366.83	1 174.78	4 365.02	2.48
设施栽培	254	5 814.43	1 467.16	2 466.46	1 880.81	9 934.16	5.99
全国葡萄总体平均	1 267	3 596.39	692.79	1 587.28	1 316.32	5 481.48	3.18

通过对全国露地栽培和设施栽培成本收益的统计结果(表 4-7)的比较分析可以发现,不论是葡萄种植的投入总成本还是各个构成成本,设施栽培葡萄投入均明显高于露地栽培葡萄投入,同时也高于全国葡萄种植成本投入的平均水平,设施栽培葡萄平均总成本是

5 814.43 元/(亩·年),是全国葡萄平均水平(不区分栽培模式)的1.6倍左右,高投入也是设施栽培葡萄的显著特点之一。设施栽培每年支出的建园成本、物质成本和人工成本分别为 1 467.16 元/亩、2 466.46 元/亩和 1 880.81 元/亩,分别是全国葡萄总体平均水平的2.12 倍、1.55 倍和 1.43 倍。在设施栽培葡萄成本的构成方面,建园成本所占比例为 25.23%,远高于全国的葡萄种植的总平均水平以及全国露地栽培葡萄的平均水平,这也是设施栽培葡萄区别于露地栽培的一个显著特征,即建园时的一次性高投入。在设施栽培中,建园投入是非常大的一项一次性支出;物质成本在葡萄栽培总成本中的比例较为稳定,为42.42%;设施栽培的人工成本约占总投入的32.35%。

从葡萄种植的收益来看,设施栽培葡萄的利润远远高于葡萄的露地栽培。我国设施栽培葡萄的平均净利润为 9 934.16 元/(亩·年),比全国葡萄种植的净利润平均水平高出约 4 452.68 元/(亩·年)。设施栽培的葡萄每斤销售价格也远高于露地栽培葡萄,其平均售价为 5.99 元/斤,比全国葡萄平均单价高出 2.81 元,而露地栽培的葡萄平均售价仅为 3.18 元/斤。一方面,这主要是由于设施栽培可以实现葡萄的延迟或提早上市,避开葡萄大量集中上市的时间;另一方面设施栽培也可以抵御不利的气候条件对葡萄生产的影响,如果实成熟期的降雨,冻灾等;再有近几年在一些大城市周边兴建用于休闲和观光采摘的设施葡萄园等,这些都为设施栽培葡萄销售价格的提高提供了有利条件。

(2)各地区设施栽培葡萄的成本情况

为了分析不同地区设施栽培葡萄生产成本及其构成的差异与特点,本研究将设施栽培葡萄的调研样本中的生产成本分地区统计,设施栽培的总成本及其构成情况如表 4-8 所示。从表 4-8 可以看出,不同地区设施栽培葡萄方面的成本投入差异显著。北京、上海、天津、四川和河北等 5 个省区市在设施栽培葡萄方面的成本投入较高,高于全国设施栽培葡萄的平均投入水平,其中北京市的设施栽培葡萄的平均投入最高为 8 982.57 元/(亩·年);通过对样本分析发现,北京市提供的设施栽培葡萄样本均为观光采摘葡萄园的成本收入信息,其物质投入很高,导致投入成本显著偏高;上海的设施栽培葡萄物质和人工投入均明显偏高，因此总体投入偏高，这也和我们实际调研了解的情况比较吻合；天津的设施栽培葡萄样本均为最近 3 年新建的设施葡萄园，所以建园成本显著高于其他省份；吉林省提供的样本统计结果显示其葡萄的设施栽培总成本最低，每亩为 3 894.43 元/(亩·年)。

表 4-8　全国各地区设施栽培葡萄生产成本及其构成表

省份	总成本（元/亩）	建园成本（元/(亩·年)）	物质成本（元/亩）	人工成本（元/亩）
北京	8 982.57	1 069.71	6 170.00	1 742.86
上海	8 956.67	1 556.67	4 700.00	2 700.00
天津	8 109.61	2 585.55	2 943.77	2 580.28
四川	6 446.89	1 687.20	2 934.06	1 825.64
河北	6 377.53	2 546.28	1 812.50	2 018.75
浙江	5 604.38	1 373.58	2 479.87	1 750.93
辽宁	5 320.55	2 461.41	1 755.57	1 103.57
江苏	5 207.91	1 704.02	1 991.11	1 512.78
广西	4 820.40	784.08	1 932.80	2 103.51
吉林	3 894.43	816.55	1 181.90	1 895.98
全国设施栽培平均	5 814.43	1 467.16	2 466.46	1 880.81

设施栽培建园成本投入方面，天津、河北、辽宁、江苏、四川和上海等 6 省市的设施栽培建园费用均高于全国的平均水平，其中天津的建园成本达到了 2 500 元/(亩·年)。正如前面的分析，这是由于样本中多为新建葡萄园的缘故，一次性建园投入高导致分摊到年度的建园费用也比较高；其他几个省份设施栽培建园费用均低于全国的平均水平，其中广西和吉林等 2 省区的设施栽培建园成本均低于 1 000 元/亩，广西的建园成本最低，为 784.08 元/(亩·年)。样本追踪研究发现，在广西很多设施栽培的样本中，实际采用的是简易避雨栽培模式(比如竹木结构简易避雨棚)，因而建园投入并不高，这也符合广西的实际情况。

物质成本投入方面，北京、上海、天津、四川和浙江等 5 省市的设施栽培葡萄物质投入水平均高于全国的平均水平，其中北京市最高，平均物质成本支出 6 170.00 元/(亩·年)，比全国的平均水平高 3 703.54 元/(亩·年)，主要是由于来自这些省市的样本大多是高档的设施葡萄园和观光采摘葡萄园，其中一次性的建园投入就占了相当大的比重。吉林、辽宁、河北、广西和江苏等5省区的设施栽培物质投入水平较低，均低于2 000元/(亩·年)，其中吉林的仅在1 181.90元/(亩·年)。

从人工成本投入方面来看，上海、天津、广西、河北等4省区市的设施栽培葡萄人工成本较高，其中以上海市的人工成本最高，为2 700.00元/(亩·年)。其余各省设施栽培葡萄人工成本较低，在1 000～2 000元/(亩·年)。

(3)各地区设施栽培葡萄的收益情况

从全国各地区设施栽培葡萄种植收益的统计结果(表4-9)来看，设施栽培葡萄的生产收益普遍高于露地栽培葡萄。在所调查到的10个省中，除浙江省外(其葡萄露地收益大于设施栽培)绝大多数设施栽培葡萄净利润均高于当地葡萄生产的平均净利润水平。河北、北京、辽宁、江苏、四川和吉林等6省市的设施栽培葡萄的净利润均超过10 000元/(亩·年)，高于全国设施葡萄的平均水平；其中，河北的纯收益最高，主要是因为河北的4个样本中有1个河北衡水的样本，2005年建园，温室栽培无核枣红葡萄，在亩产达到8 000斤的高产情况下，每斤葡萄单价达到5元/斤，该园的高收益拉高了河北省的总体均值；而浙江、广西和上海等3省区的净利润也比较高，分别为8 908.91元/(亩·年)，7 885.82元/(亩·年)和7 400.00元/(亩·年)；天津市的设施栽培葡萄净利润较低，但也达到了5 231.42元/(亩·年)，整体上收益不错。从10个省份提供的样本总体来看，设施栽培葡萄收益还是比较高的。

表4-9 全国各地区设施栽培葡萄种植收益表

省份	净利润(元/亩)	单价(元/斤)	省份	净利润(元/亩)	单价(元/斤)
河北	19 187.50	4.63	浙江	8 908.91	4.64
北京	18 885.71	25.71	广西	7 885.82	4.01
辽宁	14 974.00	5.81	上海	7 400.00	13.10
江苏	12 561.67	8.44	天津	5 231.42	4.19
四川	12 221.51	8.90	全国设施栽培平均	9 934.16	5.99
吉林	10 947.86	3.87			

从对设施栽培葡萄样本的统计结果看，不同地区葡萄的销售价

格存在很大的差异。北京地区设施栽培葡萄销售单价最高，平均每斤售价约 25.7 元，当然这是由于北京的样本主要是来自观光采摘葡萄园的缘故，观光采摘的葡萄单价远高于市场售价；上海市的设施栽培葡萄销售单价也是比较高的，为 13.10 元/斤。四川、江苏、辽宁 3 省的设施栽培葡萄的销售单价也均在 5 元/斤以上；吉林省的设施栽培葡萄的销售单价最低，但也达到了 3.87 元/斤；其余 4 个省份的设施栽培的葡萄销售单价也在 4.0 元/斤以上。

通过以上分析研究可以发现，与露地栽培葡萄相比，设施栽培葡萄需要人为地建立一些人工设施，用以控制和调节环境的可控因素，达到人们所希望的生产目标；另一方面，由于设施栽培在一些传统的不适宜区栽种了葡萄，在一些原来葡萄不能成熟的季节实现了葡萄供应，再加上由于葡萄本身易腐烂，保鲜期短等原因，难以实现常年供应；但是随着人们生活水平的逐渐提高，对葡萄营养价值的认可，对葡萄的需求增加，物以稀为贵，因此设施栽培葡萄的销售价格一般也明显高于露地栽培葡萄的价格，所以设施栽培也是一种高投入和高产出的葡萄栽培方式。

不论是从设施栽培葡萄总成本还是从构成其成本的各项具体成本来看，设施栽培的平均投入均要高于露地栽培。在总成本上，设施栽培葡萄的平均水平是露地栽培的 1.91 倍，每亩投入在建园成本、物质成本和人工成本上的费用分别是露地栽培的 2.94 倍、1.80 倍、1.61 倍。可以明显地看出，两种种植模式中的建园成本差异最大，由此可以说明，建园投入成本的巨大差异是设施栽培和露地栽培成本投入的最大差别所在。

从两种种植模式的葡萄收益角度看，全国以及大多数省份的设施栽培的葡萄单价和单位葡萄园净收益均明显高于露地栽培。从样本的统计结果看，两种栽培模式的葡萄单产差异并不大，因此，葡萄种植收益的高低主要是来自于葡萄销售单价。设施栽培使在不适宜葡萄种植的地区以及在不适宜葡萄成熟的季节实现了葡萄采摘，补充了葡萄市场供给，也使得销售单价显著高于时令季节的葡萄价格，这也说明了物以稀为贵的价格形成特征。

4.4 不同用途的葡萄成本与收益比较

目前我国葡萄种植品种按照其用途不同进行分类主要有鲜食葡萄、酿酒葡萄、制干葡萄、制汁葡萄等，其中鲜食葡萄的种植数量最大，占葡萄种植总量的75%左右；酿酒葡萄近年来发展也比较快，目前主要集中在环渤海湾地区和西北地区，占总量的15%左右；制干葡萄种植集中在新疆地区，甘肃也有少量种植；制汁葡萄种植非常少。另外，观光采摘用的种植葡萄虽然最终用途是鲜食，但是由于其在成本投入与收益方面与普通鲜食葡萄有较大差异，本研究将观光采摘也作为一种特殊的用途葡萄在本节单独进行比较分析。

本研究将种植葡萄按不同的用途分别对其进行分类统计，统计结果见表4-10。从不同用途的葡萄成本与收益统计结果(表4-10)可以看出，从不同用途葡萄种植的总成本上看，制干葡萄、酿酒葡萄、制汁葡萄、鲜食葡萄和观光葡萄的种植成本依次升高。制干葡萄每年的种植总成本投入只有2 017.59元/亩，酿酒葡萄在2 336.86元/亩，另外三种用途的葡萄种植成本都超过3 000元/亩，观光葡萄的每亩种植成本投入更是超过了5 500元之多。由于观光葡萄和鲜食葡萄对葡萄的品质、果穗、着色、外形等方面的要求更高，导致其种植物质投入增多，同时需要投入更多的劳动力用于葡萄生长期的树体管理，人工投入成本也相应增高，因此导致这两种葡萄的种植总成本增加。

表4-10 不同用途的葡萄成本与收益表

类别	样本量	总成本(元/亩)	建园成本(元/(亩·年))	物质成本(元/亩)	人工成本(元/亩)	净利润(元/亩)	单价(元/斤)
鲜食	965	3 981.77	785.76	1 737.19	1 458.82	6 417.31	3.69
酿酒	277	2 336.86	375.93	1 082.30	878.63	2 135.68	1.61
制干	11	2 017.59	544.86	881.82	590.91	3 150.91	0.93
制汁	14	3 193.55	669.77	1 800.00	723.78	9 006.33	1.39
观光	76	5 538.24	1 151.19	2 596.97	1 790.07	10 422.27	8.57
全国葡萄总体平均	1 267	3 596.39	692.79	1 587.28	1 316.32	5 481.48	3.18

从成本结构角度分析可以看出，鲜食葡萄种植的物质成本占到总成本的43.63%，人工成本占总成本的36.64%，建园成本为总成本

的19.73%；酿酒葡萄种植的物质成本占到46.31%，人工成本占总成本的37.60%，而建园成本仅为总成本的16.09%；制干葡萄种植的物质成本约为总成本的44%，人工成本和建园成本分别占到总成本的29%和27%左右；制汁葡萄种植的物质成本达到56%，建园和物质成本差距不大，分别为21%和23%；观光葡萄种植的物质成本占总成本的46.9%，人工成本占32.3%，建园成本占20.8%。观光葡萄园的建园成本是所有不同用途葡萄中最高的，这点也比较容易理解，观光葡萄园对园中道路、景观等基础设施的要求必然要高一些；加工用葡萄种植的人工成本明显低于鲜食葡萄，表现出加工用葡萄种植的管理的相对粗放，具有省工省力的特征。

从不同用途葡萄收益方面看，观光采摘用葡萄的单价显著高于普通鲜食葡萄，接下来依次是鲜食、酿酒、制汁和制干葡萄。观光采摘用葡萄获得的纯收益最高，为10 422.27元/亩；其次是制汁、鲜食、制干和酿酒，每亩纯收益依次降低。从亩均收益来看，酿酒葡萄单位面积的收入是最低的，但不可忽视的一点是：酿酒葡萄相对鲜食葡萄来说，用工少，管理相对粗放，从而节省了用工量，成本投入也偏低；由于两种葡萄对劳动力的投入存在很大的差异，也就是说劳动者在鲜食葡萄和酿酒葡萄种植中的劳动生产率是不同的，同一个生产者可以经营管理的酿酒葡萄园的面积可以更大，这样虽然酿酒葡萄的单位面积收入相对比较低，但是酿酒葡萄的种植者也可以获得比较满意的总体收益。

由于本研究获取的有效样本中，反映制干葡萄种植情况的样本主要集中在新疆，而反映制汁葡萄种植情况的主要集中在新疆和山东两省区，这样的样本就不具有进行地区间横向比较的意义，因而本研究在下文中只对鲜食葡萄和酿酒葡萄的种植成本和收益情况进行不同地区间差异的比较分析。

4.4.1 鲜食葡萄的成本与收益

(1)全国总体情况

为了对全国及不同省区鲜食葡萄的成本与收益情况进行比较分析，本研究将涉及鲜食葡萄种植的样本的成本与收益信息分地区进行统计，结果分别见表4-11和表4-12。从全国各地区鲜食葡萄的生产成本与构成(表 4-11)来看,鲜食葡萄的种植总成本为 3 596.39 元/(亩·年),比全国葡萄(不区分用途)生产平均水平高出 385.38 元/(亩·年)。其中物质成本占葡萄种植总成本的比例为 43.63%;人工成本占葡萄种植总成本的比例为 36.64%。从鲜食葡萄收益情况看(表 4-12),全国鲜食葡萄的平均净利润为 6 417.31 元/(亩·年),比全国葡萄总平均(不区分用途)水平高出 935.83 元/(亩·年);鲜食葡萄的销售单价为 3.69 元/斤,比全国葡萄总平均(不区分用途)水平高 0.51 元/斤。

表 4-11　全国各地区鲜食葡萄的生产成本与构成表

省份	总成本(元/亩)	建园成本(元/(亩·年))	物质成本(元/亩)	人工成本(元/亩)
上海	8 956.67	1 556.67	4 700.00	2 700.00
浙江	5 611.62	1 328.76	2 594.96	1 687.89
四川	5 449.84	1 201.01	2 404.26	1 844.57
天津	5 236.75	1 007.98	2 051.56	2 177.20
江苏	4 689.93	1 065.24	2 114.60	1 510.09
北京	4 615.91	443.49	1 970.02	2 202.39
广西	4 604.76	633.62	2 006.90	1 964.24
辽宁	3 917.83	1 036.47	1 450.26	1 431.10
甘肃	3 740.53	568.22	1 409.52	1 762.79
吉林	3 592.69	730.60	1 346.53	1 515.56
河北	3 584.85	659.78	1 671.21	1 253.86
河南	3 516.97	474.73	1 468.03	1 574.22
山东	3 373.63	423.55	2 003.41	946.66
陕西	3 365.84	444.08	1 979.15	942.61
山西	3 086.95	335.90	1 237.20	1 513.86
湖北	2 135.17	479.98	957.07	698.12
新疆	2 023.56	527.22	829.87	666.47
宁夏	1 582.63	252.63	680.00	650.00
内蒙古	740.00	205.00	315.00	220.00
全国鲜食葡萄平均	3 981.77	785.76	1 737.19	1 458.82

表 4-12　全国各地区鲜食葡萄种植收益表

省份	净利润(元/亩)	单价(元/斤)	省份	净利润(元/亩)	单价(元/斤)
山东	10 274.67	2.61	北京	5 788.33	7.59
江苏	9 879.58	7.10	陕西	5 570.45	2.48
浙江	9 097.92	4.47	甘肃	4 657.22	1.99
山西	8 284.52	3.35	天津	4 566.29	3.49
四川	8 175.88	6.10	湖北	4 019.28	2.12
广西	7 584.78	3.78	河南	3 110.81	2.48
上海	7 400.00	13.10	新疆	2 764.65	1.24
辽宁	7 042.96	2.65	宁夏	2 200.00	1.90
吉林	5 808.85	3.72	内蒙古	1 850.00	1.00
河北	5 789.36	2.27	全国鲜食葡萄平均	6 417.31	3.69

(2)各地区鲜食葡萄的成本投入情况

从全国及各地区鲜食葡萄种植成本投入情况(表 4-11)来看,上海、浙江、四川、天津、江苏、北京和广西等 7 省市区的鲜食葡萄总成本均高于全国平均水平。其中上海市鲜食葡萄种植成本投入最高,为 8 956.67 元/(亩·年),上海市投入最高是由于其提供的鲜食葡萄样本全为设施栽培的缘故;内蒙古、宁夏、新疆和湖北等 4 省区的鲜食葡萄种植成本投入低于 3 000 元/(亩·年);内蒙古自治区鲜食葡萄种植的总成本最低,仅 740 元/(亩·年)。

从鲜食葡萄建园成本投入方面来看,上海、浙江、四川、江苏、辽宁和天津等 6 省市鲜食葡萄的建园成本均高于全国平均水平,其鲜食葡萄建园成本超过了 1 000 元/(亩·年),上海市样本为比较先进的鲜食设施栽培葡萄模式,因而建园费用最高,达到了 1 556.67 元/(亩·年)。其余各省的鲜食葡萄建园成本均低于全国的鲜食葡萄建园成本平均水平,其中内蒙古和宁夏等 2 区鲜食葡萄建园成本均低于 300 元/(亩·年),内蒙古自治区鲜食葡萄建园成本仅 205 元/(亩·年)。

从鲜食葡萄物质成本方面来看,上海、浙江、四川、江苏、天津、广西、山东、陕西和北京等 9 个省市的鲜食葡萄种植物质成本高于全国水平,其中以上海市的 4 700.00 元/(亩·年)为最高;鲜食葡萄种植物质成本最低的省份是内蒙古自治区,其支出物质费用 315 元/(亩·年),比全国鲜食葡萄种植平均物质成本低近 1 400 元/(亩·年)。

从鲜食葡萄人工成本方面来看,上海、北京、天津、广西、四川、甘肃、浙江、河南、吉林、山西和江苏等11个省市区鲜食葡萄种植的人工成本高于全国的平均水平，均在1 500元/(亩·年)以上；其余各省均低于全国鲜食葡萄人工成本平均水平，其中内蒙古、宁夏、新疆和湖北等4省区鲜食葡萄人工成本均低于700元/(亩·年)。

(3)各地区鲜食葡萄的种植收益情况

从实际调研及样本统计结果来看，全国鲜食葡萄种植的平均净利润还是比较高的，但是全国不同地区鲜食葡萄种植收益也存在显著差异。从全国各地区的鲜食葡萄种植收益表(表4-12)看，全国鲜食葡萄种植的平均净利润为6 417.31元/(亩·年)；其中，山东、江苏、浙江、山西、四川、广西、上海和辽宁等8个省市区的鲜食葡萄净利润均在7 000元/(亩·年)以上，超过了全国的鲜食葡萄生产净利润水平；吉林、河北、北京、陕西、甘肃、天津、湖北和河南等省市的鲜食葡萄种植净利润也比较高，均超过了3 000元/(亩·年)；新疆鲜食葡萄种植净利润为2 764.65元/(亩·年)，但由于新疆葡萄种植户的种植规模较大，因此，从种植户的总收入来看还是比较高的；内蒙古自治区鲜食葡萄种植的净利润相对较低，仅为1 850元/(亩·年)。

在鲜食葡萄单价方面，不同地区鲜食葡萄的销售单价存在很大的差异。从鲜食葡萄种植收益的统计结果来看，全国鲜食葡萄种植的平均销售单价为3.69元/斤；其中，上海的鲜食葡萄的销售单价最高，平均的销售单价达到了13.1元/斤；北京和江苏2省市的鲜食葡萄销售单价也比较高，分别为7.59元/斤和7.10元/斤；四川省鲜食葡萄销售单价偏高，为6.10元/斤，主要是由于该省的样本多是鲜食设施栽培葡萄的样本，导致该省出现鲜食葡萄种植收益总体偏高的情况；浙江省的鲜食葡萄的销售单价也比较高，销售单价的平均值达到了4.47元/斤；广西和吉林省区鲜食葡萄的销售单价也均在3.5元/斤以上；天津和山西两个省市鲜食葡萄销售单价接近全国平均水平，分别为3.49元/斤和3.35元/斤；辽宁、山东、陕西、河南、河北和湖北等6省的鲜食葡萄销售单价也均在2.0元/斤以上；内蒙古自治区的鲜食葡萄销售单价最低，仅为1元/斤。

4.4.2 酿酒葡萄的成本与收益

(1)全国总体情况

为了便于分析和比较全国各地区酿酒葡萄的生产成本与构成情

况，本研究把涉及酿酒葡萄种植的样本进行分地区统计，结果见表 4-13。

从酿酒葡萄种植生产成本投入总体情况看，我国酿酒葡萄栽培不论在单位面积的投入成本、销售单价还是纯利润上，都显著低于全国葡萄种植（不区分用途）的投入总体平均水平，更显著低于鲜食葡萄的投入成本、销售单价和纯利润。从全国整体情况看，酿酒葡萄种植投入的总成本为 2 336.86 元/（亩·年），比全国葡萄种植（不区分用途）投入的总成本的平均水平少 1 259.53 元/（亩·年）。

从酿酒葡萄种植成本构成来看，其成本主要集中在物质成本，为 1 082.30 元/（亩·年）；其次是人工成本和建园成本；酿酒葡萄种植人工成本投入显著降低，仅为 878.63 元/（亩·年）。

在酿酒葡萄种植收益方面，与鲜食葡萄相比，酿酒葡萄种植的单位面积净利润相对比较低。样本统计结果显示，全国酿酒葡萄的平均净利润仅为 2 135.68 元/亩；另外，与鲜食葡萄相比，酿酒葡萄的收购价格较低，全国平均的收购价格也仅为 1.61 元/斤；另外，不同地区酿酒葡萄的单价也存在明显差异，辽宁、新疆、山西和山东酿酒葡萄的收购价格比较高，均在 1.80 元/斤以上；酿酒葡萄的收购价格最低只有 0.89 元/斤，这主要是由于甘肃省提供的样本中，部分是林场工人用企业的基地从事葡萄的种植模式，建园投入和物资投入都是由林场负担的缘故，种植户与企业签订了相关协议，因此葡萄的收购价格比较低。

表 4-13　全国各地区酿酒葡萄的生产成本与构成表

省份	总成本（元/亩）	建园成本（元/（亩·年））	物质成本（元/亩）	人工成本（元/亩）
河北	2 897.71	539.58	1 257.94	1 100.19
天津	2 618.46	250.28	1 487.27	880.91
宁夏	2 591.71	201.94	1 168.60	1 221.18
山东	2 517.49	503.16	1 216.88	797.44
山西	2 105.85	325.86	480.42	1 299.57
辽宁	2 057.03	738.56	699.00	619.47
新疆	1 976.67	280.51	849.32	846.84
陕西	1 729.53	145.53	1 180.00	404.00
吉林	1 664.16	489.33	716.21	458.62
甘肃	1 587.68	455.79	568.06	563.83
酿酒葡萄全国平均	2 336.86	375.93	1 082.30	878.63

(2)各地区酿酒葡萄的成本投入情况

从酿酒葡萄种植投入的总成本来看，不同地区酿酒葡萄的种植成本投入同样存在显著差异。从各地区的酿酒葡萄生产总成本(表4-13)来看，河北和天津2省的酿酒葡萄的种植成本投入最高，分别为2 897.71元/(亩·年)和2 618.46元/(亩·年)；宁夏和山东2省区的酿酒葡萄成本投入均高于全国酿酒葡萄成本投入的平均水平，分别为2 591.71元/(亩·年)和2 517.49元/(亩·年)；其余各省均在全国的平均水平之下，甘肃省酿酒葡萄的成本投入最低仅为1 587.68元/(亩·年)。

在酿酒葡萄的建园成本方面，辽宁、河北和山东的建园投入比较高，分别为738.56元/(亩·年)、539.58元/(亩·年)和503.16元/(亩·年)；吉林和甘肃2省的酿酒葡萄建园费用在全国平均水平之上，分别为489.33元/(亩·年)和455.79元/(亩·年)；其余各省均低于全国酿酒葡萄建园成本，其中，宁夏和陕西省酿酒葡萄建园费用最低，分别为201.94元/(亩·年)和145.53元/(亩·年)。

在酿酒葡萄的物质成本投入方面，不同地区有显著差异。山东、河北和天津3省市的酿酒葡萄生产物质成本较高，其中天津市最高，为1 487.27元/(亩·年)；河北和山东省的物质成本投入也在1 200元/(亩·年)；陕西和宁夏的物质成本投入也在全国平均水平之上，分别为1 180.00元/(亩·年)和1 168.60元/(亩·年)；山西、甘肃、辽宁、吉林和新疆等5省区物质投入均在1 000元/(亩·年)以下，山西的酿酒葡萄种植的物质成本最低，仅为480.42元/(亩·年)。

在酿酒葡萄的人工成本投入方面，不同地区收益差别非常显著。山西、宁夏和河北等3省的酿酒葡萄人工成本明显高于其他省份的投入，分别为1 299.57元/(亩·年)、1 221.18元/(亩·年)和1 100.19元/(亩·年)。其余7省的人工投入都在1 000元/(亩·年)以下，其中陕西和吉林省低于500元/(亩·年)。

(3)各地区酿酒葡萄的种植收益情况

不同地区，不同的酿酒葡萄的种植模式，导致其种植收益存在明显差异。从全国各地区的酿酒葡萄种植收益统计结果看(表4-14)，辽宁的净利润最高为3 293.41元/(亩·年)；天津、山东、吉林和山西等4省的净利润超过了全国的酿酒葡萄生产净利润的平均水平，分别为2 924.13元/(亩·年)、2 839.16元/(亩·年)、2 588.45元/(亩·年)和2 323.33元/(亩·年)；其他省份的净利润相对较低，均在

2 000 元/(亩·年)以下;甘肃省的样本由于是林场工人承包企业葡萄园,建园投入和物资投入均由企业承担,酿酒葡萄种植收益最低,仅为 444.50 元/(亩·年)。

表 4-14 全国各地区酿酒葡萄种植收益表

省份	净利润(元/亩)	单价(元/斤)	省份	净利润(元/亩)	单价(元/斤)
辽宁	3 293.41	3.56	新疆	1 448.11	1.97
天津	2 924.13	1.44	陕西	1 296.00	1.50
山东	2 839.16	1.80	宁夏	1 276.06	1.49
吉林	2 588.45	1.14	甘肃	444.50	0.89
山西	2 323.33	1.81	酿酒葡萄全国平均	2 135.68	1.61
河北	1896.68	1.60			

在酿酒葡萄的单价方面,辽宁、新疆、山西和山东 4 省的酿酒葡萄售价均高于全国酿酒葡萄售价平均水平,其中辽宁的售价最高,售价在 3.5 元/斤左右。其余各省的酿酒葡萄售价均低于全国的酿酒葡萄平均价格,其中甘肃省酿酒葡萄平均价格在 0.89 元/斤,售价最低。

4.5 主要葡萄品种的成本与收益比较

目前,我国在实际生产中种植的葡萄品种多达几百种,此次调研问卷中涉及到的品种也接近 100 种,由于其中一些品种具有很强的地域特殊性,种植面积相对也比较小,因此本研究只对其中几个种植比较广泛、样本量较大(有效样本总量超过 40 份)的巨峰、红地球、赤霞珠、无核白、玫瑰香五个品种的成本与收益情况进行分析。

同时,由于具体到每个葡萄品种的样本量较小,分散在各个省的数据点则更少,无法进行省份间差异的比较,因此本研究只进行全国总体平均水平的分析,结果见表 4-15。

表 4-15 主要葡萄品种的成本与收益表

收获品种	样本量	总成本(元/亩)	建园成本(元/(亩·年))	物质成本(元/亩)	人工成本(元/亩)	单价(元/斤)	净利润(元/亩)
巨峰	328	3 397.31	578.86	1 515.32	1 303.13	2.56	5 170.27
红地球	190	4 189.79	776.96	1 843.29	1 569.54	4.06	6 715.61
赤霞珠	134	2 541.07	387.28	1 212.07	941.72	1.57	1 896.14
无核白	55	3 286.60	726.08	1 494.88	1 065.64	1.65	4 338.42
玫瑰香	42	4 240.12	813.77	1 755.50	1 670.85	3.37	4 441.90
全国平均	1 267	3 596.39	692.79	1 587.28	1 316.32	3.18	5 481.48

巨峰,作为一种鲜食葡萄品种,环境适应性比较强,较耐运输,并且产量相对较高,价格适中,所以在全国各地广泛种植。从全国巨峰葡萄种植的总成本投入情况(表 4-15)来看,每亩的种植成本为 3 397.31 元/(亩·年),比全国的总平均(不区分品种)水平要稍低;从成本构成来看,巨峰葡萄种植的建园成本、物质成本和人工成本均比全国平均投入水平要低;巨峰葡萄种植的人工成本为 1 303.13 元/(亩·年),与红地球和玫瑰香品种相比是比较省工的品种;而建园成本和物质成本分别为 578.86 元/(亩·年)和 1 515.32 元/(亩·年)。在巨峰葡萄种植的收益方面,全国巨峰葡萄的平均销售单价为 2.56 元/斤,每斤比葡萄的全国总平均单价低了 0.62 元;其净利润为 5 170.27 元/亩,每亩比全国总平均净利润低 311.21 元左右。

红地球葡萄,又名红提,果穗和果粒较大,且品质较好,特耐贮藏运输,在我国南北方各地广泛种植。红地球种植的成本与收益情况如表 4-15 所示。从红地球种植的成本投入来看,红地球葡萄品种种植平均约投入 4 189.79 元/(亩·年),比全国的总平均水平高,在比较的几个品种中,红地球种植的成本投入是第二高;红地球的成本构成中,其建园成本、物质成本和人工成本都比全国葡萄的高,分别为 776.96 元/(亩·年)、1 843.29 元/(亩·年)和 1 569.54 元/(亩·年);从红地球种植的收益方面来看,每亩红地球葡萄的净利润为 6 715.61 元/亩,为以上 5 个主栽品种中收益最高的,比全国总平均净利润高 1 234.13 元/亩;销售单价平均在 4.06 元/斤,也是以上 5 个品种中单价最高的,每斤比全国的平均售价高 0.88 元/斤。

赤霞珠是一种酿造红葡萄酒的优质品种,香味丰富,颜色纯正,且具有抗病特性,在我国几个重要的葡萄酒生产区均有栽培。本次调研样本中酿酒葡萄也以赤霞珠占主体,因此赤霞珠葡萄种植的成本和收益情况在相当大程度上代表了我国酿酒葡萄的普遍状况。赤霞珠葡萄无论从投入的成本还是获得的利润,均要低于全国葡萄的平均水平(表 4-15)。赤霞珠的种植投入总成本要低于全国葡萄平均成本 1 055.32 元/(亩·年);其中,人工成本之间的差距最大,每亩要比全国葡萄种植平均人工成本低 374.6 元/(亩·年),体现了酿酒用葡萄管理省工的特点;赤霞珠种植的建园投入是这五个品种中最低的,只有 387.28 元/(亩·年);其物质投入也相对比较低,为 1 212.07 元/(亩·年)。在赤霞珠种植的收益方面,赤霞珠的单价在

1.57 元/斤，而每年平均净利润为 1 896.14 元/亩，是以上几个主栽品种中收益最低的品种。

无核白葡萄果实皮薄，肉脆，无籽，含糖量高，可用来制作葡萄干，同时也是鲜食和其他加工型葡萄的优质品种，所以无核白葡萄的种植地区也较为广泛，尤其是新疆和甘肃部分地区种植面积和产量都比较大。从无核白葡萄种植的成本投入来看，与全国葡萄成本投入相比，无核白葡萄种植投入的成本较低。无核白葡萄平均成本总支出 3 286.60 元/(亩·年)，比全国总平均值低 309.79 元/(亩·年)；从无核白葡萄种植的成本构成来看，无核白葡萄的建园成本、物质投入和人工成本均低于全国葡萄的平均水平，分别为 726.08 元/(亩·年)、1 494.88 元/(亩·年)和 1 065.64 元/(亩·年)。从无核白葡萄种植的收益来看，无核白葡萄的平均销售单价不高，平均每斤仅 1.65 元；每亩每年纯收益为 4 338.42 元，每亩收益比全国葡萄总平均低 1 143.06 元，是所选 5 个品种中收益较低的。

玫瑰香葡萄因为其典型的香气而受到广大消费者的青睐，在我国种植也较为广泛。从玫瑰香葡萄种植的成本投入来看，玫瑰香葡萄的各项成本支出偏高，玫瑰香葡萄的单价也较高。玫瑰香葡萄的生产投入总成本为 4 240.12 元/(亩·年)，比全国的总平均高出 640 多元；其建园成本、物质成本和人工投入均高于全国平均水平，分别为 813.77 元/(亩·年)、1 755.50 元/(亩·年)和 1 670.85 元/(亩·年)；从玫瑰香葡萄种植的收益来看，玫瑰香葡萄平均销售价格比较高，为 3.37 元/斤，在这些广泛种植的葡萄品种中仅低于红地球；玫瑰香葡萄种植的净利润为 4 441.90 元/(亩·年)，比全国总平均水平要低 1 039.58 元/(亩·年)。

4.6 影响葡萄种植成本与收益的因素分析

4.6.1 影响葡萄成本的因素

葡萄种植的物质资料投入、人工投入状况和价格水平是影响生产成本最重要的因素。不同地域、不同的生产条件下，葡萄种植对物质资料的使用量不同，比如我国南方地区与西部地区相比，由于夏季雨水较多，导致葡萄病虫害增加，需要农药的使用量相应增加，从而南方地区的农药投入就要比西部地区普遍偏高，这也和我们调研的结果比较一致；但是由于西部地区较为干旱，水资源相对稀缺，从而灌溉的成本又会增加；在新疆，由于灌溉用水量大，很多葡萄园都采用滴灌等节水灌溉方式，但是由于灌溉的管道铺设一次性投入相对大，会导致葡萄的一次性生产投入增加。因此，部分地区的种植户难以接受。另一方面，地区经济发展水平也影响葡萄种植成本。一般来说，经济发展水平高，价格水平也高，劳动力工资也较高，其生产资料的价格相对高，从而导致葡萄的生产成本较高。除此之外，还会受到其他因素的影响，如自然条件、种植规模、技术进步、种植模式、品种差异等。

(1)自然条件

各个地区的自然条件不同，葡萄生长的适应程度也会有所不同，当某地区气候易发生水灾、旱灾以及一些病虫害时，就需要针对性地增加相关投入，用以排水、灌溉、防病、防虫、防鸟等，所以会比自然条件更适应的地区多支出一部分成本。例如在西北地方的灌溉用水，大部分葡萄种植地区使用的防护网、纸袋等，南方地区避雨栽培的避雨棚等，相对于全国平均成本投入水平来说，都是属于地区性的额外开支。

(2)种植规模

当种植规模较小时，规模效益就很难发挥出来，机械化耕作难以实施，人工成本增加，从而使得总的成本投入在一定程度上有所增加，从这个角度来说，扩大生产规模有助于实现规模化经营从而获得规模经济。不过值得注意的是，当规模扩大到一定程度，其边际收益则会下降，反而由于生产单位过于庞大，从而需要科学有序的管理；如果管理不到位，很容易增加冗余管理人员从而降低整个生产单位的生产效率，使得成本产出率降低。

(3)技术进步

技术进步可以表现为新品种的出现、新的栽培模式的出现、更有效的肥料和农药的出现等，从社会进步的长远角度来看，技术的进步带来新的知识和技术的革新，应用于生产之后则有效降低成本投入、提高成本利润率，使产业的效益和水平提高。

此外，种植模式、葡萄用途、不同品种的差异等都会对生产中的投入和产出产生一定的影响，这个差异本研究在前面几节内容中已经进行了比较。

4.6.2 影响葡萄收益的因素分析

葡萄种植的总收益由葡萄的总收入减去总投入的差决定。其中总投入的影响因素如上所述，而总收入可以简单的由单价和产量相乘得到，因此单价和产量成为影响收益的重要因素。

每个葡萄树体每年的营养供给是一定的，当产量高于一定合理的范围时，果实的质量就会相应的降低，而且当葡萄的产量过高时，不仅会降低当前的葡萄质量，还会影响到树势进而影响到下一年的葡萄长势。所以在葡萄生产中，生产者并不能一味地追求产量或质量，需要兼顾产量和质量，使利益获得最大化，这也是目前我国很多地方都在推行限产的缘故。

影响葡萄单价的因素首要是葡萄的质量，其次，市场供求关系对价格也有很大的影响。从供求曲线可知，当供不应求时，物以稀为贵，价格就会上升；当供过于求时，形成积存，价格就会下降。比如说新疆，对于葡萄生产来说，新疆自然条件优越，果实质量很好，种植面积较大、产量也较高，整个市场供给非常充足；但由于新疆本地市场需求不足，又地处边疆，产品进入内地市场的物流成本增高、影响产品外流，所以本地市场处于供过于求的状态，所以新疆葡萄的价格并不高，从调研样本来看，新疆的鲜食葡萄平均售价在全国较低，每斤在 1.23 元左右。

4.7 结论与建议

首先，葡萄成本主要集中在物质成本，人工成本次之，每年分摊的建园成本最低。一般物质成本和人工成本在总成本中各占 40%左右，两者占到了每年平均成本的绝大部分。但由于建园成本大部分是一次性的支出，而葡萄一般在第 3 年才能正常结果，所以建园成本的一次性支付可能是一些地区发展新建葡萄园的主要障碍，对一部分人来说经济压力较大。因此，如果对葡萄园建园给予一定形式的补贴，会非常有利于葡萄种植的推广。

第二，在栽培模式中，设施栽培投入高于露地栽培，效益也优于露地栽培。从各地区的设施栽培和露地栽培的净利润比较中看出，我国的大部分地区的设施栽培还是优于露地栽培，由于设施栽培的一次性投入高，所以不能盲目的发展设施栽培葡萄，要综合考虑到当地的经济发展水平、自然资源条件以及市场开发和产品营销能力等各方面因素。

第三，从用途方面考虑，我国的葡萄以鲜食为主，其次是酿酒，而制汁和制干型葡萄较少。鲜食、制汁和制干葡萄的净利润均较高，而酿酒葡萄出现了单位面积收益较低的情况。虽然酿酒葡萄的投入较低，但单价也较低，又要通过控制产量来保证质量，从而造成了亩均收益较低的结果，从赤霞珠葡萄品种的结果中也可以看出同样的趋势；发展酿酒葡萄的优势在于人均管护的葡萄园面积增大，从而获得整体收益的提高，因此在我国地域广阔、气候又非常适宜的西部地区，可以大力发展基地式的大规模的酿酒葡萄生产。

观光葡萄园是一种在大城市周边兴起的新型模式，它使得葡萄种植与观光旅游有效相结合，发掘葡萄生产的潜在价值，使葡萄生产的利润得到大幅度提高，是促进葡萄生产发展的一种很好的模式。

5 中国葡萄生产效率测评

在第 4 章中已经针对我国葡萄生产的成本投入与收益情况，从不同栽培模式、不同葡萄用途和不同品种的角度对我国葡萄成本与收益的总体情况和地区间的差异进行了研究。然而，仅从总体上了解葡萄生产的成本投入是不够的，因为它不能提供各种具体的生产资料投入之间的差异、各个生产环节用工量的差异以及不同的生产资料投入对产出结果的作用方向和影响程度，因此需要在成本收益研究的基础上，进一步研究我国葡萄种植的生产效率。

在本章中，针对我国不同葡萄种植区域的各种生产资料投入要素进行广泛调研，获取大量原始数据，在此基础上对各地区葡萄的生产效率进行横向比较，找出影响生产效率的主要因素，寻求降低成本和提高生产效率的途径，从而调整和优化葡萄产业生产要素投入结构，合理配置资源，挖掘优势生产区，促进葡萄产业的合理布局和健康发展。

5.1 葡萄生产效率评价的相关概念

(1)生产效率

国内外不同的学者对生产效率内涵的界定有所不同，结合已有研究的定义，本研究将生产效率定义为：投入单位要素获得的生产产出或者增加或减少一单位的投入要素所引起的产出变动的数量。利用生产函数建立投入和产出关系的计量分析模型，对其进行弹性分析，研究各项生产要素对产出的作用方向与影响程度，即对产出的贡献度。

(2)弹性系数

弹性系数又称弹性值。通过生产函数模型估计测算各项生产要素的弹性系数，揭示投入要素(如农药、化肥等)增加一个单位对产出(如产量)的影响，以便有效地安排葡萄生产投入，合理分配资源，提高投入产出比和资源利用率。弹性系数的正负表示生产要素对产出的作用方向，正的弹性系数表示生产要素对产出有正向促进作用，负的系数作用方向则相反。弹性系数的大小表示生产要素对产出影响程度的大小，弹性系数较大的生产要素对生产效率的影响程度也较大，增加或减少该生产要素的投入，能显著提高或降低产出。

(3)生产效率评价指标

2004 年，国家发改委下发了《关于实施新农产品成本调查核算指标体系的通知》(发改价格[2004]207 号)，通知中对种植业产品的成本调查的各项指标进行了详尽解释。虽然国家没有开展全国范围内的葡萄生产的成本收益调查，但通知提出的种植业产品成本调查指标及含义对本研究开展葡萄成本收益调研和生产效率研究有重要的指导意义。在通知中，种植业产品的成本调查指标有以下几类：

①种子费。购买种子、种苗、秧苗等支出。无偿获取的种子按市价计算价格。

②化肥费。实际购买价格加运费，不计算生长调节剂费用。

③农家肥费。实际购买价格加运费，生产者自积的肥料按市价计算。

④农膜费。实际购买价格加运费，包括棚膜、地膜等材料，按年限分摊。

⑤农药费。实际购买价格加运费，自产农药按市价计算。

⑥租赁作业费。包括机械作业费、排灌费和畜力费。

⑦燃料动力费。包括燃料、动力和润滑油的成本。

⑧工具材料费。包括小件农具、工具等低价值材料成本。

⑨人工成本。从事生产和生产相关的所有人工投入产生的成本。

⑩其他费用。包括保险费、管理费等其他费用。

本研究结合葡萄种植过程中生产资料投入的特征，对上述种植业产品的成本调查指标进行适当的修正和调整，最终选取在葡萄年生长周期内生产效率调查分析的投入指标如下：

①建园成本。包括建园之初深翻、施肥、地面平整、挖沟、打井、修路、搭建水泥柱、拉铁丝网等基础设施修建的成本支出，防护林等公共设施的成本，以亩为单位面积计算。

②苗木费用。包括每亩需要的苗木株数、每株价格及使用年限，每亩总的苗木费用折合为每年每亩的资金支出。

③农药费用。包括一个葡萄生长周期内购买所有种类的农药的经济支出，以亩为单位面积。

④肥料费用。包括一个葡萄生长周期内购买所有种类的有机肥和化肥以及农家肥的经济支出成本，以亩为单位面积。

⑤水电费。包括一个葡萄生长周期内所花费的水电费(灌溉用水、电，日常用电等)，以亩为单位面积。

⑥机械费用。农业机械的消耗成本，包含机具购买折旧费、燃油动力费以及机械租赁费等，以亩为单位面积。

⑦其他费用。包括地膜、生长调节剂、捕鸟器、纸袋和其他物质性成本支出，以亩为单位面积。

⑧人工成本。包括每年每亩的用工人数、作业天数和用工价格，以三者的乘积作为人工成本的总支出，以亩为单位面积。

5.2 生产效率评价相关指标调研说明

(1)问卷设计

本部分的研究数据收集的方法采用的是问卷调研的方法，本研究的调查对象是葡萄种植农户、葡萄酒企业种植基地、葡萄试验站等，调查对象较广，故调查问卷中语句设计尽量通俗和简洁，便于调查对象理解和填写。同时以葡萄为研究对象，问卷设计紧密结合葡萄种植过程，力求获取真实准确的数据，为研究提供可靠的数据来源。

从问卷总体来讲，本章使用的调研问卷和第4章的问卷有很多重叠，但是也有部分调整和差异。在支出成本的分类中，第4章笼统地分为建园成本、物质成本和人工成本；而本章由于需要侧重于研究各种生产资料投入对产出的贡献度，因此对成本的划分更为细化和具体，在参考《关于实施新农产品成本调查核算指标体系的通知》中指标的基础上，结合国内葡萄生产投入要素的特征和数据的可获得性和可靠性，本章将我国葡萄生产效率测评中成本支出划分为：建园成本、苗木费用、农药费用、化肥费用、水电费、机械费用、人工成本和其他费用。在问卷结构设计和语言设计上，也是围绕以上各种生产资料的投入量和花费展开的。

(2)问卷前测

本文依据国家发改委的种植业成本调查指标的通知和葡萄种植过程的特点整理出问卷选项，为避免有疏漏和不足之处，研究团队先后实地走访调研了国家葡萄产业技术体系多个综合试验站，了解了葡萄实际生产中物质生产资料和人工投入的特征，不断修改和完善问卷的相关内容。

通过听取多方修改意见，研究团队逐渐修改完善，问卷设计修改过程中，主要考虑以下几个问题：

①葡萄栽种第三年才开始进入收获期，在此之前都有成本的投入而没有(或基本没有)产出，这个时期统计数据的难度较大，且意义不大，不适合用来进行全国及区域之间的对比，故此时期的投入要素的成本信息不予统计，调查问卷的信息以葡萄稳定期的数据为准。

②填写葡萄种植投入要素成本信息时充分考虑到不同种植户计算方式的不同，将每项成本从单价、数量和总价三方面进行统计，种植户可按照自己的种植习惯，选择填写单价和数量，或填写总价，最后由研究人员进行数据的规范统一。

③葡萄园种植的葡萄种类较多，种植单一葡萄品种的情况较少，在统计葡萄园的建园成本时，将苗木成本修改为按苗木品种填写信息，将收益情况修改为按品种填写，以方便种植户，最终由研究人员进行统计整合。

④每亩每年的人工成本较难统计，很多农户都采用家人和邻里互相帮忙的方式，雇工的成本只能依靠其他规模经营的大户雇工的标准进行估算，而大户雇工方式也比较灵活，有时采用长短工相结合的方式，有时采用福利补贴的方式，故本研究采取种植户准确填写人工成本支出或结合当地经济水平和劳动力价格计算得出用工支出的方式。

(3)数据收集与处理

问卷调查于2009年6～10月在全国各省市开展。本研究的一部分原始问卷来自“中国葡萄成本与收益分析”章节的素材；主要调研渠道是葡萄产业技术体系内的试验站和没有设置试验站的地区的岗位科学家，由他们根据当地葡萄种植者类型的情况在固定比例内采取随机抽样的方法进行抽样，通过他们进行电子问卷发放、填写和回收；同时通过中国农业大学的学生利用暑假假期在家乡开展调研。

除了以上问卷之外，负责本章研究的研究小组还专门开展了问卷调查，在“中国葡萄成本与收益分析问卷调研”的基础上补充了部分问卷。由于本研究是国内第一次开展全国范围内的葡萄主产地种植成本和收益调研，因而可利用的现成数据基本没有，属于第一年收集数据，故而没有葡萄成本收益的年度时序数据，只能作为截面数据进行分析。

由于被访者对问卷理解上的偏差及配合程度不同，问卷中难免会出现奇异数据，故在收集到原始调查资料后对问卷数据进行了质量检查和筛选，识别与处理无效问卷。数据质检和筛选是在维护问卷完整性和确保有效性的原则下进行的。首先，剔除选项缺失太多导致内容不可用的问卷；其次，剔除不可或缺项为空白的问卷。

问卷调查指标是根据国家发改委关于种植业成本调查指标的通知和葡萄种植特点选取的，而国家种植业成本调查的年限较长，方法和指标较成熟，因此本问卷没有进行信度和效度检验。

5.3 调研信息的描述性统计分析

将前面两种途径获得的两部分调查问卷合并，共回收 1 598 份问卷，剔除 130 份无效问卷，剩余有效问卷 1 468 份，问卷有效率达到 91.9%，属于有效率很高的调研。

按照我国葡萄种植五大区域的划分方法，将不同省份的问卷归类到五大葡萄种植区域内，将黑龙江、吉林的数据归类到东北、西北冷凉气候葡萄种植区；将辽宁、河北、山东、天津、北京的数据归类到华北及环渤海湾葡萄种植区；将新疆、甘肃、宁夏、陕西、青海、内蒙古、山西的数据归类到西北及黄土高原葡萄种植区；将河南、安徽、浙江、湖北、湖南、江苏、上海、江西和福建的数据归类到秦岭、淮河以南亚热带葡萄种植区；将四川、云南、贵州、广西、西藏、重庆归类到云贵高原及川西部分高海拔葡萄种植区。

将 1 468 份有效问卷作为本研究的基础素材，采用 SPSS 统计分析软件进行描述性统计分析，挖掘样本调研的基本情况。在样本的统计分析中，为了探寻相似种植区域的共同特征，首先对样本按照五大葡萄种植区域为统计单位、再以各个省份为单位进行统计。

(1)样本分布情况

调查共获取有效问卷 1 468 份，其中东北、西北冷凉气候葡萄种植区为 142 份，华北及环渤海湾葡萄种植区为 421 份，秦岭、淮河以南亚热带葡萄种植区为 436 份，西北及黄土高原葡萄种植区为 370 份，云贵高原及川西部分高海拔葡萄种植区为 99 份。各地区的合格问卷数分布如表 5-1 所示。

表 5-1 调研样本分布情况

种植区域	省区(市)	有效问卷	所占百分比(%)
东北、西北冷凉气候葡萄种植区	吉林省	111	78.17
	黑龙江省	31	21.83
	合计	142	
华北及环渤海湾葡萄种植区	北京市	45	10.69
	天津市	133	31.59
	辽宁	62	14.73
	河北省	91	21.62
	山东省	90	21.38
	合计	421	
秦岭、淮河以南亚热带葡萄种植区	江苏省	72	16.51
	浙江省	134	30.73
	安徽省	93	21.33
	河南省	40	9.17
	湖北省	77	17.66
	湖南省	20	4.59
	合计	436	
西北及黄土高原葡萄种植区	内蒙古自治区	20	5.41
	陕西省	37	10.00
	甘肃省	68	18.38
	宁夏回族自治区	55	14.86
	山西省	41	11.08
	新疆维吾尔自治区	149	40.27
	合计	370	
云贵高原及川西部分高海拔葡萄种植区	广西壮族自治区	51	51.5
	四川省	48	48.5
	合计	99	
合　　计	全国	1 468	

(2)种植者类型情况

表5-2反映了调查种植户的基本类型,其中葡萄种植农户是调查人群的主要类型,其次有少量葡萄酒企业种植基地。另外,还有零星的试验站样本。可见个体种植户仍然是我国葡萄种植的主体,这也反映了我国葡萄种植普遍规模较小、种植较分散的现状。

表5-2 种植者类型分布情况

种植区域	种植者类型	样本数	所占百分比(%)
东北、西北冷凉气候种植区	农户	113	79.6
	葡萄酒企业种植基地	29	20.4
	合计	142	
华北及环渤海湾葡萄种植区	农户	392	84.9
	葡萄酒企业种植基地	55	11.9
	试验站	15	3.2
	合计	462	
秦岭、淮河以南亚热带葡萄种植区	农户	410	94.0
	葡萄酒企业种植基地	6	1.4
	试验站	20	4.6
	合计	436	
西北及黄土高原葡萄种植区	农户	252	76.6
	葡萄酒企业种植基地	76	23.1
	试验站	1	0.3
	合计	329	
云贵高原及川西部分高海拔葡萄种植区	农户	83	83.8
	葡萄酒企业种植基地	16	16.2
	合计	99	

(3)栽培类型分布情况

表5-3是样本栽培类型分布情况表,栽培类型主要有露地栽培和设施栽培两种。

从表5-3可以看出:①北方地区。华北及环渤海湾葡萄种植区,西北及黄土高原葡萄种植区多数采取露地栽培的方式,露地栽培所占比例均在85%以上;东北、西北冷凉气候种植区的设施栽培较多,所占比例约为22.5%,露地栽培所占比例约为77.5%。东北、西北冷凉气候种植区冬季温度较低,全年积温不足,影响葡萄成熟,选择设施栽培技术可弥补自然条件的缺陷,促进葡萄生长。②南方地区。秦岭、淮河以南亚热带葡萄种植区、云贵高原及川西部分高海拔葡萄种植区采取露地栽培和设施栽培相结合的方式,秦岭、淮河以南亚热带葡萄种植区的设施栽培所占比例约为37.4%,露地栽培的比例占62.6%;

表 5-3　栽培类型分布情况

种植区域	栽培类型	样本数	所占百分比(%)
东北、西北冷凉气候种植区	露地栽培	110	77.5
	设施栽培	32	22.5
	合计	142	
华北及环渤海湾葡萄种植区	露地栽培	364	86.5
	设施栽培	57	13.5
	合计	421	
秦岭、淮河以南亚热带葡萄种植区	露地栽培	273	62.6
	设施栽培	163	37.4
	合计	436	
西北及黄土高原葡萄种植区	露地栽培	367	99.2
	设施栽培	3	0.8
	合计	370	
云贵高原及川西部分高海拔葡萄种植区	露地栽培	72	72.7
	设施栽培	27	27.3
	合计	99	

云贵高原及川西部分高海拔葡萄种植区的设施栽培所占比例约为21.4%，露地栽培的比例占72.7%。不同栽培方式与这些区域的自然地理条件有关。秦岭、淮河以南亚热带葡萄种植区和云贵高原及川西部分高海拔葡萄种植区温热多雨，葡萄成熟期雨热同季、雨量较大、病虫害高发，而采取设施避雨栽培方式，人为地创造出适合葡萄生长发育的小气候，以合理地改善自然地理条件，提高葡萄果实的品质，促进当地葡萄产业的发展。

(4)耕作制度分布情况

表5-4是样本耕作制度分布情况表，主要有一年一熟和一年两熟两种。

表 5-4　耕作制度分布情况

种植区域	耕作制度	样本数	所占百分比(%)
东北、西北冷凉气候种植区	一年一熟	142	100.0
	合计	142	
华北及环渤海湾葡萄种植区	一年一熟	412	97.9
	一年两熟	9	2.1
	合计	421	
秦岭、淮河以南亚热带葡萄种植区	一年一熟	410	94.0
	一年两熟	26	6.0
	合计	436	
西北及黄土高原葡萄种植区	一年一熟	370	100.0
	合计	370	
云贵高原及川西部分高海拔葡萄种植区	一年一熟	99	100.0
	合计	99	

从表 5-4 可以看出，我国大部分地区葡萄种植的基本耕作制度为一年一熟，只有秦岭、淮河以南亚热带葡萄种植区的少量样本为一年两熟，占该区域总耕作制度样本的 6%。以广西为代表的南方地区充分利用当地充足的光热资源，引进先进的葡萄栽培技术，实现了葡萄一年两熟的耕作制度，提高了葡萄种植产量和农民收入。

（5）葡萄用途分布情况

葡萄用途分布见表 5-5，从调研样本总体上来看，我国葡萄的主要用途是鲜食，其次是酿酒，在一些区域也有制干、制汁和观光等用途，这和业内人士对我国葡萄用途分布的判断基本一致。在东北、西北冷凉气候种植区，华北及环渤海湾葡萄种植区和西北及黄土高原葡

表 5-5　葡萄用途分布情况

种植区域	葡萄用途	样本数	所占百分比（%）
东北、西北冷凉气候种植区	鲜食	106	74.65
	酿酒	32	22.54
	制干	1	0.70
	制汁	3	2.11
	合计	142	
华北及环渤海湾葡萄种植区	鲜食	270	64.13
	酿酒	129	30.64
	制汁	8	1.9
	观光旅游	14	3.33
	合计	421	
秦岭、淮河以南亚热带葡萄种植区	鲜食	399	91.51
	酿酒	22	5.05
	制干	8	1.83
	制汁	1	0.23
	观光旅游	6	1.38
	合计	436	
西北及黄土高原葡萄种植区	鲜食	248	67.03
	酿酒	109	29.46
	制干	7	1.89
	制汁	4	1.08
	观光旅游	2	0.54
	合计	370	
云贵高原及川西部分高海拔葡萄种植区	鲜食	58	58.59
	酿酒	17	17.17
	观光旅游	16	16.16
	其他	8	8.08
	合计	99	

萄种植区，鲜食葡萄样本都在60%以上，酿酒葡萄样本的比例比其他地区较高，在22%～30%之间，这是符合当地葡萄产业发展的，以上两大区域也是我国目前最主要的两大酿酒葡萄产区。以上区域的自然和气候条件非常适应葡萄的生产，是我国传统的葡萄优质种植产区，也是我国鲜食葡萄的主要产区。由于其得天独厚的自然资源，各大葡萄酒企业也纷纷落户在这些区域，并大面积拓展种植基地，因此以上区域的鲜食葡萄和酿酒葡萄都发展的较好。秦岭、淮河以南亚热带葡萄种植区由于夏季高温多雨，一般较多发展设施栽培模式，比较适合发展鲜食葡萄种植，从样本情况也可以看出，该地区的鲜食葡萄占到90%以上。云贵高原及川西部分高海拔葡萄种植区的鲜食葡萄占60%左右，酿酒葡萄和观光葡萄各占17%左右。

5.4 基于生产函数的葡萄生产效率测算

基于生产函数的葡萄生产效率分析考察的是投入和产出两方面的关系，衡量生产单元的土地、资本、劳力、技术等要素投入对葡萄产出的影响程度。本文采用的是全国五大葡萄种植区域21个省市区的葡萄投入和产出的样本数据。在上述数据中，五大区域涵盖全国葡萄种植面积和产量的90%以上，样本能较好地反映中国葡萄种植的整体情况。

本节内容将利用C-D生产函数模型测算我国各省市区和五大葡萄种植区域的各项投入要素的生产弹性系数，从而计算各种投入要素对葡萄生产效率的影响程度，并对生产效率的计算结果进行解释和分析。

5.4.1 葡萄生产效率的测评模型的构建

(1)选择葡萄生产函数需要注意的几点

葡萄生产具有周期性，因此本研究选择一个完整的葡萄生产周期内的投入要素及产出的指标来测算生产函数，以一年的葡萄生长周期为时间节点，并且以葡萄稳定结果年份的数据为准。

问卷调查的产出指标包括单产、单价和净利润。其中，单价和净利润两个指标有一定的关联性，由于生产函数的因变量只有一个指标，故剔除净利润指标；价格指标受市场影响的程度很大，因此并不能很准确地反映出投入和产出的情况，故而也去掉单价指标，最终选择单产作为生产函数模型的产出指标，即因变量。

对于生产函数来说，成本和生产效率之间并不一定存在直接的一一对应的函数关系，生产函数反映的是产出和投入要素之间的关系，这种关系是通过统计建立起来的，因此是一种统计相关关系，我们就用它来揭示葡萄种植投入要素对生产效率的影响。需要注意的是，生产函数测算的结果仅表示样本数据处理结果。

(2)模型的设定与估计

基于C-D生产函数的理论基础，利用样本整理后的数据资料，确定生产函数模型如下：

$$Y=e^{A}X_1^{b_1}X_2^{b_2}\cdots X_n^{b_n} \qquad \text{公式(5-1)}$$

其中，$X_1 \sim X_n$ 分别为建园成本、苗木费用、农药费用、肥料费用、水电费、机械费用、其他费用、人工成本，其中肥料费用为有机肥费用和化肥费用的总和；Y 为单产；e^{A} 为转换系数，代表物质成本、人工成本以外的所有其他因素对生产效率的影响程度；$b_1 \sim b_n$ 为各项投入的生产弹性。

两边取对数得到双对数模型：

$$\ln Y=A+b_1\ln X_1+b_2\ln X+\cdots+b_n\ln X_n \qquad \text{公式(5-2)}$$

各投入要素的生产弹性恒为常量，为模型的 b 值。对 $Y=e^{A}X_1^{b_1}X_2^{b_2}\cdots X_n^{b_n}$ 求偏导，得到：

$$E_i=\frac{\partial Y}{\partial X_i}\bigg/\frac{Y}{X_i}=b_i \qquad \text{公式(5-3)}$$

其中，$b_1 \sim b_n$ 分别为 $X_1 \sim X_n$ 生产要素的弹性系数，反映了资源投入增长1%时，产量增长的百分数。这就是生产函数模型分析的理论基础。

在运算过程中采用多元线性回归分析方法进行拟合，借助SPSS软件进行逐步回归，最终得到合理的生产函数。逐步回归是指在建立多元回归方程的过程中，按偏相关系数的大小次序将自变量逐个引入方程，对引入方程中的每个自变量偏相关系数进行统计检验，效应显著的自变量留在回归方程内，循此继续选择下一个自变量。如果效应不显著，停止引入新自变量。直至不再引入和剔除自变量为止，从而得到最优的回归方程。采用逐步回归的方式可有效消除多重共线性，避免进行多余的检验和修正工作。

5.4.2 葡萄生产效率测评结果及分析

(1)我国各省葡萄生产函数估计结果与分析

将21个省市区的成本数据取均值，得到各省投入要素的结构分布图(图5-1)，结合其进行投入要素对生产效率影响程度的综合分析。从总体来看，我国葡萄种植的大部分省区，建园成本、人工成本、肥料成本和其他物质性支出的其他成本所占的比重比较大，但在每个省份各个投入的结构比例又有所差异。

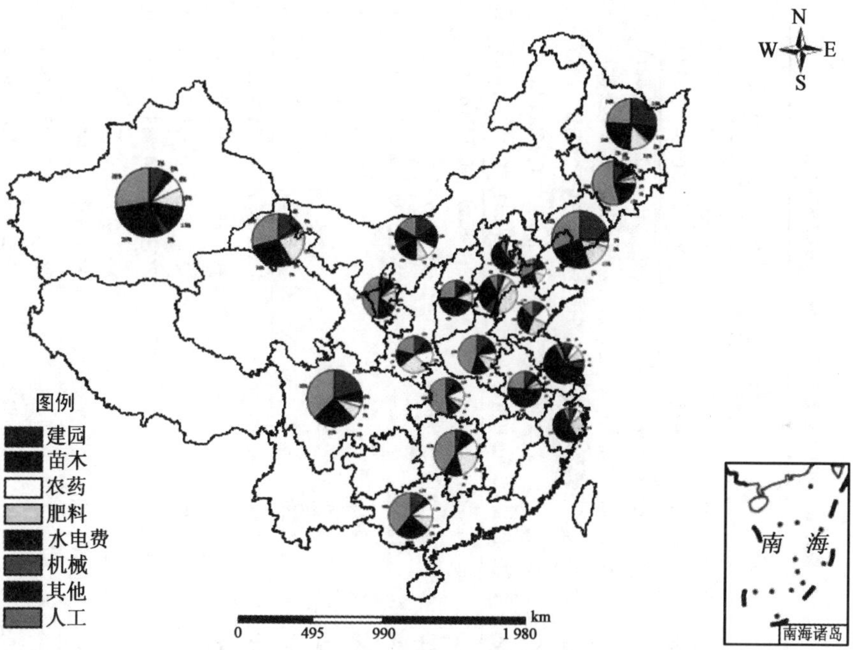

图 5-1 各省市要素投入分布结构图

分别设置东北、西北冷凉气候葡萄种植区(黑龙江、吉林)为Ⅰ区；华北及环渤海湾葡萄种植区(辽宁、河北、山东、天津、北京)为Ⅱ区；秦岭、淮河以南亚热带葡萄种植区(河南、安徽、浙江、湖北、湖南、江苏、上海、江西、福建)为Ⅲ区；西北及黄土高原葡萄种植区(新疆、甘肃、宁夏、陕西、青海、内蒙古、山西)为Ⅳ区；云贵高原及川西部分高海拔葡萄种植区(四川、云南、贵州、广西)为Ⅴ区，其中上海、江西、福建、青海、贵州和云南等省市由于部分样本的数据的缺失问题不包括在内。

根据上述理论，测算各省市区葡萄种植的投入要素的产出弹性，如表5-6所示。

表 5-6　我国各省市葡萄生产函数估计结果

区域	省份	R^2	F	常数	建园	苗木	农药	肥料	水电费	机械	其他	人工
Ⅰ区	黑龙江	0.722	10.565	4.67	0.315(6.07)	0.227(3.258)	—	0.041(4.35)	0.135(9.176)	0.129(2.666)	0.018(11.093)	0.212(4.683)
	吉林	0.937	113.675	−0.391	0.201(7.118)	0.126(2.13)	0.094(8.773)	0.118(2.145)	0.109(6.317)	—	0.157(6.866)	0.351(5.49)
Ⅱ区	北京	0.792	22.847	4.873	0.342(5.452)	−0.227(−3.23)	0.039(7.253)	0.298(4.246)	0.185(3.927)	0.159(3.435)	0.328(3.729)	0.287(8.617)
	河北	0.839	9.26	−3.489	0.152(5.493)	0.204(8.840)	0.116(2.062)	0.328(8.130)	0.106(2.807)	0.072(4.447)	0.013(5.070)	0.205(10.115)
	辽宁	0.891	22.351	5.298	0.269(10.23)	0.058(8.547)	0.122(5.48)	0.126(10.58)	0.064(4.681)	0.086(2.366)	0.366(8.545)	0.144(5.389)
	山东	0.952	15.781	10.977	0.246(7.173)	0.108(5.948)	0.084(7.093)	0.263(4.604)	0.073(12.856)	0.61(8.284)	0.234(2.563)	0.126(7.129)
	天津	0.744	21.008	8.763	0.187(3.578)	0.287(8.955)	0.153(4.129)	0.377(2.903)	0.162(7.342)	0.124(8.398)	—	0.263(3.45)
Ⅲ区	安徽	0.714	12.963	6.353	0.124(5.277)	0.362(11.327)	—	0.13(8.954)	0.171(6.904)	0.093(9.919)	0.086(6.381)	0.233(7.385)
	河南	0.887	68.33	−7.501	0.21(11.031)	0.041(5.622)	0.146(5.697)	0.174(4.435)	—	0.302(6.386)	—	0.268(4.32)
	湖北	0.709	35.398	8.441	0.376(9.657)	0.061(12.353)	—	0.101(6.613)	0.153(7.981)	0.082(5.659)	0.033(7.36)	0.289(3.614)
	湖南	0.82	13.521	3.254	0.266(6.068)	0.316(8.65)	—	—	0.181(2.290)	0.036(7.669)	0.158(3.828)	0.208(14.785)
	江苏	0.885	20.117	5.207	0.184(6.862)	0.116(14.624)	0.217(3.58)	0.072(2.714)	—	0.182(9.453)	0.113(2.893)	0.202(7.207)
	浙江	0.748	5.674	10.855	0.337(3.546)	0.028(2.466)	−0.332(−6.985)	0.131(4.342)	0.112(5.728)	0.088(2.563)	0.372(1.776)	0.175(4.382)
Ⅳ区	甘肃	0.853	12.737	7.148	0.239(8.563)	0.253(8.671)	0.314(8.392)	0.043(2.885)	0.374(8.229)	0.101(6.296)	0.265(5.353)	0.175(7.322)
	山西	0.806	18.946	−0.803	0.336(8.653)	0.309(4.478)	−0.33(−8.349)	0.225(3.863)	0.023(9.435)	—	0.226(4.592)	0.234(2.451)
	内蒙古	0.963	26.397	8.691	0.187(10.475)	0.207(12.066)	0.233(3.734)	0.110(5.321)	0.261(6.443)	0.075(5.024)	0.141(7.115)	—
	宁夏	0.737	17.173	3.529	0.143(3.026)	0.032(8.441)	0.083(6.569)	0.078(11.158)	0.286(9.371)	0.127(9.435)	0.108(5.844)	0.251(3.936)
	陕西	0.882	7.765	6.346	—	0.135(1.869)	0.044(9.402)	0.147(3.657)	0.258(4.602)	0.109(9.334)	0.338(7.949)	0.263(2.787)
	新疆	0.926	39.569	−7.831	0.148(6.91)	0.103(6.305)	0.087(7.449)	0.131(10.112)	0.33(9.304)	0.042(3.23)	0.067(3.779)	0.174(5.772)
Ⅴ区	广西	0.72	14.348	5.547	—	0.238(5.579)	0.114(4.075)	0.222(3.546)	0.225(3.464)	0.289(6.305)	0.312(3.915)	0.122(3.423)
	四川	0.745	27.286	6.519	0.153(6.345)	0.308(9.413)	0.148(2.993)	0.109(4.585)	0.168(2.593)	0.365(9.325)	0.238(6.246)	0.208(4.252)

注：(1)括号内的数字为相应系数的 t 检验值。
(2)—表示该变量未进入模型的运算。

模型的估计结果显示，各省生产函数的拟合度较好，拟合优度系数都在0.7以上，模型的解释力较强。大多数变量的弹性系数符号与预期的一致，并且大多数变量在5%的显著水平上具有统计显著性，部分变量在10%的水平上显著，说明所选取的解释变量能较好的解释我国葡萄生产效率的变动。

从模型的估计结果可以得出各项投入要素对生产效率的影响程度。

①除陕西、广西外，其他地区建园成本的弹性值均显著为正，说明建园费用投入的增加对葡萄园产出有正向的促进作用。在湖北、北京、浙江的弹性值较大，其中湖北的值最大，为0.376；而安徽、宁夏、新疆的要素弹性值较小，安徽最小，为0.124。

②苗木费用在所有地区的结果中表现为十分显著，除在北京地区弹性值为接近0以外，其他均为正。在安徽、湖南、山西的弹性系数值较大，其中以安徽的值最大，为0.362，说明这些地区提高苗木的投入对产出增长的作用非常显著，优良苗木在上述地区的葡萄种植中能发挥明显的提高产出作用；而在浙江、宁夏、河南等的弹性值较小，浙江省仅为0.028，这些地区葡萄苗木对生产效率的影响较小。

③除黑龙江、安徽、湖北和湖南省外，其他地区农药费用对生产效率影响均显著。在甘肃、内蒙古、江苏的要素弹性值较大，其中以甘肃的值最大，为0.314，农药投入对生产效率的促进效果明显；而在陕西、宁夏、新疆的弹性值较小，陕西最小，为0.044，这些地区农药投入对生产效率的影响较小。

④除湖南外，肥料费用对所有地区的生产效率影响均为显著，且弹性系数均为正值。在天津、河北、山东的要素弹性值较大，其中以天津的值最大，为0.377，每增加单位肥料投入，可显著提高产出和生产效率；而在北京、甘肃、江苏的弹性值较小，北京最小，为0.023，化肥投入对这三个地区、尤其北京的生产效率的影响程度较小，不过仍旧为正向促进作用。

⑤除河南和江苏外，其他地区的水电费对生产效率的弹性值均显著为正，说明水电费的增加对葡萄生产效率的提高有促进作用。水电对我国葡萄生产的影响主要是影响灌溉，很多地区对灌溉用水的收费都是按照灌溉用电的度数来计费的，在少数地区灌溉用水是免费的。在甘肃、宁夏和内蒙古的要素弹性值较大，其中以甘肃的值

最大，为 0.374，说明这些地区的水电投入对葡萄生产产出的影响最大。这与我国的实际情况也是一致的，以上省份地处西北干旱地带，水资源短缺，因而水资源对葡萄生产的制约作用明显；一旦增加水电投入，表明在灌溉方面的投入增加，则产出和生产效率也会显著提高。山西、辽宁、山东的水电投入的弹性系数值较小，山西最小，为 0.023，水电投入增加对产出增长的促进效果不明显。

⑥除吉林、山西外，其他地区的机械费用对生产效率的弹性值均显著为正，说明机械的使用对葡萄生产效率的提高有显著的促进作用。在四川、河南、广西的要素弹性值较大，说明这些地区机械对生产效率的促进潜力很大，如果增加机械设备的投入、提高葡萄园机械化水平、降低葡萄园作业劳动强度，将显著提高葡萄园产出和生产效率；而在湖南、新疆、山东的弹性值较小，山东最小，为 0.036，这些地区的机械使用对生产效率的促进作用影响较小。

⑦人工成本对除内蒙古外的地区的生产效率都显著为正，说明人工投入对葡萄生产效率提高有显著的促进作用。人工成本的弹性值在吉林、湖北、北京较大，其中以吉林的值最大，为 0.351，说明这些地区的用工对葡萄生产效率的影响最大；而在广西、山东、辽宁的弹性值小于平均值，广西最小，为 0.122，葡萄是一种典型的劳动密集型产业，在育苗、出土、埋土及采摘等环节用工量大，故人工投入对葡萄生产效率的影响作用很大。随着现在工价的普遍上升，同时我国葡萄园机械化水平还比较低，对人工劳动力需求很大，很多地区的葡萄种植已经受到严重制约。在本团队调研过程中，很多种植大户都表示人工开销太大，尤其北方地区出土、埋土期间，短时期内需要大量劳力，人工非常难找，在新疆这种地广人稀的地区，劳动力的制约显得尤为明显，迫切需要研发轻简化栽培模式和提高果园机械化水平，这也将成为我国葡萄产业发展的一个方向。

⑧其他费用包括地膜、纸袋、生长调节剂、捕鸟器和其他物质投入对各省市葡萄生产效率的提高都有不同程度的促进作用。

通过以上的计算分析，利用 ArcGIS 软件分别对各个省市的生产效率影响最大的投入要素（即弹性系数值最大的投入要素）进行提取，并生成其空间分布图，如图 5-2 所示。可以看到，在不同的省份，影响最显著的生产资料也是不同的。在西北地区，比如新疆和内蒙古，水电费用是弹性系数最大的生产资料。在华北和环渤海的北京、天津、河北、山东等地，肥料则是对产出影响最显著的因素。

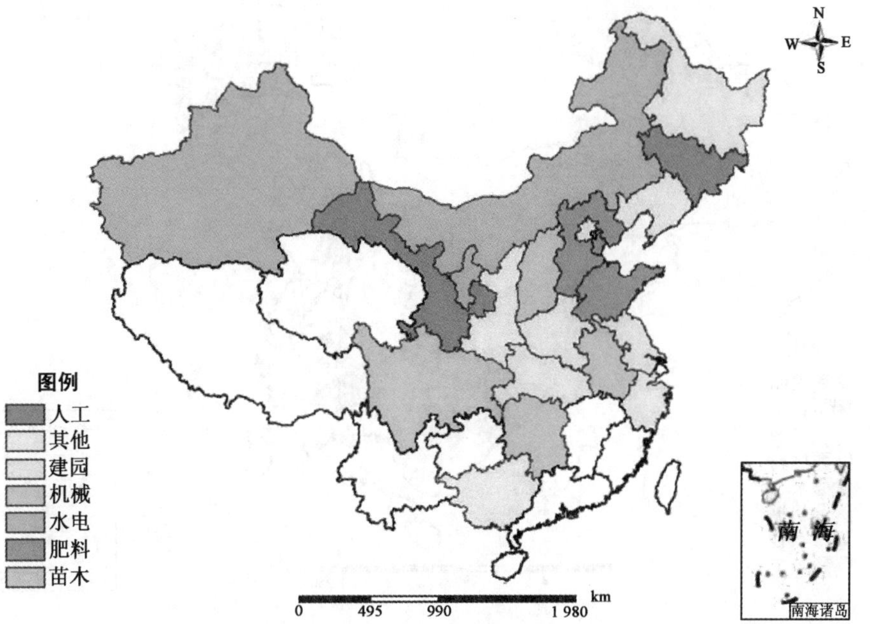

图 5-2　对各省市影响最大的要素投入空间分布图

(2)我国五大区域葡萄生产函数估计结果与分析

将上节中得到的 21 个省市区的成本均值数据归类到五大葡萄种植区域内，再对五大区域的成本数据取均值，得到各区域投入要素的分布结构(图 5-3)，可见不同的葡萄产区对不同的生产要素的投入结构是不同的，总体来看人工、肥料、建园的投入都是大项支出，这与分省比较的结果趋势上是一致的。

将所有样本数据按行政区划归类到五大区域内，并进行对数化，再将每个区域的数据利用 SPSS 统计分析软件做逐步线性回归，其中 $X_1 \sim X_n$ 为建园成本、苗木费用、农药费用、肥料费用、水电费、机械费用、其他费用、人工成本，其中肥料费用为有机肥和化肥的费用综合；Y 为单产；e^A 为转换系数，代表物质成本、人工成本以外的所有其他因素对单产的影响程度；$b_1 \sim b_n$ 为各项投入的生产弹性。

与前面的划分方式一样，分别设置东北、西北冷凉气候葡萄种植区为Ⅰ区；华北及环渤海湾葡萄种植区为Ⅱ区；秦岭、淮河以南亚热带葡萄种植区为Ⅲ区；西北及黄土高原葡萄种植区为Ⅳ区；云贵高原及川西部分高海拔葡萄种植区为Ⅴ区，测算葡萄种植五大区域各投入要素的产出弹性如表 5-7 所示。

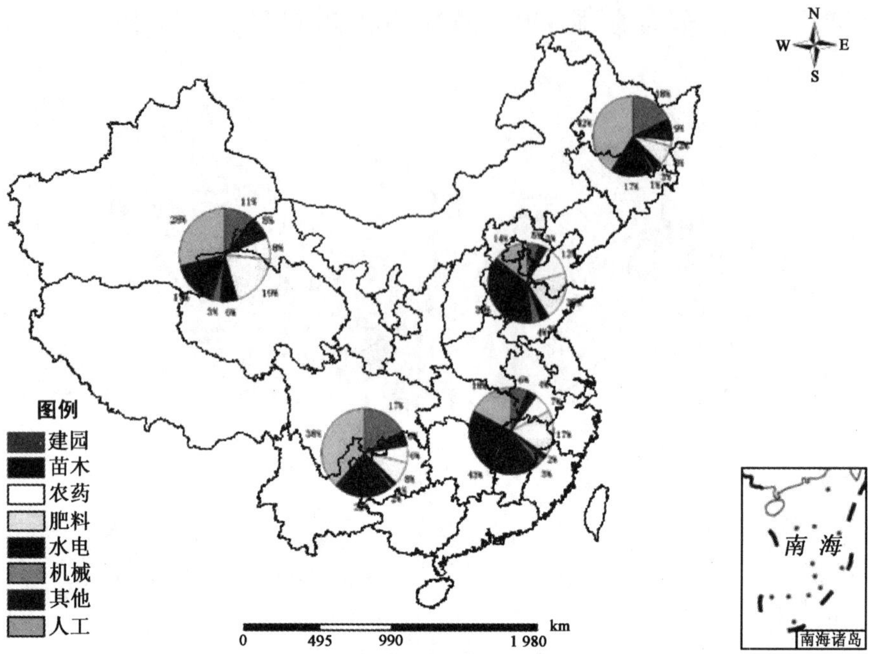

图 5-3　各区域要素投入结构分布图

表 5-7　我国五大区域葡萄生产函数估计结果

项目	Ⅰ区	Ⅱ区	Ⅲ区	Ⅳ区	Ⅴ区
R^2	0.69	0.73	0.91	0.87	0.88
F	25.24	18.47	41.64	20.98	32.54
常数	10.31	8.2	4.76	6.22	5.43
建园	0.65(6.73)	0.31(6.64)	0.53(3.64)	0.15(4.39)	0.21(9.15)
苗木	0.34(6.18)	0.21(9.04)	0.42(4.32)	0.19(2.84)	0.25(1.89)
农药	0.08(3.29)	0.05(7.54)	−0.14(−5.25)	0.27(5.69)	0.03(3.35)
肥料	0.33(6.94)	0.26(1.96)	0.23(7.96)	0.15(2.15)	0.31(2.47)
水电费	0.47(8.55)	0.32(4.35)	—	0.61(4.46)	0.2(7.61)
机械	0.26(3.64)	0.15(2.24)	0.19(1.94)	0.34(3.31)	0.39(2.55)
其他	0.15(8.4)	0.34(2.60)	0.25(7.58)	0.32(7.60)	0.23(3.34)
人工	0.27(2.08)	0.21(6.80)	0.34(4.28)	0.46(1.87)	0.31(2.37)

注:(1)括号内的数字为相应系数的 t 检验值。

(2)一表示该变量未进入模型的运算。

模型的估计结果及成本投入结构显示,各区域生产函数的拟合度较好,除Ⅰ和Ⅱ区之外,其他地区的模型拟合优度都在80%以上,模型对结果的解释性很强。大多数变量的系数符号和预期的一致,且具有统计显著性,其中大部分变量在5%的水平上显著,部分变量在10%的水平上显著，满足统计检验要求。

从模型的估计结果可以得出以下结论：

①建园成本对生产效率的弹性值在所有地区均表现显著为正，即建园投入的增加对葡萄生产效率的提高有显著促进作用。在东北、西北冷凉气候葡萄种植区，华北及环渤海湾葡萄种植区，秦岭、淮河以南亚热带葡萄种植区的建园要素弹性值较大，其中以东北、西北冷凉气候葡萄种植区的值最大，为0.65；而在西北及黄土高原葡萄种植区、云贵高原及川西部分高海拔葡萄种植区的弹性值较小；西北及黄土高原葡萄种植区最小，为0.15，该地区属温带大陆性干燥气候，日照时间长、温差大，适合葡萄生长，普通的露地栽培即可使葡萄顺利生长，建园成本投入对生产效率的影响较小。

②苗木费用的弹性值在所有地区均表现为显著为正，说明苗木费用对葡萄生产效率有正向促进作用。在东北、西北冷凉气候葡萄种植区、秦岭、淮河以南亚热带葡萄种植区的要素弹性值较大，其中以秦岭、淮河以南亚热带葡萄种植区的值最大，为0.42。而其他区域的苗木投入弹性值也较高，表明优质苗木对我国葡萄产业的发展具有重要作用，增加苗木投入、提高苗木质量，对于增加产出、提高葡萄种植效益具有显著影响。

③农药费用的弹性值在所有地区的结果中表现为十分显著。农药除Ⅲ区外，在其他地区的弹性系数都为正值，表明农药费用对葡萄生产效率有正向促进作用。不过从食品安全和优质果品的角度来看，也要合理使用农药。不过其弹性系数在秦岭、淮河以南亚热带葡萄种植区中表现为负值，说明这些地区农药投入的增加对提高葡萄生产效率没有明显作用，应避免过量使用农药，这也有利于当地提高葡萄生产效益和质量。

④肥料费用的弹性值在所有地区均表现为显著为正值，肥料费用对葡萄生产效率有正向促进作用。在东北、西北冷凉气候葡萄种植区、云贵高原及川西部分高海拔葡萄种植区的要素弹性值较大，其中以东北、西北冷凉气候葡萄种植区的值最大，为0.33，化肥施用对葡萄生产效率的影响较大；在其他区域的肥料投入弹性值也较大，说明适当地增加肥料投入会使葡萄生产效率得到提高，不过从保护环境和食品安全的角度来看，应该尽量减少化肥的使用，可以增加施用有机肥和农家肥达到丰产的目的。

⑤除秦岭、淮河以南亚热带葡萄种植区外的其他区域,水电费的弹性值均为正,且表现显著,说明在这些地区水电费对提高葡萄生产效率有促进作用。在东北、西北冷凉气候葡萄种植区、华北及环渤海湾葡萄种植区、西北及黄土高原葡萄种植区的要素弹性值较大,其中以西北及黄土高原葡萄种植区的值最大,为 0.61,说明灌溉对这些区域尤其是西北及黄土高原葡萄种植区的葡萄种植影响较大,水资源短缺也是西北及黄土高原地区农业发展面临的主要障碍,有效提高水资源利用率对当地葡萄产业收益具有显著的促进作用;秦岭、淮河以南亚热带葡萄种植区拥有丰富的水资源,因此水资源的边际效用体现不明显,其生产弹性很小,在统计显著性水平下其作用表现并不显著。

⑥机械费用的弹性值在所有地区均表现为显著为正,说明机械的使用对葡萄生产效率的提高有促进作用。在秦岭、淮河以南亚热带葡萄种植区、云贵高原及川西部分高海拔葡萄种植区的要素弹性值均较大,其中以云贵高原及川西部分葡萄种植区的值最大,为 0.39,说明这些地区的机械对葡萄生产效率的影响最大,提高机械的使用率可在一定程度上提高葡萄生产效率,这和我们的研究的预期不吻合;而在东北、西北冷凉气候葡萄种植区、华北及环渤海湾葡萄种植区、秦岭、淮河以南亚热带葡萄种植区的弹性值较小;华北及环渤海湾葡萄种植区值最小,为 0.15。机械化水平低是我国葡萄种植环节的制约点,其提高葡萄的生产效率的贡献潜力非常大,应当努力提高我国葡萄园机械化水平。

⑦人工成本的弹性值在所有地区均表现为显著为正,说明人工投入对葡萄生产效率提高有促进作用。在秦岭、淮河以南亚热带葡萄种植区、西北及黄土高原葡萄种植区、云贵高原及川西部分高海拔葡萄种植区的该要素弹性值均较大;其他地区的人工投入对生产效率也有较大影响,说明葡萄用工对生产效率的影响明显。正是由于我国葡萄产业机械化水平很低,而葡萄又是一个劳动密集型的产业,受机械化水平落后的制约,因此葡萄种植对劳动力的需求很大,葡萄产业的用工不足也是各地葡萄产业发展的一个制约因素。

⑧其他费用包括地膜、纸袋、生长调节剂、捕鸟器等物质,其投入的弹性系数为正值,说明这些变量对五大区域葡萄生产效率的提高都有不同程度的促进作用。

5.5 主要结论与建议

本章分别对我国各省市及五大葡萄种植区域，借助于SPSS统计分析软件，构建了基于C-D生产函数的计量模型，结果表明：建园、肥料、水电、机械、人工的弹性值都表现为正值，这些投入因素增加对所有地区的生产效率提高都有促进作用；除山西、浙江省以外，其他地区的农药的弹性值均为正值；除内蒙古的人工对生产效率影响不显著之外，其他地区的人工投入对生产效率的影响均显著；建园成本对秦岭、淮河地区及东北地区的葡萄生产效率影响较大；除吉林和山西省以外，其他地区机械在对生产效率的弹性值均为正值。

因此，在我国发展葡萄产业的过程中，应该结合各地不同的资源禀赋和经济发展水平、产业发展水平，因地制宜，有针对性地制定发展策略。尤其在生产投入方面，不能盲目地抱着“高投入高产出”的观念，而应该使得投入向对当地葡萄产业产出有显著促进作用的生产要素上倾斜，“将钱花在刀刃上”，促进全国葡萄产业健康发展。

6　中国葡萄供应链模式及流通特征

6.1　葡萄供应链的演进

与中国其他水果供应链的发展相似，中国葡萄供应链的发展大致也经历了三个阶段：自由购销阶段（1949—1955年）、以供销社为主体的多渠道流通阶段（1956—1984年）和以市场为主体的多样化渠道的流通阶段（1985年至今）。

第一，自由购销阶段。从新中国成立到1955年这段时期，国家的经济发展水平较低，当时主要关注的是百姓温饱问题，因此，对于葡萄这种水果无论是种植量还是供应量都很低。这期间，葡萄种植没有形成规模，主要是在各家的房前屋后零星种植，属于庭院经济阶段。据统计，新中国成立初期我国葡萄栽培面积只有3 200公顷，产量仅有3.8万吨。当时，城市的供应链模式主要有"果农＋商贩＋消费者"和"果农＋消费者"两种形式。而小城镇中的供应链主要为"果农＋消费者"模式，通过集市交易将生产者与消费者联系起来。

第二，以供销社为主体的多渠道流通阶段。新中国成立后，有计划的经济建设陆续开展，我国国民经济逐渐恢复。在这种大背景下，为了顺利实施"一五"计划，解决人民生活和国家建设所需重要物资的供求矛盾，中央决定从1953年10月起陆续对粮、棉等农副产品实行统购统销制度。截止到20世纪80年代初，在这种购销制度实行的近30年中，水果供应链的模式较为单一，国有经营在水果的流通中占据了绝对的主体地位。整个葡萄产业基础薄弱，得不到足够的重视，投入少且管理技术落后。和其他水果一样，葡萄也是由供销社为主实行统购统销的供应模式。

第三，以市场为主体的多样化多渠道的流通阶段。党的十一届三中全会以后，随着农村经济体制改革的深化，各种农副产品购销体制的改革陆续展开。部分地区逐渐废除了统购统销体制，恢复了集市贸易。1985年，中央"一号文件"提出改革鲜活农产品的统购统销制度，标志着我国水果流通体制摆脱了计划体制的束缚，开始步入以市场为主导的发展阶段。

在科技进步和市场需求持续增长的双重推动作用下，我国葡萄产业迅速发展，种植规模不断扩大，产品质量不断提升，产业的规模化、组织化、标准化和产业化水平不断提高，逐渐形成了较为完整的产业体系。随着社会的进步，一些新型的产业形式（如合同农业）不断涌现，与此对应的一些新型供应链模式（如"公司＋农户"、"合作社＋农户"等）应运而生。这些新型的供应链模式富有活力，与传统的供应链模式一起构成了现阶段我国葡萄产业流通体系和供应链的主体。

6.2 中国葡萄供应链的主要模式

供应链模式的差异导致了流通中参与主体和流通环节的不同，而这又将影响到流通的成本、时效、损耗以及流通节点上每个利益主体的收入等方面，因而了解葡萄供应链的主要模式对于提高葡萄流通效率具有重要意义。根据本团队的实地调研资料，现阶段我国葡萄供应链的模式主要有以下几种。

6.2.1 鲜食葡萄供应链的主要模式

按照供应链中起主导作用的主体不同，目前我国鲜食葡萄的供应链可以分为以下三种模式。

(1)传统葡萄供应链模式

传统供应链模式（图6-1）是在我国存在时间最长，遍布范围最广，参与主体最多的一种模式，迄今为止仍是我国鲜食葡萄流通中最主要的一种供应链模式。该模式中参与主体繁多，主要包括农资供应商、葡萄种植户、本地收购商、外地收购商、批发商、零售商以及消费者等,导致相应的流通环节也较复杂。目前在国内市场上流通的鲜食葡萄主要分为国产葡萄和进口葡萄,因此将两种来源的葡萄供应链分别介绍。

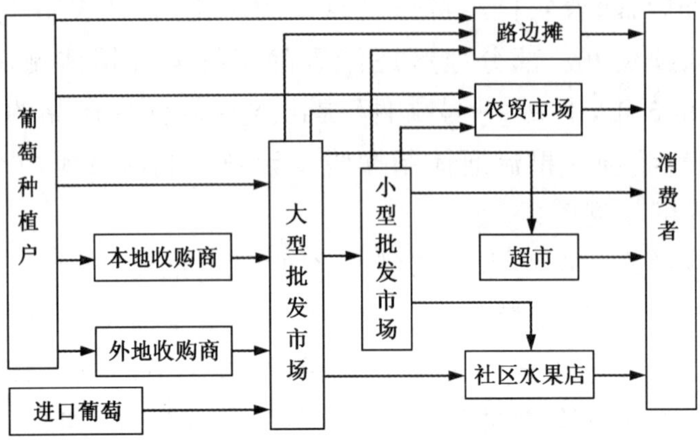

图 6-1　我国鲜食葡萄供应链的传统模式

①进口葡萄。现阶段进口葡萄主要还是按照传统供应链模式流通。进口葡萄在进入中国之后,进口商将葡萄卖给下游各地的大型批发市场的批发商或者大型超市,以大型批发市场为中转站,再流向各地相对规模较小的批发市场,或者社区水果店,最终抵达消费者。根据本团队调研,进口葡萄多是采用海运,主要是从广州的港口入关,然后通过大型冷藏车运往各销地的大型批发市场,再转往当地规模小一级的批发市场或者超市等,最终到达消费者。以北京市的进口葡萄为例,主要进口品种有红提和青提,产地多是智利,也有少部分产自澳大利亚和美国。这些进口葡萄先从广州港入关,然后通过冷藏车运到北京最大的农产品批发市场——新发地农产品批发市场,再发往下一级市场,最后到达消费者。因此,新发地农产品批发市场是北京进口葡萄最主要的供应批发市场。

②国产葡萄。我国葡萄产区范围很广,其流通模式主要以传统供应链为主。在产前阶段,葡萄种植户向农资供应商购买种苗、肥料、农药等生产资料进行生产;葡萄成熟后,由本地收购商或外地收购商上门进行收购,然后进入大型批发市场,接下来再流向小型批发市场、农贸市场、超市和社区水果店等,最终到达消费者。比如天津茶淀地区的玫瑰香葡萄,当地的果农将成熟的葡萄卖给天津市或北京市的收购商或者批发商,由他们运往各自所在地的批发市场进行

销售，然后再流转到社区水果店、农贸市场和超市等终端零售渠道，供消费者购买。路边摊销售虽然流通规模并不大，但却是我国现阶段比较有特色的一种形式，尽管违反城管等部门的规定，但是在全国各大中小城市都一直存在，具体又有两种：一种是小部分种植户自产自销，他们在葡萄成熟之后，自行将葡萄运往农贸市场进行销售，或者运往人口密度较大的小区门口进行销售。比如，我们在南京进行调研时发现，南京句容的一些果农将装载了葡萄的车停在在很多居民小区门口，直接销售给周边的社区居民。另一种是在一些水果批发市场周边，有一些小摊贩也直接批发一些葡萄，在批发市场附近销售。比如，北京新发地农产品批发市场门外，也有很多小商贩在周围路边销售批发来的葡萄。

(2)合作社主导葡萄供应链模式

农民专业合作社是在我国市场经济进一步深化改革中应运产生的，这种组织在农产品市场化、商品化的大潮中成长起来，有效地将千家万户的生产与千变万化的市场紧密联结起来，能够有效解决小农户与大市场之间的矛盾。作为一种新兴的农民合作组织，由其参与形成的葡萄供应链模式(图 6-2)也是在最近几年才开始出现。

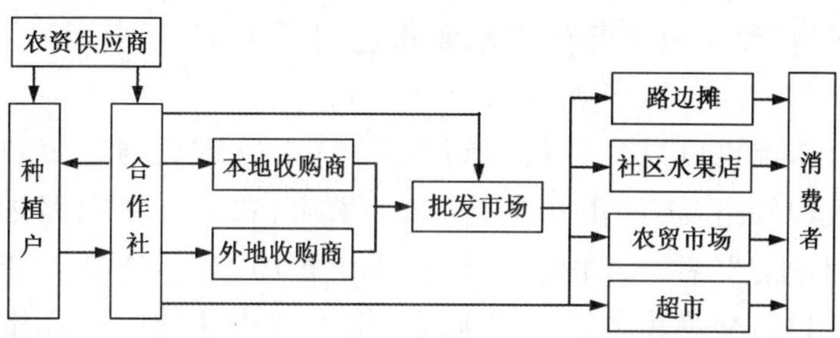

图 6-2 我国鲜食葡萄供应链的合作社主导模式

在这种供应链模式中，合作社为会员提供产前、产中以及产后的全方位服务。

①在产前阶段即种植户购买农资时，合作社代表社员统一进行采购，在保证质量的同时可以以较低的价格购进生产资料，再分销给社员；此外，在江浙一带部分合作社(例如，浙江嘉兴市十八里葡萄专业合作社)已经拥有自己的农资超市，合作社把生产资料以相对较低的价格销售给自己的会员。当然，也有部分加入合作社的种植户仍然自己直接购买生产资料，这一点合作社也是不干预的，充分体现农

民自愿入社、自主管理的原则。

②在产中阶段即葡萄种植阶段，合作社通过开展技术指导、技术培训、疑难解答等各种形式向社员提供全面的葡萄生产技术指导和服务支持，包括种植技术、病虫害防治、灾害性天气预防等，保证合作社社员生产出的葡萄优质丰产。以浙江余姚市临山镇的味香园葡萄专业合作社为例，该合作社聘请了南京农业大学陶建敏教授作为顾问，并邀请省农科院、宁波万里学校及市农林局专家定期向社员传授各种葡萄栽培技术。

③在产后阶段即葡萄成熟之后，社员种植户将葡萄统一卖给合作社，然后再由合作社统一销售给收购商，再进入批发市场、零售终端抵达消费者。在这一环节中，合作社收购会员葡萄的价格要低于合作社销售给收购商的价格，这部分差价即为合作社的利润，用于合作社的日常经营与发展支出。一些运营较好的葡萄专业合作社已经申请注册了自己的商标，比如浙江余姚市临山镇的“味香园”葡萄，当地的味香园葡萄专业合作社以区域化种植、规模化经营、社会化服务和市场化接轨为理念，坚持五个“统一”，即统一品种布局，统一栽培设施，统一生产标准，统一产品质量，统一分级包装，带动全镇葡萄产业快速发展，使全镇葡萄生产总面积达到了 1.15 万亩，2009 年实现总产量 2.53 万吨，总产值达 10 093 万元。

④合作社也可以为社员介绍收购商，由收购商与种植户自行商量葡萄收购价格，再经由超市、社区水果店、农贸市场或路边小商贩等环节到达消费者。经由合作社搭线销售的方式，通常合作社会按照规定在葡萄交易中收取一些佣金，作为合作社的收益以维持合作的日常运转。比如，辽宁省葫芦岛市南票区的暖池葡萄产销合作社，该合作社不强制种植户使用合作社的“暖池”牌商标，但会为种植户提供相关的市场销售信息，作为中间联系的桥梁建立种植户和收购商之间的买卖关系，合作社从中收取一定的佣金。

⑤还有一种比较热门并很受推崇的农超对接模式，主要也是由合作社牵头，将社内葡萄集中收购之后再直接销售给超市。北京大兴区采育镇的京采兴农产品专业合作社就运用了这么一种模式。合作社出面和超市洽谈收购价格、收购量、收购时间等农超对接的相关事宜，双方明确权利和义务之后签订农超对接协议，由合作社按照协议规定定时、定量向超市运送葡萄，并保证葡萄产品质量符合超市的

验收标准，不符合标准的葡萄超市将不予接受。

(3)精品园艺葡萄供应链模式

精品园艺模式(图 6-3)是近几年随着人民生活水平的提高，可支配收入增多，对食品品质要求越来越高而形成的一种新型供应链模式，这种供应链模式最主要的特色是参与主体相对较少，消费者直接和农户进行交易，省掉了其他模式的中间收购、批发、零售等环节。该模式主要可以分为两类：第一类，政府或者企业为了商务往来需要或者发放员工福利，由政府或者企业与葡萄合作社签订购买协议，订购该合作社品牌的葡萄，合作社根据客户的需求提供精美的包装和优质的葡萄，如浙江省嘉兴市南湖区大桥镇的绿江葡萄专业合作社就为这一类集团客户提供了相应的产品；第二类，在大城市周边的一些环境较好的郊区，种植户将自家的葡萄园开发成农家乐的形式，在提供休闲餐饮娱乐的同时，让消费者直接上门自行采摘葡萄，比如在河北昌黎有 10 里葡萄沟长廊，在四川成都双流有大量的葡萄园主题的农家乐，凭借自行采摘的乐趣外加美景美食吸引了很多城市居民前来消费，当地的种植户都取得了很好的经济收益。

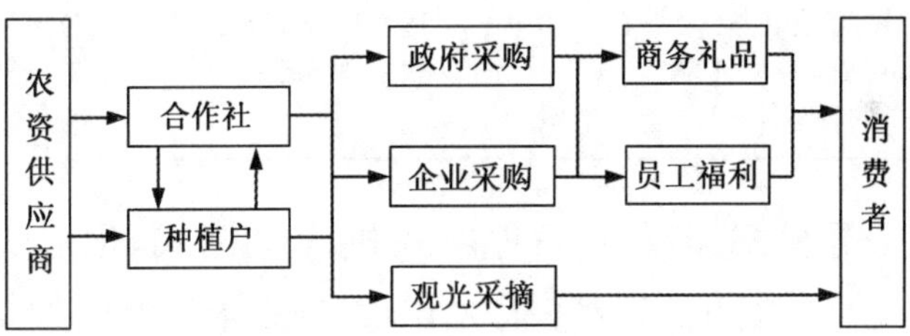

图 6-3 我国鲜食葡萄供应链的精品园艺模式

(4)我国鲜食葡萄供应链的特征

针对我国现有的三种葡萄供应链模式，本节分别从不同供应链模式出现的背景条件、供应链中的核心环节、流通模式特点及总体评价等四个方面的指标来进行对比分析(表 6-1)。

就传统葡萄供应链模式而言，一直存在于我国葡萄流通体系中。20 世纪 70 年代末，改革开放刚刚拉开帷幕，国民经济还不发达，农业经济中交易的商品多为谷物和畜产品。此时，葡萄产量较低，主要是小范围的流通，绝大部分的葡萄种植户是自产自销。随着批发市场和农贸市场等贸易集市的逐步崛起，这种传统供应链的核心开始依托于批发市场和农贸市场这类集中交易的贸易场所进行交易。以批发市场和农贸市场为中心，供应链上游有种植户、收购商，下游有社区水果店、超市等终端零售组织。然而，该种模式由于流通主体多，环节冗长，交易价格大多数时候都随行就市，缺乏市场交易规则，各方利润分配不稳定，市场风险较大。但由于其广泛的适用性，该模式迄今仍存在于我国的葡萄流通体系中。

表 6-1　我国鲜食葡萄供应链模式对比

供应链模式	背景条件	供应链中核心环节	流通模式特点	总体评价
传统模式	约从 1980 年改革开放之后出现，葡萄小区域流通，现代化的物流产业未形成	以批发市场、农贸市场为中心	参与主体多，流通环节冗长，是我国存在时间最长、最普遍的供应链模式	交易价格随行就市，缺乏规则和秩序，利益分配不稳定，风险较大
合作社主导模式	约从 1990 年之后出现，随着市场经济进一步发展，小农户与大市场之间矛盾凸显，合作社应运而生	以合作社为产销结构的核心	逐渐形成产销一体化，生产者由分散到集中，缩短了流通环节，并且监督种植户提高果品质量安全	合作社与收购商进行价格谈判，有效抵御市场风险，保障种植户收入的相对稳定
精品园艺模式	约从 2000 年之后出现，在社会经济较发达，居民可支配收入增加，对都市休闲需求提高的背景下产生	以种植户或合作社为核心	流通结构简短，消费者直接与果农交易，适用区域有地区优势和品牌知名度	葡萄品质好，包装精致，但价格较高，普通消费者难以接受，适合具有较高购买力的消费群体

合作社主导模式虽然是一种新兴供应链模式，但已经展现出强大的生命力。合作社的出现在很大程度上缓解了个体种植户和现代大市场之间信息不对称、谈判地位不平等的矛盾，产生了以合作社为产销核心的供应链。合作社在供应链中起着承前启后的作用，上游衔接着种植户，下游衔接着收购商和批发商，将葡萄的产、供、销连成了一个有机的整体。对于生产，合作社有效监督种植户保证葡萄的安全和品质；对于供给，合作社经营的本质是企业行为，其与供应商达成的供销合同、协议具有法律效力，因而具有较强的约束力，与农户个人和供应商达成的合同关系相比，具有合同执行力高、违约率少的优势，这种契约关系保证了葡萄的有效供给；对于销售，合作社以企业实体的身份出面与收购商进行谈判，有利于在销售价格、供货方式、品牌推广方面争取主动，有效地解决了部分地区种植户卖果难、卖果贱的问题。从以上分析来看，由合作社主导的葡萄供应链模式是比较适合于现阶段我国经济发展和市场需要的葡萄供应

链模式。

精品园艺模式的出现是在我国经济进一步发展、消费市场开始不断细分的条件下应时而生的，这种模式直接省掉了收购、批发、零售等中间环节，由消费者与合作社或者种植户直接交易。精品园艺模式下的葡萄产品主要针对的是社会中收入较高的群体或集团客户，为消费者提供的葡萄产品档次较高，价格也要比普通葡萄高得多。农家乐模式也是为了满足城市消费者对都市休闲生活的需求而产生的，但这种模式有一个较大的限制条件，即观光葡萄园必须位于大城市等经济条件较好的地区或周边，不仅交通便利，而且环境宜人。所以尽管该模式具有较好的收益，但并不适合大规模推广，各地应因地制宜，忌盲目发展。

6.2.2 酿酒葡萄供应链模式

葡萄的用途不同决定了其流通方式的差异，因此酿酒葡萄与鲜食葡萄的供应链模式也有所不同，而其中最大的差异是供应链中参与主体的不同。归纳起来，目前我国酿酒葡萄供应链模式主要有以下两种。

(1)传统酿酒葡萄供应链模式

在酿酒葡萄的传统供应链模式下（图 6-4），种植户在酿酒葡萄成熟后，可以通过中间收购商将葡萄卖给葡萄酒厂，也可以直接向葡萄酒厂进行销售。葡萄酒企业将收购的葡萄加工成葡萄酒，再通过各种形式的营销渠道或销售平台，如超市、专卖店等进入消费者手中。当前这种模式的酿酒葡萄供应链广泛存在，是因为我国的酿酒葡萄种植正处于向以企业为主导的规模化和基地化模式转变的进程中，尚有广大的酿酒葡萄种植“散户”，这些小而零散的种植户很难与酿酒企业达成收购协议或合同，因此需要收购商在中间作为中介，由于收购商提走了部分利润，因而对酿酒葡萄种植户和酿酒企业双方来说，都有一定程度的利润的损失。在这种模式中，企业与种植户脱节，难以对生产环节进行质量监控，酿酒葡萄的品质难以保证，导致的结果就是种植户面临葡萄销售不出的困境，企业也没有稳定的原料供应渠道，双方都承担着较大的市场风险。随着我国葡萄酒产业化进程的进一步加快，这种供应链模式将逐渐被以酿酒企业为主导的新型模式所取代。

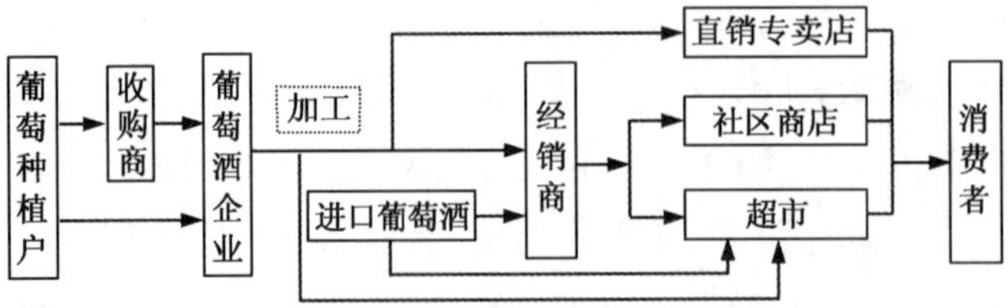

图 6-4　我国酿酒葡萄供应链的传统模式

(2)企业主导酿酒葡萄供应链模式

企业主导模式(图 6-5)是我国酿酒葡萄供应链发展的新趋势,现在国内大型的葡萄酒企业都在推广和应用这种模式。该模式包括两种形式,即酿酒公司建立的种植基地和酿酒公司下属的种植公司,其中种植基地又可以按照葡萄园所属分为两种形式。在此,本研究以烟台长城葡萄生产股份合作总社的调研案例为例,来分析种植基地模式下的两种基地发展形式。

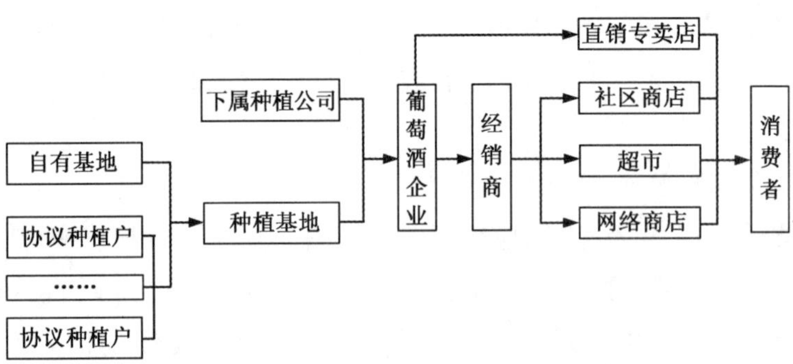

图 6-5　我国酿酒葡萄供应链的企业主导模式

烟台长城葡萄生产股份合作总社成立于 2006 年,其前身是烟台长城葡萄生产基地,完全由中粮集团投资注册,在中粮集团内部称之为"自有基地",全社目前拥有葡萄园 2 500 亩;与此相对应的是农民用土地入股而建立的种植基地(也称为协议种植户),这两种基地是中粮集团所需酿酒葡萄原料的重要供应地,其他部分主要依靠西部甘肃、宁夏的基地和在智利、澳大利亚等外国的葡萄基地提供。

①自有基地模式。烟台长城葡萄生产股份合作总社下面还有几大分社,分社下面才是我们平时所说的以村为单位的生产合作社,管理结构比较清晰。总社管理整个烟台地区自有基地各项事务,总社长是经理级别,由中粮集团聘用;分社所辖的区域相当于行政级别中

的乡镇，合作社相当于村庄级别，分社社长和合作社社长由农户选举产生，中粮集团和当地政府可以给予一定的参考意见，一般由种植技术过硬、责任心强、在当地有较高威信的人担任。

自有基地的土地归中粮集团所有。公司建好葡萄园后，农户从中粮集团承包葡萄园进行管理，一般承包 20 亩多，也有部分农户可达 70 多亩，这种承包合同 5 年一签。葡萄生长周期所需的肥料、农药、水、用工都由承包农户自己投资，中粮集团派技术员进行技术指导和监督，决定种植品种、作业项目、作业时间，比如施什么肥、什么时候施肥等，农户按照技术员的要求自行购买各种生产资料。如果人手不够，也由农户出资雇人，也就是说葡萄生产期间的各种物质投入和劳动力投入都是由承包农户承担。

葡萄成熟后基本全部由中粮集团收购，集团决定葡萄采摘的时间。每年年初，集团会根据上一年度市场行情和本年度预期，为本年度的葡萄收购定一个保护价，最终收购价格不得低于此保护价，高不封顶，按照随行就市、以质论价的原则决定。为了鼓励农户种好葡萄的积极性，葡萄收购实行“糖度奖励”政策，即在超过基准糖度之后，每超过一度，收购单价相应提高。

集团对葡萄产量实行严格限制，产量太高不会受到奖励反而会遭到处罚，从而建立严格的质量管理制度，确保原料供应的质量，为生产优质葡萄酒提供基础保障。

②协议种植户（农户土地入股）模式。农户土地入股模式刚起步 3 年，该模式下，农户用自己的土地入股加入中粮集团的合作社，集团提供技术和建园物资，比如建园时候的立柱、钢丝、苗木，签订合作协议，后期葡萄生产中的各种物质和人工投入同样由农户承担，葡萄由中粮负责收购，这种合作也是 5 年一签。

由于集团通过土地流转获取土地越来越困难，而且集团租地需要占用较大的流动资金，所以中粮集团有意向以后大力发展这种模式。

模式②与模式①相比，公司的一次性投入大大减少。为了减轻公司压力，在模式①中，公司通过与模式②的收购价格差将土地成本转移到农户中，也即对模式②中以土地入股的农户进行一定的补偿。以赤霞珠葡萄为例，公司对自有基地的农户收购价为 1.8 元/斤，而对以土地入股的农户收购价为 2.4 元/斤，通过收购的价格差补偿入股土地的价值。

总之，不管是哪种模式的种植基地，目前都按照合作社的方式进行管理和运行；由于公司负责葡萄的收购、运输，农民对销售没有后顾之忧，同时公司委派的技术员使得农户的种植技术也有一定保证，因此这种基地化栽培模式具有较好的应用价值。

除了基地化种植之外，现在一些实力雄厚的葡萄酒公司为了严格控制原料品质，生产优质高端葡萄酒，从而建立了自己集团下属的种植公司。在公司内部，葡萄园和生产资料都归公司所有，并且雇佣种植工人开展生产，这里的葡萄种植已经完全产业化，生产者即为农业产业工人。

(3)酿酒葡萄供应链特征

与鲜食葡萄一样，我们同样按照各模式的出现的背景条件、供应链中核心环节、流通模式特点来对酿酒葡萄的供应链做一个对比分析(表 6-2)。

表 6-2　我国酿酒葡萄供应链模式对比

供应链模式	背景条件	供应链中核心环节	流通模式特点	总体评价
传统模式	约从 1990 年出现，酿酒葡萄种植分散，葡萄酒公司实力较弱	以收购商、集市为中心	收购商扮演重要角色，分享部分利润，农户处于弱势地位	产品标准不统一，价格随行就市，农户和企业的利益均不稳定，风险大
企业主导模式	约从 2000 年之后开始出现，葡萄酒需求增长，葡萄酒产区集群形成，葡萄酒企业实力雄厚	以葡萄酒企业为核心	逐渐形成产供销全产业链，葡萄酒企业主导生产与收购	产业化经营，规模交易，契约保证，销售稳定，质量有保障

在传统酿酒葡萄供应链模式下，零散的种植户自由生产，缺乏相应的种植和管理标准，生产出的酿酒葡萄品质不一；而葡萄酒对原料品质的要求很高，该模式下种植出的葡萄品质显然不能满足企业和市场的需求，这种模式也将在市场竞争中随着其缺陷的不断显现而逐渐被淘汰。目前仍旧采用这种模式收购酿酒葡萄原料的葡萄酒企业一般规模较小，生产的产品质量偏低，面向中低端市场。总的来讲，这种模式效率不高，各个参与主体的收益均比较少。

企业主导的酿酒葡萄供应链模式最大的优势是在供应链中充分整合了企业的优势资源，包括技术优势、规模优势、品牌优势和渠道优势。在企业主导模式中，企业通过与种植农户签订生产合同，或者建立自己的生产基地、种植公司，可以实现标准化生产。农户在生产中得到技术人员的技术指导，可以节约成本，提高效率，按照合同的规定出售产品，又可以获得稳定的较高收入。中央的土地流转政策为葡萄酒企业建立生产基地提供了便利条件，企业又可以雇佣其生产基地的土地转让者，这样在实现标准化生产的同时，也为这些农民提供了就业岗位，增加了收入。总的来讲，这类模式下的种植户、企业都可以享受到较合理的利润分配。

6.2.3 其他用途的葡萄供应链模式

除了鲜食葡萄和酿酒葡萄之外，还有一些葡萄用作其他用途，主要包括制作葡萄汁、葡萄罐头以及葡萄干等。这种供应链中，批发商收购这些加工用途的葡萄，然后卖给葡萄产品加工企业，企业生产的最终产品再通过各种形式的销售平台进入消费者手中(图 6-6)。由于我国葡萄汁、葡萄干等产品的产量不大且产区集中，所以这类供应链模式不具有普遍性。

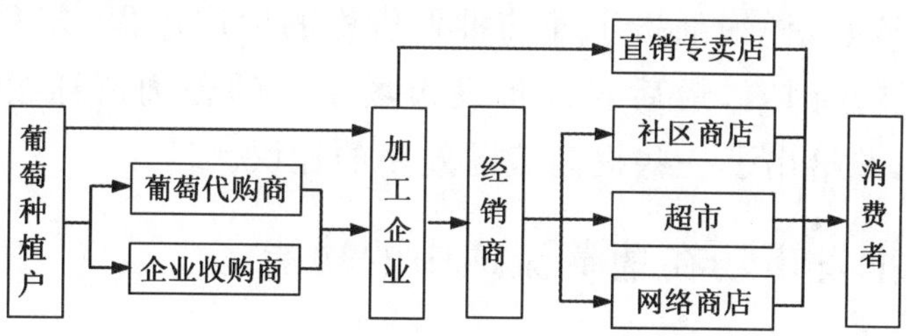

图 6-6 我国其他葡萄供应链的主要模式

6.3 葡萄批发市场及其流通效率

流通问题一直是市场经济环境下经济学所关注的焦点问题。2008 年，中央“一号文件”提出“建设新农村现代化流通网络工程”。2009 年，中央“一号文件”要求加强农产品市场体系建设，加大力度支持重点产区和集散地农产品批发市场、集贸市场等流通基础设施建设。农产品的流通问题已逐步成为社会关注的热点问题。

现阶段批发市场是我国农产品流通的重要渠道。批发市场覆盖大中小城市和农产品集中产区，构筑成了贯通全国城乡的农产品流通大动脉。根据《2009 年中国统计年鉴》对全国亿元以上商品交易市场的统计，截至 2008 年，全国交易额亿元以上农产品市场 921 个，拥有摊位 485 533 个，营业面积达到 3 369.2 米^2，总成交额 7 939.2 亿元，其中批发市场实现成交额 7 199.9 亿元，零售市场成交额 739.3 亿元，批发市场承担着近 90%的农副产品流通任务，从事农产品批发经营的人数到达 143 752 人。

通过前面对我国葡萄供应链主要模式的分析，可以看出目前批发市场在我国葡萄流通环节扮演着举足轻重的角色，批发市场仍然是葡萄流通的主要渠道，批发商是最主要的和果农进行直接交易的贸易主体。

在葡萄流通中，批发市场凭借其规模优势将葡萄快速高效的集中到统一的交易市场内，在整个葡萄流通过程中起着承接周转的作用。为了更清晰地了解葡萄在批发市场内的流通过程，本研究以北京、天津、南京等地主要的批发市场为调研对象，通过与批发商面对面访谈，以批发商的背景、经营情况、批发市场的概况和葡萄流通过程四方面为重点内容，从批发市场的功能和演进趋势入手，以葡萄批发价格为核心，详细剖析了葡萄批发价格的形成过程，分析了葡萄批发价格的波动因素，最后对以批发市场主导的葡萄流通模式进行了综合评价，并给出了一些提高流通效率的建议。

6.3.1 批发市场在葡萄流通中的功能

批发市场作为目前我国葡萄流通的主要通道，主要发挥着以下三大功能。

(1)商品集散的功能

农产品批发市场作为一种流通组织，它为葡萄买卖双方提供了葡萄批量交易的交易场所、交易设施和交易服务。批发市场可以大量吸引、汇集各地的葡萄经销商在较短时间内完成交易过程，再把葡萄迅速发散到各地，实现葡萄产品商品价值和使用价值的让渡，它的组织性及规范性保证了葡萄批发交易的客观公正和高效畅通。

(2)价格形成的功能

葡萄批发价格是价值规律和供求关系共同作用的结果，可以比较真实地反映葡萄的价值和市场供求状况。葡萄批发价格是葡萄其他价格(生产价格除外)形成的基础价格，批发价格一方面反映了生产价格的情况，另一方面它的涨和跌又直接影响着下一级流通环节的价格，进而影响葡萄的消费价格。

(3)信息中心的功能

除了实现葡萄在批发市场内进行流转交易以外，批发市场还是一个葡萄供求市场的信息中心。批发市场的规模性和集中性使得葡萄买卖双方汇聚一起，集中的公开交易使买方可以及时了解供货的品种、产区、数量、质量、价格，使卖方可以及时了解市场对葡萄的需求量、品种、质量等各种相关信息。这些重要的信息是政府部门制定政策和农户确定生产经营决策的重要依据。

6.3.2 我国批发市场的发展现状

目前，葡萄基本是在农产品批发市场中进行交易，因此了解农产品批发市场的发展现状有助于我们了解葡萄在批发市场中的流通现状。农产品批发市场自20世纪80年代初在我国出现后，经历了一个数量从少到多、规模从小到大、从产地市场兴起到产地市场与销地市场并行发展、从民间自发形成到政府推动建设再到市场力量整合重组的过程。

经过近30年的发展，现今我国的农产品批发市场呈现出以下特点。

(1)数量增长趋缓，规模逐渐扩大

自1984年我国农产品批发市场步入快速发展阶段以来，其数量持续不断地增长。到1988年总数已发展到1 224个，到2000年达到历史最高，市场总数为4 387个，12年增长了近3倍。在以后的几年中，数量变化不大，基本趋于稳定。

另一方面，农产品批发市场规模急剧扩大，主要体现在以下几个方面：①成交额持续增长，我国所有农产品批发市场成交额由1988年的70.59亿元增加到2008年的7 939.2亿元，增长超过了100倍；平均每市的年成交额也由576.7万元增长到2002年的8 339.9万元，增长近15倍。②亿元农产品批发市场数量增长迅速，2002年我国亿元以上农产品批发市场数目为503个，到2008年这个数目就已增加至921个，增长了83%。③亿元批发市场成交额增长较快。从2002年到2008年我国亿元农产品交易市场成交额由2 616.2亿元增加到7 939.2亿元，平均每年增长45%。

(2)知名市场崛起，功能日趋完善

近年来，全国各地涌现出一大批超大规模的知名农产品批发市场。例如北京新发地、山东寿光、深圳布吉、南京农副产品物流中心、成都聚合等批发市场，这些批发市场辐射能力强，社会知名度高。这些大型批发市场具有较强的农产品集散和交易功能、价格导向和信息传递功能，集中反映了农产品市场的各种信息，为推动农产品产业化生产和规模化经营提供了重要的参考依据。与此同时，批发市场的功能日趋完善，除了传统的交易买卖、物流运输，现在的批发市场还能提供气调保鲜、冷库储藏、信息咨询等现代化功能，借助网络平台，更实现了产品展示、价格分析、技术指导、供求预测和网上交流等各种信息共享。

(3)管理经营调整，运作方式改革

近来，越来越多的批发市场在市场建设和发展中，借鉴现代企业运作方式，改革产权制度，采用多渠道筹集资金方式，解决了自身发展的问题，组织形式出现企业化、股份化、规模化、现代化的趋势。一些企业通过股份制改造，成为股份制企业实体，甚至成为上市公司。1997 年，深圳市农产品股份公司股票上市(股票代码 000061)，成为我国农产品流通领域第一家上市公司。

6.3.3 批发市场葡萄流通过程分析

目前，农产品批发市场仍然是葡萄流通中最主要的交易场所。批发市场主要位于城市的周边地区，拥有较大的交易场所，较便利的交通条件，较高的市场集中度以及较规范的市场管理。凭借其各方面的综合优势可以迅速实现葡萄商品的交易流转，成为葡萄流通环节中的重要一环。

为了充分了解批发市场中葡萄流通中的情况，调研小组对北京、天津、南京三个地区共 11 家批发市场进行了实地调研。为了保证信息的真实有效性，小组成员分别和以上三个地区的 70 多名批发商进行了面对面的交流，获取了以批发市场为中心的葡萄流通过程的大量信息。

(1)从产地和品种上分析

由于葡萄产品品种多样性和季节特殊性的特点，批发商一般根据自己对市场的判断和对产地的了解来选择葡萄的供应产地并选购相应的葡萄品种。

北京的批发市场葡萄品种较为丰富，有玫瑰香、巨峰、维多利亚、红提、无核白、马奶、美人指、无籽等。产地分布较广，最主要的葡萄供应产地为河北昌黎、河北怀来、河北饶阳、天津茶淀、唐山乐亭、辽宁朝阳、山东烟台等地，离北京距离都在800千米以内，稍远一点的产区有大连熊岳、浙江、新疆、云南、陕西等地，离北京距离都在800千米以上。

天津的批发市场内葡萄品种相对要单一一些，主要有玫瑰香、巨峰、马奶等。最主要的产地为天津茶淀、天津汉沽、河北怀来、河北永清、山东潍坊、唐山乐亭，主要都集中在天津周围的产区。

南京的批发市场中葡萄主要有玫瑰香、巨峰、马奶、白无核、黑无核、维多利亚、红提、无籽等，主要的产地为南京江心洲、南京句容、浙江金华、浙江嘉兴、新疆吐鲁番等。

(2)从流通状况分析

从调研情况来看，目前批发市场的葡萄流通层次一般为4级，即农户→批发商→小商贩→消费者，批发商与农户直接交易，一般批发商与该地区的农户有一定的了解，葡萄在批发市场销售给下一级的小商贩，通过他们所在的零售终端销售给消费者。另有部分为5级，即农户→代购商→批发商→小商贩→消费者，与前一种模式相比在供应链中多代购商的参与，代购商是指在葡萄产地帮助葡萄批发商代收葡萄商贩，批发商与他们联络，确定购买品种、买卖价格和交易时间，由代购商提前帮助批发商在当地采收并装箱，也极少部分流通层次为3级，即农户→批发商→消费者，这种层级的存在主要是由于现阶段批发市场还是存在间批间零的现象，部分消费者直接到批发市场购买葡萄，但这种交易量一般都很小。从调研了解到的情况来看以上三个地区批发市场内的葡萄流通模式都基本接近，在流通的各个环节上略有差异。产地一般都有葡萄代购商帮助葡萄批发商进行葡萄采收和包装，他们从中获取一定的报酬，一般报酬为1元/箱或者50～100元/天。也有部分批发商绕开代购商直接和果农进行交易。对于产区离市场较近的地区，批发商基本都使用自己的货车进行运输，规模较小的采用普通面包车，规模稍大的多采用载重量3吨的福田货车。

在葡萄采收的旺季，批发市场内的葡萄流通每天都在循环不断地进行。几乎所有的批发商都是每天凌晨在市场完成一批葡萄的交易，下午又去产地购置一批新的葡萄；如果遇到当天的葡萄没有销售完的情况,第二天便以较低的价格继续进行销售。在批发市场内的国产鲜食葡萄几乎都不会进行冷藏保鲜。不同批发商的进货规模不尽相同,大市场的批发商进货规模相对较大,品种相对齐全;小市场的批发商进货规模较小,品种较单一。批发市场内的葡萄交易大部分是在凌晨 3:00～5:00 完成的,主要的客户是临近批发市场的小商小贩。据批发商反映,老客户占到他们总销量的 60%～80%。小商小贩在凌晨到市场内进完货之后运往各自所在的社区水果店、农贸市场或其他一些零售场所进行下一级的销售,客户都是终端消费者,至此完成葡萄流通的全过程。我们从时间段、主要工作和流通渠道三个方面将葡萄在批发市场内流通的全过程简要的概括为图 6-7 所示。

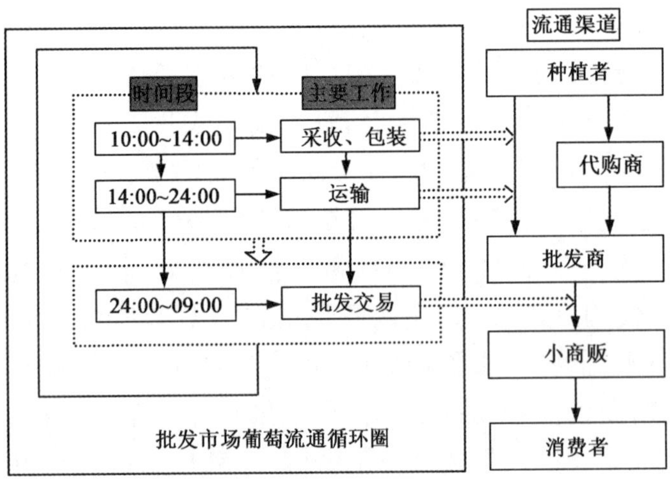

图 6-7 批发市场葡萄流通概况

6.3.4 葡萄批发价格构成分析

批发市场的葡萄批发价格主要由以下几个方面构成:收购价格,运输费用,代购费用,包装费用,批发市场管理费用和批发利润。根据本调研团队对 11 个批发市场的调研结果,葡萄批发价格的构成要素基本一致,但占葡萄批发价格比重最大的要素除葡萄生产价格外,一个是批发市场的管理费用,另外一个是运输费用。

以产自天津茶淀的玫瑰香葡萄为例,在调研所涉及的北京的 7 家批发市场均有销售,从茶淀产区通往北京批发市场的整条供应链上(图 6-8),玫瑰香葡萄的生产价格约为 3.3 元/斤,批发价格为 4.

5 元/斤，生产价格是批发价格构成的最大成分，约占到批发价格的70%；葡萄的采收一般都是在批发商与当地的果农或者代购商约定好购买量之后，由果农或代购商提前采收，批发商到产地之后，直接装车运回批发市场，包装均采用最常见的自制木板箱，每箱的葡萄重量约为 30 斤，包装费用已包含在了生产价格之中，代购费用为 100 元/天，约占批发价格的 3%；运输费用与批发商每次运货的量大小有较大的关系，从天津到北京一次运货量为 1 000 斤为例，运输费用在 300 元左右，占到批发价格的 10%；各批发市场的市场管理费用不尽相同，平均下来葡萄缴纳的市场管理费用约为 0.3 元/斤，占到批发价格的 10%，规模大、名气大、位置好的批发市场管理费用高，葡萄销量大，一般的批发市场管理费用相对较低，但葡萄销量不高，批发商批发葡萄的利润不高，一般在 0.2～0.5 元，平均利润约占整个批发价格的 7%，葡萄属于易腐性水果，越新鲜葡萄利润越高，在批发市场放置的时间越长利润越低，有时批发商为了尽快出货甚至亏本销售。在表 6-3 中我们可以更清晰地看到葡萄价格的构成情况。

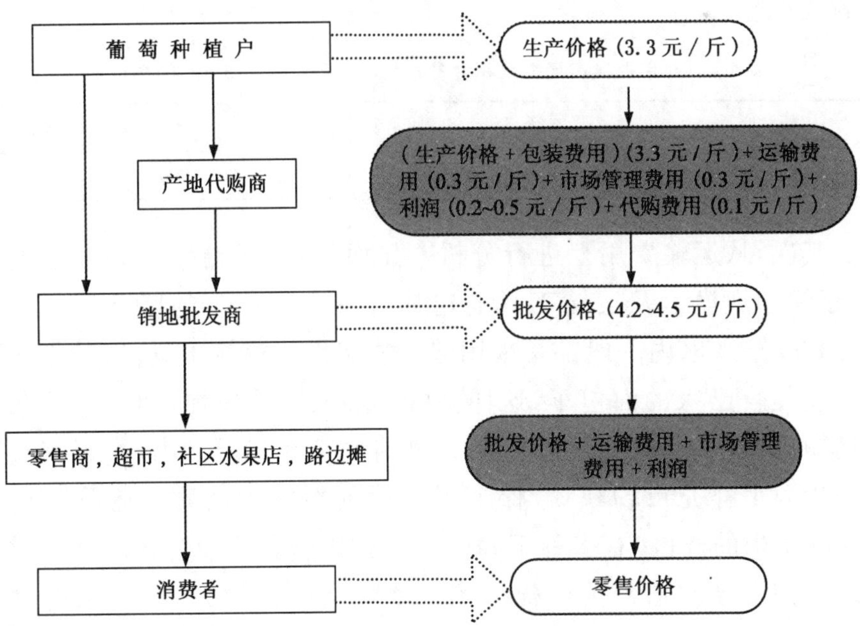

图 6-8　北京批发市场中天津茶淀玫瑰香葡萄批发价格构成

表 6-3　天津茶淀玫瑰香葡萄批发价格构成情况　%

	生产价格	代购费用	包装费用	运输费用	市场管理费用	利润
批发价格	70	3	—	10	10	7

首先，从批发市场的管理费用角度分析。以北京新发地农产品批发市场为例，新发地是北京规模最大、影响力最广的农产品批发市场，其市场管理费用包括两个方面：一是每次货物进入市场需要缴纳的入门费，二是摊位的租金。入门费用是按照车辆运载货物的重量进行收取，摊位租金采用的是拍卖竞标制，每个月批发商会根据市场变化通过竞标的方式选择自己摊位所处的位置，位置越靠近市场入口资金越高，在葡萄交易区，一个 20 米^2 左右的摊位，最贵的租金在 3 万元/月左右；而靠市场内部一点的摊位，同样的大小，一个月的租金在 3 000 元左右，差距很大。一些相对规模较小的市场如回龙观和清河市场，市场管理费用相对较低，主要体现在摊位租金上，在回龙观市场，一个 20 米^2 左右的摊位租金在 2 000 元/月左右，依据位置的不同，价格略有差异，在清河市场同样 20 米^2 左右的摊位租金也在 1 000～2 000 元，北京主要批发市场的摊位租金费用见表 6-4。

表 6-4　北京批发市场摊位租金费用(营业面积 20～25 米^2 的摊位)　元/月

	新发地	八里桥	石门	回龙观	清河	锦绣大地	大钟寺
费用	3 000～30 000	2 000～6 000	2 000～5 000	1 000～3 000	1 000～2 000	3 000～6 000	2 000～4 000

其次，从运输费用上进行分析。显而易见，运输费用和运输的距离、运输的规模以及运输工具的选择有着密不可分的联系。运输距离在 800 千米以内一般都是采用普通货车作为运输工具，有的批发商用的就是自己家的面包车，这样做既省油又高效便捷，通常一次葡萄的运输规模在 400～1 500 千克，流通时间都在半天以内，每天都会有新的货源来补充市场缺口，保证了葡萄的新鲜和品质。运输距离超过 800 千米的产区，有多种不同的运输方式。有的葡萄在产地经过预冷之后把成箱的葡萄盖上棉被用大货车运输。例如，在南京的农副产品物流中心内，从新疆吐鲁番运到南京销售的葡萄就采用的这种模式；有的产区的葡萄采用冷藏车运输，在北京新发地市场内，进口的葡萄均采用了冷藏车运输；有的甚至采用空运，同样是在北京新发

地市场内，来自云南的红提就采用了空运的方式在北京地区销售。由于距离较远，这些产区的葡萄流通时间一般都在12小时以上，所以平均一次的流通规模要比近距离葡萄产区要大，每一次在1 000～5 000千克，见表6-5。

表6-5 葡萄运输费用(每30斤为一箱) 元/箱

距离	运输方式	费用
800千米以内	自己车	4～10
	雇车	5～12
800千米以上	大货车	14～20
	冷藏车	30～40
	空运	50～80

6.3.5 批发市场葡萄价格波动因素分析

葡萄批发商处于整个葡萄供应链的中间，既受生产价格的影响，又影响着消费价格。生产价格更多的受生产资料成本、人力成本、气候环境等方面的影响，而批发价格除了受生产价格影响，还主要受以下四方面的因素影响。

第一，供求关系的影响。毋庸置疑，供求关系是影响商品价格最为重要的一个因素。考虑到葡萄作为一种时令水果的特殊性，葡萄消费对于消费者来讲更多地是一种可选择性消费，消费者的需求弹性很大。这种较大的需求弹性使得葡萄的市场供求关系变化多变，为市场需求的预测增加了难度，我们很难像对待粮食产品一样明确地估算出市场对葡萄的需求容量有多大。一旦需求不足，葡萄批发价格就会出现较大的下跌。令人乐观的是，从我们的调研情况来看，葡萄批发价格相对还比较稳定，从连续多年的产量增长和价格逐年上涨进行推测，我国对葡萄的需求仍还处在上升阶段。

第二，葡萄品质的影响。相对于其他农产品而言，葡萄的一大特点是易腐和不易储藏。由于葡萄的含水含糖量都较高，又加上葡萄多成熟于夏秋高温季节，在运输和储藏的过程中极易腐烂变质。葡萄品质的高低直接决定了葡萄的批发价格，在调研过程中，在同一个市场内两家销售同一品种的葡萄，但批发价格差距很大是很常见的事情，最主要的原因就是品质的差异。

第三，气候的影响。气候是对葡萄批发价格产生影响的因素中最为特别的一个。气候影响因素主要是指阴雨天气的影响。据很多葡萄批发商反映，在下雨的时候，到批发市场批发采购葡萄的下游买家数量会减少很多，当天的葡萄销量下滑很大，第二天雨停之后，新的一批葡萄又进入了市场，使得市场内葡萄的供给严重过剩，此外前一天存放了一天一夜的葡萄品质下降，使得葡萄批发价格受到极大的影响。因此，气候对葡萄的批发价格也有较大的影响。

第四，经济发展水平的影响。经济发展水平包括两个方面，一方面是生产资料的价格上涨，另一方面是运输成本的提高。生产资料的价格上涨主要是由于经济水平的不断提高，物价水平随之升高，各种生产投入成本增加，导致葡萄生产价格的上涨，进而引起葡萄批发价格的上涨。运输费用的增长主要是由于油价的不断上涨导致的，短时间内油价的波动幅度可能比较剧烈，但长期来看，资源的有限性使得油价在长期将呈现出不断上涨的趋势，所以运输成本的增大导致葡萄批发价格也随之增高。

6.3.6 以批发市场主导的葡萄流通模式评价

以批发市场为中心的葡萄流通模式中涉及到的参与主体一般较多，包括葡萄代购商、批发商、小商贩。较多的中间环节一方面延长了葡萄的流通时间，影响葡萄的新鲜度和口感；另一方面增加了流通成本，从而抬高了葡萄的终端零售价格。经过本团队调研，2010 年 8 月 20 日北京家乐福超市零售的农超对接的玫瑰香的价格是 3.98 元/斤，同期在新发地批发市场，玫瑰香的批发价格是 3.5～4 元/斤，在小商贩或水果超市的零售价是 4.5～5 元/斤，可见目前批发市场为主导的流通模式效率并不高，过多的参与主体分享了有限的利润，导致出现生产者收益较低，消费者花费较高的现象。但结合我国经济发展和物流产业发展的实际分析，批发市场在未来的一段时间内仍将是我国葡萄流通的主要渠道，不可能在短期内完全被取代，因而我们可以探索一些新的发展方向，提高以批发市场为主导的流通模式的效率。

其一，加强冷链物流的发展。冷链物流最大的好处是可以保证葡萄的优质新鲜。在冷链运输的帮助下，可以扩大葡萄产品的流通半径，把一些优势产区如新疆、甘肃的葡萄安全运抵对葡萄有较大需求的地区如北京、上海等。目前在批发市场内的国产葡萄整体流通规模很大，但是流通过程中采用了冷链运输的批发商非常少，在批发市场内也几乎不采用冷藏设备进行储藏。各城市的葡萄供给主要来源于城市周边产区，从实际情况分析，限制葡萄采用冷链物流的最大障碍是成本的居高不下。批发商普遍认为产区与批发市场距离相隔不远，没有必要采取昂贵的冷藏运输。要进一步推广冷链物流，一方面要降低冷链设备成本，另一方面要发展高效低耗的冷链物流技术，降低使用成本。

其二，开放农产品绿色流通通道。2010 年 6 月份，江苏省句容市政府根据政策和法律规定，共发放了 200 多份“鲜果运输绿色通道”车辆通行证，对凡是运输葡萄、草莓、桃、梨等农产品的车辆一律放行，不扣押不罚款，从而扫清了市场道路上的障碍，吸引了各地的批发商纷纷来句容收购葡萄。绿色通道的开通降低了整个流通过程的运输成本，间接降低了葡萄的批发价格，保证了消费者福利，同时也为葡萄种植户敞开了市场的大门，解决了销售难题。

6.4 葡萄流通的新形式——农超对接

农超对接的营销模式是我国近几年发展较快的一种模式，能够通过这种模式进入超市的果蔬产品的比例还是非常小的，直接通过超市进行销售的鲜食葡萄就更少。农超对接是国外普遍采用的一种农产品销售模式，目前，亚太地区农产品经超市销售的比重达 70%以上，美国达 80%，而我国只有 15%左右，远远落后于其他国家。

2009 年，大兴采育的两吨玫瑰香葡萄首次通过“农超对接”的方式，进驻到家乐福北京各门店。采育镇被称为“中国葡萄之乡”，家乐福超市与北京市京采兴农合作社合作，通过农民直供，把大兴的葡萄引入家乐福在北京的各大卖场。在家乐福超市，大兴采育葡萄每斤售价 3.98 元，比市场上的普通葡萄还要便宜，吸引了大批顾客前来购买。此外，“农超对接”使采育镇的葡萄种植户直接跳过了中间环节，既缩短了销售时间，保持葡萄的新鲜度，又降低了过长的流通链条对葡萄的损耗，在种植者的收益提高的同时消费者的福利也得到了保障。虽然农超对接在我国还是一个比较新鲜的事物，但其发展潜力巨大，有着较大的发展空间。

6.4.1 农超对接产生的背景

我国鲜活农产品的生产量和商品率不断提高，但缺乏有效融入“大生产、大流通”格局的渠道，导致了农产品买卖难的问题。即使是进入市场销售的农产品，也因流通环节过多，流通时间过长、流通成本过高，最终到消费者手中的产品价格高且新鲜度低；一方面是生产价格不高，另一方面却是消费价格过高，两者严重失衡。同时流通环节耗时过长，农产品的品质和安全性难以得到保证，而且流通过程中的损失率居高不下。据统计，由于我国农产品流通整体水平较低，国家每年大约损失 8 千万吨果蔬，损耗率高达 25%～30%，造成直接经济损失近 800 亿元。这些存在的问题，严重阻碍了农民收入的增长和消费者对新鲜果蔬的需求。

另一方面，随着大型连锁超市和农产品专业合作社的快速发展，部分地区已经具备了鲜活农产品从产地直接进入超市的基本条件。鉴于此，商务部、农业部决定自 2008 年起开展“农超对接”试点工作，以保障城乡居民食品安全，促进农民持续稳定增收，扩大农村消费，推进现代农业和社会主义新农村建设。2009 年中央“一号文件”再次提到“支持大型连锁超市和农产品流通企业开展农超对接，建设农产品直接采购基地”，鼓励超市直接从产地采购农产品。

农超对接即鲜活农产品“超市＋专业合作社＋农户”的流通模式。大型连锁超市与农产品专业合作社直接对接，建立农产品采购基地，实现大型连锁超市与鲜活农产品产地的农民或专业合作社产销对接。这种模式下，由超市确定农产品生产的质量标准、数量要求、品种规定和供货时间，农产品专业合作社组织农民在超市和相关技术人员的指导下，按超市的要求生产出合格的农产品，直接进入超市的冷链物流配送系统，送往超市各门店进行销售。农超对接是我国农产品流通方式的一次升级，其意义在于实现了超市、农户和消费者的三方共赢，其实质是实现农产品供应链的优化，对提升我国农产品的流通效率有着重要的现实意义。

6.4.2 农超对接的制度优势分析

以超市为代表的大规模商品零售平台使农业生产和销售进入了现代化大规模销售体系，农户由生产导向的自主决策变成了市场导向的计划性决策,大规模销售体系作为市场需求的代言人引导着葡萄的生产活动。通过“超市＋农民专业合作社＋农户”的组织模式,超市对葡萄从生产地到消费地有效率、有效益的流动进行计划和控制。超市同葡萄专业合作社结成稳定的契约型合作伙伴关系,引导葡萄生产向社会化、标准化和组织化地发展。农超对接模式具有制度上的优势,主要包括以下三个方面。

第一,农超对接这种合约关系具有逆产业链的传递特征,具体表现在超市首先与葡萄专业合作社签订合约,然后合作社再与农户签订合约。契约关系建立后,合作社根据合同不断调整自己的葡萄生产数量或葡萄的采购数量,使之趋近超市的需求并最终与之相匹配。超市与合作社的稳定契约关系解决了葡萄的销售问题,是葡萄种植户有计划生产的重要保障。

第二,农超对接的不确定性较低而资产专用性程度较高、交易频率较高的交易特性,使得超市与葡萄专业合作社易于结成长期稳定的合作伙伴和利益伙伴关系。尽管超市与合作社在利益分配上不可能达到完全一致,由于葡萄流通的计划性、安全性和风险规避等方面合作基础的存在,使双方能够预期合作效益的实现。为了适应超市对葡萄品质和数量的要求,葡萄专业合作组织往往会进行相应的专用基地建设和设备的投资(比如在产地建设冷藏保鲜库),以便使合作社有能力按照超市计划,每天稳定供应所需的品种和数量。双方在反复的博弈中建立了信任机制,减少了机会主义行为,使得长期合作的交易成本降低而收益不断增加。

第三,有效利益机制的设定,可以实现葡萄专业合作社与诸多分散农户之间的交易效率的提高,确保合作社与葡萄种植户之间关系的稳定性。实现利益机制的有效性,可以通过制定不同的风险和利益的分担机制,例如合作社可以安排保护价收购、利润分成以及不同的契约期限等,以保证合作社与在葡萄种植户之间关系稳定;也可以通过与“农户集体”签订产销合同的方式,从而加强葡萄产品交易关系的约束力。

以葡萄为代表的农产品供求应主要依靠市场来进行调节,这就要求在发展农超对接时,必须坚持“市场化取向、企业化运作”的原则。

6.4.3 农超对接的现实优势分析

农超对接流通模式的现实优势来自于它本身的制度优势，葡萄的销售商(超市)直接参与了生产计划的制定，使得葡萄的生产与销售市场能够实现更好地衔接；同时在契约化关系的制约下，葡萄种植户和超市双方的责权关系更加明晰，双方的权益也更容易得到保障，这样的供应链模式也便于推行葡萄种植的标准化和规范化。

第一，根据市场需求组织生产，有效降低了葡萄生产的盲目性，降低了葡萄生产的市场风险。通常情况下，葡萄种植户自主安排葡萄的生产，其生产存在较大盲目性，这样生产出来的葡萄质量良莠不齐，所以葡萄种植户销售难的问题经常出现。而在农超对接模式中，超市将采购链前伸至葡萄生产基地，通过订单模式的运作发挥超市市场优势和渠道优势，进而将这种市场需求信息传递到葡萄的生产环节。从葡萄种植开始，超市就对果农进行专业指导并定量规划葡萄的生产与供应。超市一般选择规模较大和生产技术先进的葡萄专业合作社作为农超对接的合作伙伴，对其进行相应改造和专业人员培训，然后给予葡萄专业合作社定量和指定品种生产的订单；订单中葡萄数量和品种的制定来源于超市的调研团队，通过对各个门店每天的各类葡萄销售情况进行实时统计，得出准确数据，并以此为依据向合作社开出订单，葡萄种植户按合作社的要求安排生产；这种模式下，葡萄种植过程中的施肥、喷药、采摘、包装和运输环节，合作社均按照订单要求安排葡萄的种植生产及销售。

第二，对葡萄生产提供技术支持，有助于推动葡萄生产的标准化。我国葡萄的标准化、商品化程度较低，许多是以初始形态进入市场，缺乏从预冷、整理、储藏、冷冻和运输等规范配套的流通方式，此外市场交易秩序不规范导致葡萄及其产品的附加值低。与其他葡萄主产国相比，我国葡萄售价低，葡萄种植户的收益也比较低。在农超对接中，超市往往有专门的技术部门对葡萄的生产进行监督，有些超市与科研机构合作，给葡萄种植户提供技术指导。例如，南京江心雨露葡萄种植专业合作社与沃尔玛超市开展“农超对接”，沃尔玛派遣专门技术人员对葡萄种植户进行指导，从品种引进到株高、株距，再到种植环节中的用药、施肥。在整个种植活动中，种植户必须严格按照超市技术人员提供的无公害、绿色或有机产品的生产技术规程进行种植，并在地头设立农药和化肥等生产资料的使用说明。另外，在葡萄采后的销售环节，超市根据葡萄的不同品种，相应地设立不同的分级标准；在销售包装上，也能够做到按级包装，包装精良，包装标签信息完整。

第三，减少葡萄的流通环节，降低流通成本，实现果农、消费者和超市的共赢。由于我国的物流设施落后，导致葡萄交易时间长、流通成本高、损耗大、效率低；另外，由于葡萄本身不耐储的特性，导致葡萄上市的新鲜度也难以保障，上市时间集中，葡萄种植的市场风险大，影响葡萄种植户的收益。“农超对接”模式能够有效减少流通环节，降低流通成本，使葡萄种植户、消费者以及超市实现三赢。同时，还能够促进社会物流，特别是第三方物流，包括冷链物流的发展和综合利用，形成包括包装、分拣、加工、配送在内的现代物流体系，促进葡萄流通效益的提高。

第四，有利于对葡萄生产进行全程监管，保证葡萄产品的质量安全。农超对接与传统供应链模式的最大区别在于超市直接参与了葡萄生产过程的监控和管理。超市按照食品卫生和质量安全标准提出要求，葡萄专业合作社组织葡萄种植户按照要求进行生产，超市和专业合作社为葡萄种植户提供技术指导，并提供统一的种苗、农药和化肥等生产资料，保证了葡萄在生产环节质量安全。超市还制定了葡萄生产、流通与加工过程的质量标准体系，监督和指导基地按照标准进行生产，从而有效地保证了葡萄质量安全。

6.4.4 农超对接模式应用案例——京采兴农产品专业合作社

本节内容开始提到的北京大兴区采育镇葡萄通过“农超对接”的方式进入家乐福超市的案例，是一个很有代表性的葡萄“农超对接”模式的应用，其实施单位就是京采兴农产品专业合作社。

北京市京采兴农产品专业合作社前身为北京市采育农产品商贸协会，成立于2006年4月。该合作社是在采育镇政府的号召下，由邵各庄村组织发起并成立的农民专业合作组织。

京采兴农产品专业合作社的业务范围涉及到西瓜、葡萄、桃等多种水果，辐射范围包括采育镇的三十多个村庄，目前已有会员120户。该合作社依托于大兴区采育镇邵各庄村村委会，其社长由该村的党支部书记、村委会主任郭宝旺兼任，合作社的日常业务处理（如开展

"农超对接"时与超市的谈判)由常务经理刘继婷负责,她于2008年毕业于北京印刷学院,被评为"北京市优秀大学生村官"。

合作社的办社宗旨是帮助农民增收、为农民服务,合作社不以营利为目的,会员无须向合作社缴纳会费。维持合作社正常运营的资金主要来自农产品销售时的差价以及上级单位的拨款。该合作社的业务重点在于产后环节,即帮助农民销售农产品。经过调研,京采兴农产品专业合作社开展"农超对接"的流程主要如下描述。

该合作社在2009年5月就开展与北京家乐福超市的"农超对接"合作项目,同年7月份双方达成一致。2009年8月17日,在京采兴农产品专业合作社的组织下,大兴采育的两吨玫瑰香葡萄首次通过"农超对接"的方式,进驻到家乐福北京各门店。这标志着京采兴农产品专业合作社开展"葡萄农超对接"活动的正式开始。到目前为止,京采兴农产品专业合作社已经与北京市的两家超市——家乐福超市与首航超市达成了协议,以"农超对接"的方式向这两家超市供应葡萄。采育镇农民以种植玫瑰香和巨峰为主,因此在"农超对接"中所涉及到的葡萄也以这两个品种为主。

在"农超对接"这种供应链中,合作社是一个非常重要的主体,是连接超市与分散农户的中枢和纽带。在活动开展期间,按照双方前期达成的协议,在葡萄收获季节,家乐福超市每次均向京采兴农产品专业合作社下达一份为期七天的供应合同,合同中详细规定了每天的供应数量以及质量等方面的要求。收到合同后,合作社根据要求联系欲出售葡萄的会员,与其商谈葡萄的收购数量与价格。收购工作在每天下午5:00之前结束,一般由果农自己将葡萄运送至合作社的仓库。次日上午,由合作社组织车辆将葡萄送至合作超市的外库。合同规定,京采兴合作社须于上午8:00钟将葡萄送至首航超市位于东高地的外库,下午2:00钟送至家乐福位于方庄的外库。

因为两家超市的情况不同,京采兴农产品专业合作社与其开展"农超对接"的情况也不一样。家乐福超市的规模较大,每天要求的供货量也较多。据社长介绍,2010年合作社对家乐福的日供货量,多的时候能达到12~13吨,一般情况下也能达到7~8吨。为了维持与超市的合作关系,在会员提供的数量达不到要求时,合作社还需要向非会员甚至到本镇以外去收购葡萄。然而,大规模的供货量也导致了该合作社与家乐福开展"农超对接"活动的时间较短,2009年与

2010年该合作社与家乐福合作的时间段分别为：8月10日至9月13日，8月17日至9月17日。而对首航超市而言，其规模相对较小，每天要求的供货量也较少，合作社与其合作的时间段也能持续到9月底。

农超对接的模式减少了流通的中间环节，不仅如上所述节省了流通时间、保证了产品的新鲜，而且能够节省流通成本、保证消费者福利。以京采兴农产品专业合作社为家乐福超市提供的玫瑰香葡萄为例，2010年8月20日北京家乐福超市的玫瑰香葡萄零售价格为3.99元/斤，而一般社区水果店和农贸市场的价格都在4.5～5元/斤。农超对接的模式即保证了种植户的销路，也为消费者节省了开销。

虽然京采兴农产品专业合作社开展与家乐福的直供模式还只是农超对接模式的初级阶段，该合作社与社员的关系相对松散、缺乏十分有效的责权制约，但这毕竟是一个大胆并且相对成功的尝试，也让我们看到了在广大生产基地建立农超对接流通模式的可行性。

总之，目前超市已逐渐成为一类重要的销售终端，为了提高竞争力，必然要求控制葡萄的采购成本、提高产品质量，从产地直接采购就成为超市低价格采购高质量葡萄的必然选择。在这一过程中分散经营的农户增加了零售企业的交易成本，不利于“农超对接”的发展。随着农民专业合作社的发展，产地农民的组织化程度不断提高，超市的直接采购成本会不断下降，葡萄直采直供所占的比例也将会越来越大。未来葡萄流通渠道将逐渐趋向纵向扁平化发展，农超对接将会成为与传统供应链模式并行的一种新型模式。

6.5 提高葡萄流通效率的建议

葡萄流通环节的优化和改革对葡萄产业的进一步发展有着积极的影响。综上所述，我们可以从以下几个方面来进一步优化葡萄流通环节，提高葡萄流通效率。

第一，积极发展龙头批发市场。通过本调研团队的调研和分析，批发市场在今后的较长一段时间还会存在于葡萄流通中。从实证结果来看，大型综合批发市场的流通效率普遍较高。大型批发市场一般拥有较高的市场集中度，较大的市场规模，较规范的市场管理，较响亮的知名度和较便利的交通条件，比如北京新发地农产品批发市场、南京农副产品物流中心、天津红旗农副产品批发中心。批发市场作为一种流通组织，它为买卖双方提供葡萄产品进行批量交易的场所、交易设施和交易服务。批发市场可以大量吸引、汇集各地的葡萄，并在较短时间内完成交易，再把葡萄发散到各地，迅速实现其价值的转移和过渡，它的组织性及规范性保证了葡萄交易的客观公正和流通的高效畅通。

第二，发展新型的流通模式。现在最主要的供应模式仍然以传统的批发零售为主，农超对接的模式目前在葡萄流通中仍然没有成为主流。农超对接模式相对于传统的流通模式最大的优势在于可以减少流通中间环节，即农户→超市→消费者，从而缩短流通时间，最大程度上保证了葡萄品质的新鲜和稳定，其次，超市将农产品标准引入产品的供应链中，保证了葡萄的质量和安全性，此外，“农超对接”模式一般拥有较大的流通规模，凭借超市自身的组织性和规范性，可以更高效快捷的实现葡萄的流通和消费。在国外，还有拍卖、电子商务等水果流通形式，但目前这些新兴流通模式在我国的发展水平还比较低，需要不断探索。

第三，加强市场信息化和现代化建设。从调研情况来看，目前批发市场的信息化程度普遍偏低，批发商的信息化意识也较淡薄，一般都是通过熟人之间相互介绍了解市场行情，很少有批发商使用网络或其他信息化设备了解市场走向。批发市场的一个重要功能是市场信息中心，由于批发市场在流通链条上的重要位置，无论是市场需求供给，还是市场价格，批发市场都能在第一时间做出最快速的响应，从而为生产和销售决策提供信息支持。另外，信息的公开化、透明化，传递的快速有效性同时也是保证市场内部交易公开、公平、公正的必要条件。从批发市场的角度来看，仅有少量批发市场（如南京农副产品物流中心）实现了电子结算等现代化功能。在批发市场的未来发展中，应进一步提高其现代化程度，将最基本的批发功能扩展到保鲜、拍卖、配送、进出口贸易等各种功能，构建信息网络中心、质量检测中心、仓储物流中心、电子结算中心等多功能合一的高效现代化果品批发市场。

7 中国葡萄及其制品消费特征

7.1 葡萄及其制品消费研究背景

目前,葡萄在我国是一种经济效益比较高的水果,因而各地种植的积极性很高。根据农业部种植业司的统计数据,2008 年全国葡萄种植面积达到 623 万亩左右,葡萄产量已经达到 715 万吨,跃居世界前列;尤其是在鲜食葡萄方面,我国从 1994 年开始已经成为世界第一大主产国。

在为我国葡萄栽培的产量和面积持续增长而欣喜的同时,如何才能持续地保持葡萄产业高收益的特性必须引起我们关注。由于产量的持续增长、进口果品的冲击和加工业发展的不够成熟,我国的葡萄产业已经进入了买方市场阶段,尤其在鲜食葡萄方面,销售压力已逐渐显现,在一些地方出现了增产不增收、果贱伤农的情况。另外,值得注意的一点,作为一种人们生活的非必需消费品,葡萄及其制品的消费替代性很强,需求弹性也比较大,因此消费者对葡萄消费的要求会比较“苛刻”,如果不注意市场和消费者研究,葡萄及其制品的客户群比较容易流失。

消费者是现代市场的主体,消费者的消费偏好和需求趋势会在很大程度上影响市场的走向,进而影响一个产业未来发展的方向;尤其是当前,在社会产品普遍供过于求的情况下,一般商品、服务市场都已经由卖方市场转变为买方市场,只有把握了消费者的消费心理和消费行为,采取消费者易于接受的经营和营销策略,才能提供消费者所需要的产品和服务,从而吸引消费者、占领市场。

在这种情况下，对葡萄及其制品的消费与需求调查研究就显得更为必要，只有种植者、经营者等涉及葡萄的市场主体把握了消费者的偏好、意愿，才能做好准确的市场定位和产品开发，降低市场风险，使自己的产品适销对路，保持葡萄产业的高收益和可持续发展。

正是基于以上考虑，国家葡萄产业技术体系产业经济岗位在2009年初设计了我国《消费者对葡萄及其制品的消费与需求状况》调查问卷，并于6～10月在全国范围内开展了调研，拟对我国消费者目前对葡萄及其制品的消费需求情况进行一次摸底调研，对不同地区、不同背景的消费者的偏好和意愿进行比较研究，以期对政府管理部门和葡萄科研工作者提供一定的市场需求信息和决策依据。

7.2 葡萄消费研究的调研方案设计

7.2.1 调研方法

由于对大众消费的调研要求有足够量的样本，而对样本的要求并不高，即对接受调研的个体数量要求较大，这样才能具有普遍的代表性；而对于样本本身来说，只要受访者具有独立的思考和判断能力、能够准确描述自身的消费行为倾向即可，对样本没有特殊的条件限制；鉴于以上两种考虑，本研究决定此次调研通过随机抽样，对消费者进行问卷调查来开展。

通过问卷调研来获取数据的方法通常有邮寄、电话访问、公众场合直接调查、邀请受访者进行试验、入户调研等方法。美国和欧洲的大部分研究采用邮寄和电话访问，这主要是由于在这些国家电话较为普遍，电话号码和邮寄地址都能方便地找到，能够保证抽样的随机性。但是邮寄问卷的回收率和有效率比较低，影响调研效果；电话访问虽然合作率较高，但被调查者在通话的短时间内对一些问题不能有充分的考虑，容易出现偏差；同时，邮寄和电话访问由于没有与受访者的面对面交流，问卷的回答质量得不到保证。公众场合分发问卷，然后回收的办法可以取得大样本的调查数据，但是往往只能吸引一些特定的群体。

本研究在选择调查方式时，考虑到在中国进行邮寄问卷和电话访问难以找到合适的选样框架，也难以保证调查对象的合作。邮寄访问的问卷回收率比较低，有效样本的特征不容易控制，可能得不到具有代表性的随机样本；电话访问的成本较高，同时因为一些被调研者与我们沟通存在不信任等困难，可能使样本产生选择性偏差。本研究的调研须在全国多个省份同时展开，结合以上原因，最终选择了由调研员入户调查的调研方法。

调查员是中国农业大学的本科生和研究生。通过暑假前在校内公开招募、筛选、面试、培训之后，最终选定了71名符合条件的大学生作为调研员，利用暑假回家时间，对家乡所在地的消费者进行入户调研。

7.2.2 调研问卷设计

为了全面了解我国消费者对葡萄及其制品的消费心理、消费偏好和消费趋势，本研究的问卷设计需要尽量涉及葡萄消费与需求的各个方面，主要包括以下几个部分(表7-1)。

表7-1 调研问卷结构

问卷结构	调查内容	问卷相应问题
第一部分	葡萄消费的一般状况	对各种水果的购买量、葡萄消费量、消费动机、各种葡萄产品的消费量、消费均衡性
第二部分	消费者对葡萄及其制品的消费偏好	消费者对品种、是否有核、口味、价格、购买地点、葡萄产地的偏好，以及对葡萄各种属性的认知、葡萄酒的消费场合、品牌价值评价等。
第三部分	消费者对特殊葡萄及产品的态度	对进口葡萄，反季节葡萄，无公害、绿色、有机为代表的“安全葡萄”，转基因葡萄的态度、购买意愿支付意愿
第四部分	消费者对葡萄的购买意愿及对产业评价	对葡萄未来的购买意愿、影响葡萄消费的因素、对产业发展的关注度、认为产业发展存在的不足之处
第五部分	消费者个体特征	消费者的地域特征，居民，性别，年龄，受教育程度，职业，婚姻状况，家庭人均收入等

7.2.3 量表选择

问卷中很多问题涉及测量消费者认知态度、心理意愿，需要消费者根据自身的情况，按照递进程度进行选择，如“一般”、“比较重要”、“非常重要”等类似的答案，遇到这类选择，需要我们选择合适的量表。从国内外普遍研究来看，态度量表一般采用李克特式量表法(Likert-type Scale)，这是一种测量态度的自陈量表，由美国学者

Rensis Likert 于 1932 年首创，主要用于问卷调查中。

量表的填答方式以四点量表至七点量表采用者最多。对于量表应该采用几点式，学者 Berdie 根据研究经验，提出以下看法：三点量表限制了温和意见与强烈意见的表达，而五点量表则正好可以表示温和意见与强烈意见之间的区别；对于没有足够辨别力的人而言，量表超过五点，一般人难有足够的辨别力，使用七点量表会导致信度的丧失。因此大多数情况下，五点量表是最可靠的，具有较好的内部一致性。本研究对态度及意愿相关问题选用五点式李克特量表，为了易于受访者理解和接受，表述上使用了选择题形式，设置了五个选项，每个选项对应着一个分值，由受访者按照自身情况选择。

7.2.4　样本分布

本次调研一共发放了 7 056 份问卷，回收了 6 125 份。由于问卷篇幅较长，问卷完成的情况不是很理想，有很多项目缺失，所以剔除了填写不完整的问卷和非有效的问卷，最终得到 3 507 份有效的调查问卷，样本有效率为 49.70%，从国内外经验来看，这个回收的有效率是可以接受的。各个省份的样本数量、占样本总体的百分比等分布情况如表 7-2 所示。

表 7-2　各省市调查样本分布情况

省份	样本个数	百分比(%)	累积百分比(%)	省份	样本个数	百分比(%)	累积百分比(%)
北京	492	13.7	14.0	湖南	142	3.9	82.2
天津	135	3.8	17.9	广东	22	0.6	82.9
河北	328	9.1	27.2	广西	43	1.2	84.1
山西	115	3.2	30.5	海南	21	0.6	84.7
内蒙古	114	3.2	33.8	重庆	151	4.2	89.0
辽宁	284	7.9	41.9	四川	109	3.0	92.1
吉林	79	2.2	44.1	贵州	37	1.0	93.2
黑龙江	137	3.8	48.0	云南	40	1.1	94.3
江苏	105	2.9	51.0	西藏	1	0.003	94.3
浙江	109	3.0	54.1	陕西	84	2.3	96.7
安徽	35	1.0	55.1	甘肃	35	1.0	97.7
福建	35	1.0	56.1	宁夏	32	0.9	98.6
江西	50	1.4	57.5	新疆	47	1.3	99.9
山东	446	12.4	70.3	台湾	1	0.003	100.0
河南	227	6.3	76.7	合计	3 507	100	100
湖北	51	1.4	78.2				

由表 7-2 可见，除了上海市和青海省以及香港和澳门两个特区之外，我国其他的 31 个省、直辖市、自治区都有调研样本，样本覆盖较为全面，可以说此次调研的样本具有较好的代表性。

7.2.5 样本特征

调查样本的特征分布如表 7-3 所示。

表 7-3 调查样本的特征分布 %

变量	人数	百分比	变量	人数	百分比
居民类型			**职业**		
城镇	2 475	68.8	党政机关事业单位人员	430	12.3
农村	1 032	31.2	公司/企业人员	646	18.4
性别			自由职业者	341	9.7
男	1 581	44.0	农民	161	4.6
女	1 926	56.0	教育和科研机构人员	227	6.5
年龄			学生	1 304	37.2
18 岁以下	136	3.9	无业/退休	140	4.0
18～25	1 577	45.0	其他	258	7.4
26～35	760	21.7	**婚姻状况**		
36～45	591	16.9	单身	2 095	59.7
46～55	385	11.0	已婚	1 501	40.3
55 岁以上	194	5.5	**家庭人均月收入/元**		
受教育程度			1 000 以下	760	21.7
未上过学	13	0.4	1 000～2 000	1 431	40.8
小学	84	2.4	2 001～3 000	656	18.7
初中	307	8.8	3 001～4 000	266	7.6
高中	657	18.7	4 001～5 000	185	5.3
大专	681	19.4	5 000 以上	209	6.0
本科及其以上	1 765	50.3			

(1)居民类型

调查问卷的居民类型中城镇居民稍多，占到受访者的 68.8%。在城乡居民的选择上，本研究也是遵循了随机的原则；不过由于对于做问卷调查的大学生的家庭环境没有做严格限制，城市家庭的调研员较多，导致城市居民的受访者居多。

(2)性别

男性和女性的受访者相当，女性略高于男性，由于一般家庭购买水果、食物等工作由女性承担的较多一些，女性对家庭的消费状况也更清楚，这有助于提高问卷的准确性。

(3)年龄

在六个年龄段中，样本人群最多的是18～25岁，占总调查者的45%，其次是26～35岁和36～45岁，分别占到样本总数的21.7%和16.9%，46～55岁的占到样本总体的11%，而18岁以下和55岁以上的人群最少。调研对象的年龄偏向于年轻化，各个年龄段的消费者都有所涉及，具有较好的代表性。

(4)受教育程度

样本人群中本科及以上的学历人口最多，占到50.3%，其次为大专(19.4%)和高中(18.7%)，这一点受到受访人群的职业因素影响。

(5)职业

样本人群中，学生所占比例最大为37.2%，其次为公司/企业人员(18.4%)和党政机关/事业单位人员(12.3%)。由于受调研员的职业所限，选择的调研对象的职业也是以学生为主，这也可以解释年龄年轻化和教育水平较高的现象。

(6)婚姻状况

单身与已婚的样本分别占到59.7%与40.3%，具有良好的代表性。

(7)家庭人均月收入

样本群体的收入水平以中等收入者居多。被调研样本的家庭人均月收入最集中的是1 000～2 000元人民币，占40.8%；收入1 000元以下和2 001～3 000元分别居第二(21.7%)和第三(18.7%)。这种收入格局和受访者中学生占很大比例有关，总体来说样本对各个收入水平的消费者都有所涉及。

7.3 我国消费者对葡萄及其制品消费的基本情况

7.3.1 葡萄在各种水果消费中的排名

结合目前我国居民对各种水果消费量的情况，在本研究中选取消费量普遍较大的十种水果(柑橘、葡萄、苹果、梨、菠萝、香蕉、桃子、杏、荔枝、西瓜)的消费情况进行调查，让消费者选择自己平时消费量的多少；由于较难让消费者准确地描述自己每年对各种水果消费的具体数量，在调研中本研究只是让受访者对自己每年对各种水果消费数量的多少进行一个相对排名(1 表示消费量最多,2 表示其次,依此类推……10 表示消费量最少),这能大大降低问卷的难度,进而提高问卷的准确性。为了尽量充分和全面地利用调研信息得到尽量准确的结果,对各种水果消费量进行客观的比较,本研究分别将受访者对某种水果消费量排名在前三位的样本进行加总求和及对所有样本数据进行加权平均,分别比较这两组数据,为了便于安排表格,表 7-4 中只显示对各种水果的消费量排名在前五位的样本量,问卷的结果见表 7-4。

表 7-4 消费者对各种水果消费量排序(只显示前五位)

类别	排名					前三加总	加权平均
	1	2	3	4	5		
苹果	1 557	646	383	266	221	2 586	2.58
西瓜	575	521	463	408	354	1 559	4.30
香蕉	306	497	560	523	450	1 363	4.46
柑橘	385	384	441	414	417	1 210	4.66
葡萄	275	389	431	524	520	1 095	4.72
桃子	207	416	455	486	507	1 078	4.81
梨	104	456	401	423	412	961	5.22
菠萝	33	87	142	176	247	262	7.31
荔枝	66	91	104	104	144	261	7.84
杏	38	63	89	114	114	190	8.06

从加权平均的统计数据来看,居民消费量最多的是苹果,其次依次为西瓜、香蕉、柑橘、葡萄、桃子、梨、菠萝、荔枝、杏;葡萄位于第五位。通过对排名前三的样本加总求和,排名与加权的顺序一致,葡萄依然是第五大消费水果。将葡萄购买量单列分析,消费者在调查问卷中将葡萄排在前五的概率占所有有效问卷的 62.6%,进一步验证了葡萄在我国居民鲜食水果中的地位。以上三种方法的统计结果比较一致。可见,葡萄处于第五位的位置,葡萄在我国是一种重要的鲜食水果。

从水果的消费总量来看,我国消费者对苹果的消费量是最大的。葡萄之所以消费量比苹果小,本研究认为首先是消费观念的差异,苹果在我国是一种非常大众化的水果,消费者对苹果的营养价值认同感已经很强,因此在购买的时候会优先考虑。其次,苹果是我国第一大种植面积和产量的水果,它的果实较为结实,便于流通环节的储存和运输,也便于消费者在家储存、携带和食用,相比而言葡萄的果实更为“娇气”一些,不便于储运。第三,苹果的价格一般要比葡萄低,在我国葡萄的消费比苹果更具奢侈性消费的特征,这在一定程度上也限制了葡萄的消费。

7.3.2 葡萄及其制品的消费量排名

通过广泛查阅国内外葡萄产业发展文献,发现目前葡萄的加工品种类比较多,除了常见的葡萄酒、葡萄干、葡萄汁外,还有葡萄醋、葡萄果脯、葡萄酱、葡萄罐头、果冻等。按照对各种水果消费量的统计数据处理方法,本研究对各种葡萄及其制品的消费情况统计如表7-5所示。

表 7-5 消费者对葡萄制品购买量排序(只显示前五位)

葡萄产品	排名					前三加总	加权平均
	1	2	3	4	5		
鲜食葡萄	2 676	261	125	63	28	3 062	1.45
葡萄干	234	1 397	880	276	184	2 511	2.81
葡萄酒	212	817	726	492	286	1 755	3.66
葡萄汁	70	324	622	723	391	1 016	4.24
葡萄果冻	35	141	308	419	450	484	5.39
葡萄罐头	41	156	168	287	361	365	5.84
葡萄脯	25	105	166	291	374	296	5.94
葡萄醋	9	29	78	167	329	116	7.08
葡萄酱	8	22	38	93	167	68	7.47
其他	11	8	7	17	19	26	9.64

以上数据可见,我国目前居民对葡萄产品的消费最主要的还是鲜食葡萄,样本量远远超过其他葡萄制品;而在葡萄制品中,消费量较多的是葡萄干、葡萄酒和葡萄汁。从欧洲、澳洲等葡萄产业发达的地区经验来看,居民对葡萄酒的消费量是最大的,我国之所以与这些地区的情况不吻合,一方面是由于我国葡萄酒工业发展水平还有待提高,另一方面是居民的消费观念和消费文化尚未形成。

7.3.3 各种葡萄产品消费的季节均衡性

将我国居民主要消费的三种葡萄产品鲜食葡萄、葡萄干和葡萄酒,在春、夏、秋、冬四个季节的消费量进行统计,结果见图7-1至

图 7-3，横轴为四个季节，纵轴为消费者对产品在各季节消费量的平均值，单位为斤。

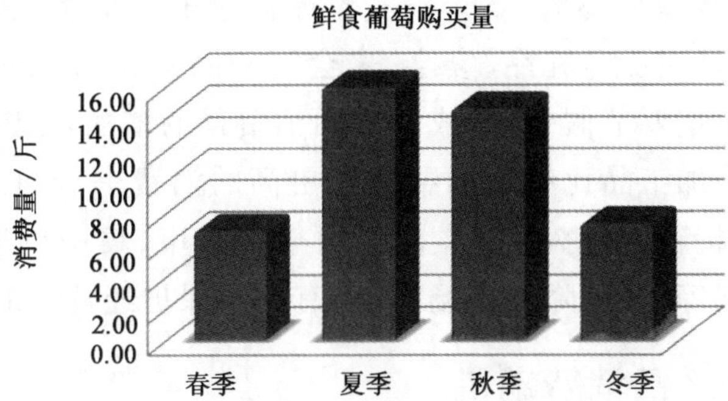

图 7-1　鲜食葡萄在各季节的消费量(斤)

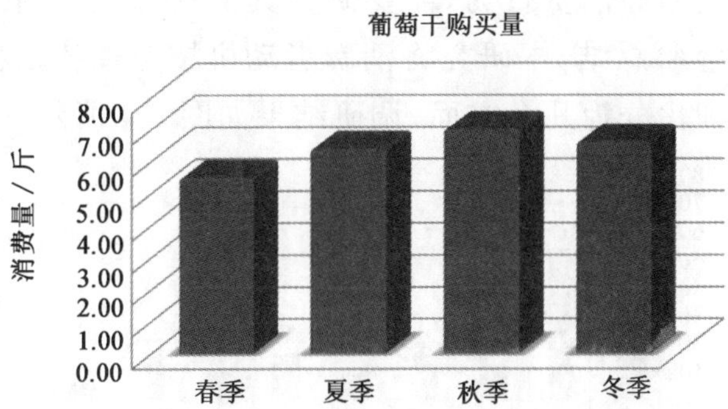

图 7-2　葡萄干在各季节的消费量(斤)

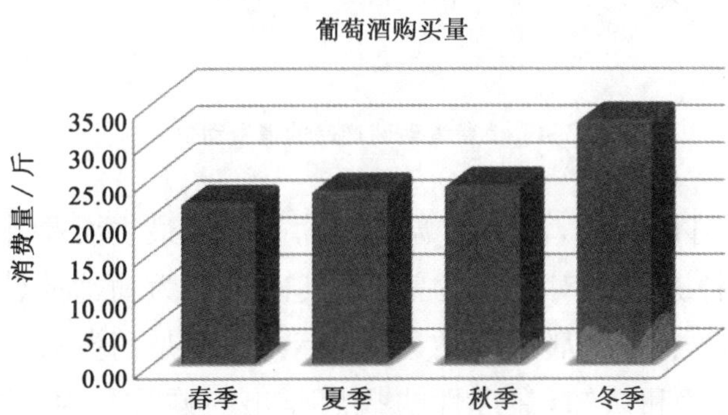

图 7-3　葡萄酒在各季节的消费量(斤)

由图 7-1 可以发现，鲜食葡萄在夏、秋两季的消费量是最高的，春季和冬季的消费量都不大；也就是说鲜食葡萄的消费主要集中在葡萄的盛果期，而在其他季节的消费量较少，鲜食葡萄消费体现出明显的季节差异性，消费的均衡性较低。

而葡萄干的四季消费量相当，差异较小，见图 7-2。葡萄酒的消费量在四季基本差异不大，冬季消费量略高于前三季度，这与目前葡萄酒在我国还是主要与礼品、宴会、聚会消费品有关，冬季有圣诞、元旦、春节等许多重要节假日，造成葡萄酒消费量的增加，见图 7-3。

可见，葡萄加工品比鲜食葡萄具有更高的消费季节均衡性，体现出常年性消费特征，能够克服鲜食葡萄集中上市、集中供应、打价格战、市场不稳定等问题，降低市场风险，有利于保护经营者的利益。

7.3.4 葡萄产品消费动机

人的消费行为受到消费动机的直接影响，为了更深入了解我国消费者对葡萄制品的消费行为，需要研究其消费动机。调研之前，通过参考文献和经验总结，本研究将消费者动机按照理智动机、情感动机和信任动机细化分为几个方面，调研结果如图 7-4 所示。

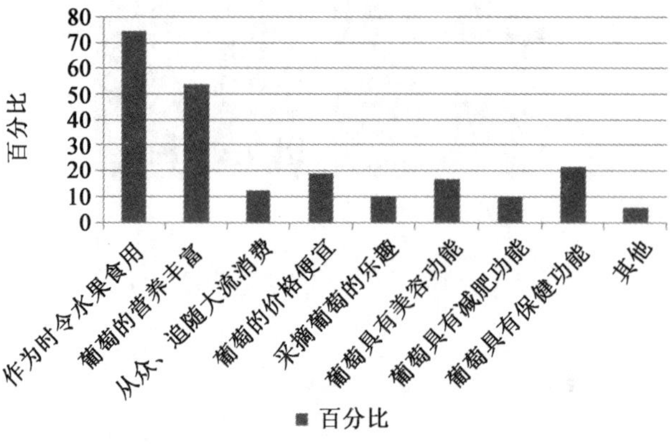

图 7-4 消费者葡萄产品的消费动机

从图 7-4 可以看出，消费者购买葡萄的动机最主要是作为时令水果食用，用以补充自己对水果的需求；其次是因为葡萄的营养丰富而购买食用，这两个理由都可以纳入理智动机，即是消费者对葡萄产品有了清晰的了解和认知，在理性抉择后作出的购买行为，这种理智的判断是基于对自身的有用性、易用性、健康、安全、美味多种因素的考虑。其他的理由比如从众、追随消费、享受等情感动机因素在调查问卷中比较分散，由于我国目前葡萄消费以鲜食为主，没有形成像加工品类似的品牌价值，因此基于品牌价值的信任消费动机也表现得不突出。

7.4 我国消费者对葡萄及其制品的消费偏好及认知

7.4.1 消费者对葡萄品种的认知与偏好

我国现在有几千种葡萄品种，栽种的也达上百种，那么消费者对这些品种的认知程度如何呢？本次研究对31个我国大面积种植和市场上较为常见的葡萄品种进行了消费者认知度调研，访问消费者经常购买的葡萄品种是哪些；由于在预调研阶段发现有相当一部分普通消费者并不知晓葡萄品种，故在问卷选项中设置了"不知道品种名称"这一选项，并添加其他品种选项，以保证问卷调查的完整性。

调研结果如表7-6所示。可见，消费者认为自己经常购买的葡萄品种为马奶、巨峰、红提和玫瑰香，选择这几个品种的样本占总样本的比例分别都在30%以上，这几个品种目前在我国是主要种植品种，消费者认知度高和经常购买是符合实际情况的。值得注意的是，选择"不知道品种"的比例也高达近20%，可见虽然葡萄品种繁多，但实际上消费者的整体认知度并不高；认知度不高则导致在购买时的品种选择上，随意性消费的比例较高，需要我们扩大葡萄知识的宣传和普及。

表7-6 消费者对葡萄品种的认知与偏好 %

品种	百分比*	品种	百分比*
巨峰	45.14	黑蜜	3.02
红地球	44.31	美人指	6.62
玫瑰香	32.31	红宝石	6.16
京亚	1.60	藤埝	0.71
马奶	47.96	醉金香	2.48
巨星	2.65	巨玫瑰	4.65
夏黑	2.74	无核白鸡心	3.82
乒乓球	3.74	无核白	8.50
龙眼	18.11	凤凰51	1.43
维多利亚	3.31	青提	23.84
乍娜	0.83	黑提	13.89
京秀	0.88	黄提	6.64
贵妃玫瑰	4.28	失富罗莎	0.60
香妃	4.31	奥古斯特	1.14
黑香蕉	4.08	不知道品种	19.48
京玉	2.82	其他	0.23
皇家秋天	1.82		

* 注：百分比是指选择经常购买的样本占总样本的百分比。

7.4.2 消费者对葡萄属性的认知

(1)各种属性重要性的认知

问卷将葡萄属性依次分为品种、口味、产地、外观、色泽、新鲜度、耐储藏、营养功能、卫生状况、安全性、有无核、种植信息是否可追溯、销售地点、是否获得有机认证、是否有无公害认证和是否有绿色认证,共16种属性,用1-5表示属性的重要性,受访者对各个属性打分,得分越高,表示消费者认为该属性越重要。结果如图7-5所示,最高分为新鲜度,得分4.33;最低为信息的可追溯性,为2.47。将16种属性的得分按照最高分与最低分的差额三等分,则16种属性可以分为三类:将得分>3.71的属性,称为消费者最关注的属性;得分<3.09的属性称为非关注属性;得分介于两者之间的属性称为较关注属性。

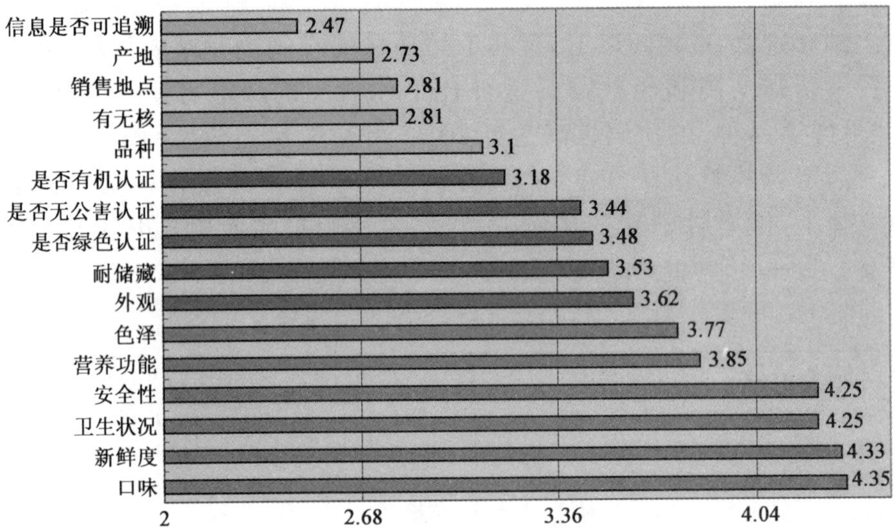

图7-5 消费者对各种葡萄属性的认知

消费者最关注的葡萄属性主要包括:葡萄的口味、新鲜度、安全性、卫生状况、营养功能、色泽。这几个属性是与消费者食用葡萄产品密切相关的,由于葡萄是非生活必需品,如果其口味不好,则消费者完全可以选择用别的水果来代替,所以口味是最重要的;新鲜度、安全性和卫生状况关系到食品的卫生安全和消费者健康,必然引起消费者关注;人们选择食用葡萄,是由于其对人体有益的各种营养价值;葡萄本身是一种很美观的水果,尤其作为一种生鲜农产品,色泽的美观可以促进购买者的食欲和购买意愿。

消费者比较关注葡萄的属性包括：外观，耐储藏，是否绿色、无公害、有机认证。外观和色泽的意义接近，良好的外观能够引起购买者美好的感觉，进而提高购买欲望；与苹果和柑橘这些日常水果相比，葡萄的耐储藏性要差一些，很容易由于储存不善而腐烂浪费，因此这一属性引起了消费者的关注；随着人们对自身健康和安全关注度的提高，对葡萄是否通过绿色认证、无公害认证和有机认证也越来越关注。

消费者非关注属性包括：品种、是否有核、销售地点、产地、信息的可追溯性。并不是说消费者对这几个属性就纯粹不关注，只是与前面的属性相比较而言，关注度较弱。从前面的研究可以看出，消费者对葡萄品种的认知度不高，近 20%的消费者都不知道自己平时购买的是什么品种的葡萄，因此品种不被关注也就很正常。是否有核会影响到食用的便利，但不会影响葡萄本身的口味、安全性和营养，因而相比较而言消费者认为这一点不是很重要。我国鲜食葡萄没有产地标识制度，消费者不能从产地准确地推得该产品的口味、特征，因此产地信息不被关注。消费者认为信息的可追溯性并不是非常重要，这一点很出乎本研究的预料；经过个案访谈得知，由于我国葡萄产业近些年来发展良好和平稳，并没有出现像水产品的"多宝鱼孔雀石绿"和"四川柑橘大食蝇"等食品安全重大恶性事件，产业在消费者心目中安全隐患较低。因此，作为食品质量管理和危机控制重要手段的可追溯没有引起消费者的注意。

(2)对葡萄有无核的偏好

虽然是否有核不是消费者最关注的葡萄属性，但是在是否有核的偏好方面，绝大多数的消费者倾向于选择无核葡萄，占总体的比例为 69.6%，不到 30%的消费者偏好有核葡萄，这体现了消费者选择的一种趋势。如表 7-7 所示。

表 7-7　葡萄有无核偏好　%

是否有核	百分比
有核	28.1
无核	69.6
不明确	2.2
合计	100

从全国来看，消费者更喜欢选择无核葡萄。表 7-8 显示，绝大多数的省份消费者仍然偏好无核葡萄，尤其在广东省有 90%以上的消费者偏好无核葡萄；而湖北省偏爱有核葡萄的消费者比无核的比例要稍高一些。

表 7-8 各省消费者对葡萄有无核及口味偏好 %

省份	有无核		口味		
	有核葡萄	无核葡萄	甜味葡萄	酸味葡萄	酸中带甜
全国	30.30	69.30	57.30	6.70	36.00
北京	29.90	70.10	57.70	5.00	37.30
天津	35.60	64.40	45.90	6.00	48.10
河北	33.00	67.00	51.90	3.70	44.40
山西	21.90	78.10	48.60	3.60	47.70
内蒙古	21.20	78.80	40.70	15.90	43.40
辽宁	31.40	68.60	57.10	5.90	37.00
吉林	19.20	80.80	50.00	9.20	40.80
黑龙江	21.30	78.70	46.20	20.00	33.80
江苏	44.70	55.30	54.00	13.00	33.00
浙江	31.50	68.50	52.80	2.80	44.30
安徽	22.90	77.10	67.60	0.00	32.40
福建	20.60	79.60	62.90	2.90	34.30
江西	21.30	78.70	47.80	8.70	43.50
山东	30.70	69.30	52.10	8.30	39.60
河南	29.10	70.90	38.40	10.70	50.90
湖北	54.00	46.00	60.00	6.00	34.00
湖南	18.70	81.30	47.50	5.00	47.50
广东	9.50	90.50	28.60	4.80	66.70
广西	18.60	81.40	53.50	4.70	41.90
海南	33.30	66.70	77.80	0.00	22.20
重庆	22.70	77.30	62.90	3.30	33.80
四川	38.30	61.70	54.20	10.30	35.50
贵州	42.90	57.10	68.60	2.90	28.60
云南	28.20	71.80	65.00	5.00	30.00
陕西	16.70	83.30	44.30	11.40	44.30
甘肃	14.30	85.70	63.60	3.00	33.30
宁夏	29.00	71.00	54.80	6.50	38.70
新疆	19.60	80.40	63.80	0.00	36.20

(3)对葡萄口味的偏好

消费者选择偏爱甜味葡萄的样本占总体的 52.6%，酸中带甜的达到 40.3%，而表示偏好酸味的只占 7.1%，可见消费者愿意更多的选择甜味型的葡萄。如表 7-9 所示。

表 7-9 消费者对葡萄口味偏好 %

葡萄口味	百分比
甜味	52.6
酸味	7.1
酸中带甜	40.3
合计	100

从全国样本来看，消费者选择甜味葡萄的居多。但从各省市来看，见表7-8，天津、山西、内蒙古、江西、湖南、陕西几省的消费者选择甜味葡萄和酸中带甜葡萄的相当；而河南、广东两省的消费者明显更喜欢酸中带甜的葡萄；黑龙江、内蒙古、江苏偏好酸味葡萄的消费者比例相对较高。

7.4.3 消费者对葡萄价格的接受度

根据葡萄市场实际价格区间，在研究中将葡萄价格设置了5档次，分别为3元以下，3～8元，8.1～13元，13.1～20元，20元以上，用以代表不同档次的葡萄产品。本次调研信息的统计结果见表7-10。从消费者对不同价格葡萄的接受度统计结果可以看出：接受度最广的价格区间为3～8元，占总样本量的52.2%；其次为3元以下，占总样本量的21.1%；接下来依次为8.1～13元(15.4%)，13.1～20元(5.3%)，20元以上(1.4%)。可见，消费者能够接受的心理价格区间还是以8元以下的中低档为主，尤其以3～8元的中档葡萄为主。

表7-10 消费者对不同价格葡萄的接受度 %

价格区间	百分比
3元以下	21.1
3～8元	52.2
8.1～13元	15.4
13.1～20元	5.3
20元以上	1.4
缺失	4.6
合计	100

我们知道，葡萄虽然含有多种有利于人体的营养成分，但是毕竟不是人们生存必须的粮食作物，因此消费的需求弹性很大，消费者的需求对价格很敏感，当价格超过消费者心理预期的时候，消费者必然会减少消费量。当然，高档、精品价格高的葡萄也是有其消费群体的，可以适当发展，但是由于具有足够购买力的可接受的消费群体有限，需要适量发展，可以主攻高端消费、礼品、观光和出口市场等。

分省份统计的消费者对不同价位葡萄的接受度结果见表7-11。从总体上看，各省消费者对不同价位葡萄的接受度存在比较明显的差异。大多数省份的消费者能接受的价格区间在3～8元，属于中等价位的葡萄，与全国平均的统计结果一致。河北省消费者购买3元以下和3～8元的葡萄比例相当，购买3元以下的葡萄明显比其他省市偏多；广东、吉林和海南等3省的消费者购买3元以下葡萄特别少；广东省购买8.1～13元葡萄的消费者比例达60%以上，明显高于其他省份和全国平均水平，购买13.1元以上的高档葡萄的消费者也是以广东省和重庆市居多。

表7-11 各省消费者对不同价位葡萄的接受度 %

省份	价格区间(元)				
	<3	3～8	8.1～13	13.1～20	>20
全国	21.10	52.20	15.40	5.30	1.40
北京	21.10	55.90	16.00	5.30	1.70
天津	20.20	58.10	15.50	5.40	0.80
河北	47.50	46.50	5.00	0.90	0.00
山西	22.50	60.40	14.40	1.80	0.90
内蒙古	24.60	44.70	20.20	7.90	2.60
辽宁	26.60	55.10	11.40	4.90	1.90
吉林	3.90	69.70	15.80	5.30	5.30
黑龙江	9.30	52.70	31.00	4.70	2.30
江苏	9.10	65.90	17	5.70	2.30
浙江	7.80	64.70	22.50	4.90	0.00
安徽	11.80	76.50	8.80	2.90	0.00
福建	11.80	47.10	29.40	5.90	5.90
江西	13	50	37	0.00	0.00
山东	19.60	53.10	20.00	6.10	1.20
河南	31.50	44.60	16.20	4.50	3.20
湖北	28.60	55.10	12.20	2.00	2.00
湖南	15.80	61.90	13.70	7.20	1.40
广东	0.00	18.20	63.60	18.20	0.00
广西	9.80	68.30	19.50	2.40	0.00
海南	5.30	68.40	15.80	10.50	0.00
重庆	12.80	51.00	17.40	18.80	0.00
四川	29.20	54.70	10.40	3.80	1.90
贵州	8.80	73.50	8.80	8.80	0.00
云南	18.40	60.50	10.50	10.50	0.00
陕西	29.60	48.10	12.30	7.40	2.50
甘肃	14.30	60.00	14.30	11.40	0.00
宁夏	25.80	67.70	6.50	0.00	0.00
新疆	16.30	72.10	9.30	0.00	2.30

消费者对葡萄价格的接受度跟当地的经济发展水平有密切关

系，从广东省的数据可以充分证明这一点。同时还要考虑到当地葡萄的供给情况，在葡萄主产区则葡萄的销售价格相对便宜，由于物流运输及损耗的成本增加，在需要远距离运输的地区葡萄的价格则比较高，当地消费者购买的葡萄价格也相对较高。

7.4.4 消费者对葡萄消费的行为偏好

(1)消费者对葡萄购买地点的选择偏好

根据我国目前的水果流通营销渠道，本研究列出了比较常见的水果销售场所，包括农贸市场、批发市场、水果超市等。调查结果统计如表 7-12 所示。

表 7-12 消费者对葡萄购买地点的偏好 %

购买地点	百分比	购买地点	百分比
农贸市场	47.1	葡萄园采摘	9.1
水果批发市场	36.1	路边摊	29.2
综合型超市	41.7	网络购买	0.8
水果超市	37.9	其他	0.5
社区水果店	28.6		

可见，消费者购买葡萄的主要四种场所依次为农贸市场、综合型超市、水果超市和水果批发市场，分别为 47.1%、41.7%、37.9%和 36.1%；选择路边摊和社区水果店的比例也比较高；而葡萄园采摘仅为 9.1%；网络购买不到 1%，这些新兴的销售模式和购买地点还不是很普及。

不同地区消费者对葡萄购买地点的偏好存在明显差异。由表 7-13 可以看出，广西和天津两个地区的消费者选择在农贸市场购买葡萄的最多，比例超过 60%以上；内蒙古和宁夏的消费者选择在水果批发市场的比例较多；广东省有 90%以上的消费者选择在综合超市购买葡萄；重庆、海南和福建等 3 省市在综合超市购买葡萄占的比例也较多；辽宁、江苏、浙江和重庆等 4 省市选择水果超市的消费者比较多；江苏、安徽、福建和新疆等 4 个省区选择社区水果店的消费者比其他省份比例大；河北和安徽省消费者在路边摊购买葡萄的比例明显比其他省高；各省选择采摘和网络购买的人群都很小。

表 7-13 各省消费者对葡萄购买地点 %

省份	农贸市场	水果批发市场	综合超市	水果超市	社区水果店	葡萄园采摘	路边摊	网络购买	其他
全国	37.10	37.10	39.30	31.50	27	9	15.70	0.80	0.50
北京	49	40.70	43.50	26.60	38.80	7.50	25.60	0.60	0.00
天津	60.70	34.80	43.70	23.70	28.90	7.40	20	0.70	0.24
河北	50.90	23.80	39.30	29.90	21.60	4.60	51.50	0	0.56
山西	50.40	38.30	32.20	24.30	32.20	2.60	27.80	0.90	0.31
内蒙古	33.30	57.90	41.20	43.90	33.30	7.90	35.10	0	0.00
辽宁	47.90	30.60	33.80	53.90	26.40	6	22.90	1.10	0.00
吉林	38	36.70	40.50	38	25.30	8.90	34.20	1.30	0.12
黑龙江	39.40	54	45.30	44.50	28.50	5.80	21.20	0	0.00
江苏	38.10	33.30	47.60	51.40	41	20	20	1	0.00
浙江	50.50	27.50	37.60	55	33.90	11	34.90	0	0.00
安徽	37.10	34.30	40	45.70	42.90	11.40	45.70	5.70	0.00
福建	40	25.70	57.10	34.30	48.60	2.90	42.90	0	0.00
江西	38	34	40	46	24	10	22	0	0.18
山东	51.80	31.20	49.60	41.90	19.30	14.80	28.70	1.80	0.85
河南	44.90	34.80	31.70	32.20	26	11	35.20	1.30	0.00
湖北	54.90	49	39.20	35.30	27.50	0	21.60	0	0.00
湖南	36.60	45.80	43.70	43.70	22.50	18.30	28.20	0	0.00
广东	13.60	9.10	90.90	18.20	18.20	4.50	13.60	0	0.76
广西	62.80	41.90	34.90	32.60	30.20	2.30	30.20	0	0.46
海南	42.90	14.30	57.10	47.60	23.80	4.80	23.80	0	0.17
重庆	48.30	31.10	61.60	53	24.50	10.60	15.90	2	0.00
四川	52.30	39.40	27.50	38.50	34.90	6.40	27.50	1.80	0.00
贵州	51.40	37.80	45.90	37.80	32.40	8.10	37.80	0	0.68
云南	47.50	37.50	30	32.50	22.50	10	37.50	0	0.00
西藏	0	0	0	0	0	0	0	0	0.21
陕西	46.40	40.50	35.70	34.50	21.40	14.30	32.10	1.20	0.00
甘肃	51.40	40	37.10	40	28.60	5.70	22	0	0.00
宁夏	50	56.30	25	25	37.50	3.10	34.40	0	0.00
新疆	44.70	38.30	38.30	38.30	42.60	6.40	23.40	0	0.00
台湾	0	0	0	0	0	0	0	0	0.00

为了探索影响消费者选择购物地点的因素，本研究进一步从便利性、购物环境和食品安全等几个方面调研了消费者选择以上购买地点的原因，影响消费者选择葡萄购买地点的主要因素信息的统计结果如表 7-14 所示。

表 7-14 影响消费者选择葡萄购买地点的主要因素 %

影响因素	百分比	影响因素	百分比
距离近,购买方便	72.3	葡萄新鲜、卫生	54.6
价格相对低	42.7	可供选择的品种丰富	14.1
购物环境好	21.4	其他	0.9
食品质量和安全	37.2		

消费者选择购买葡萄的地点首要考虑的因素是离家(或单位)距离近、购物方便,可见消费者在购买像葡萄这样的日常食用、购买数量不大、花费金额较低的产品时,购买的便利性是最重要的因素,这也可以解释为何农贸市场是消费者首选的购买点,所以在发展终端销售点时,一定要考虑到销售点的充足和便民;其次为葡萄是否新鲜和卫生,这是作为生鲜农产品、尤其是鲜食食品的必然要求;第三为价格因素,在社会整体的购买力和消费能力还未充足之前,购买行为要受到商品价格的制约;与高档服装、珠宝等奢侈性消费不同,对购物消费的环境要求并不高。综合考虑影响消费者选择购买地点的这几个主要因素:便利、新鲜卫生和价格,可以很好地解释消费者对以上各种购买地点的不同偏好。也可以解释,作为路边摊这种违反国家管理部门规划的非法销售点,由于消费者可以顺路购买,具有很强的便利性,同时一般价位较低,所以它仍然拥有一定的客户群。

(2)消费者对葡萄的产地偏好

从国内外的研究经验来看,一些商品的消费会受到商品产地的影响,消费者或者对本地产品或者某外地产品具有独特的兴趣。本研究将葡萄产地划分为本地、外地和进口葡萄,消费者对葡萄产地的偏好结果如表 7-15 所示。从调研结果看,有超过 54%的消费者平时倾向于选择本地葡萄,而对外地产葡萄有偏好或者根本不知道产地的消费者各占 20%左右,偏好进口葡萄的人群更少。

表 7-15 消费者对葡萄产地的偏好 %

葡萄产地	百分比
本地葡萄	54.1
外地葡萄	20
进口葡萄	3.9
不知道产地	22
合计	100

之所以选择本地产葡萄的比例这么高，与葡萄的不易储存和运输有关系，本地葡萄在流通环节的供应链相对简单一些，流通时间短，损坏率低，因而更能保证葡萄的新鲜；另外，由于流通距离短，流通环节附加的成本低，最终的价格也相对较低，这也是影响消费者选择的一个重要因素。目前，我国鲜食葡萄的品牌建设工作做得还很有限，没有形成具有全国号召力的以葡萄产地为标志的品牌效应，在这种情况下，消费者更易于选择自己熟悉的本地产品。而进口葡萄的接受度较低，本研究推测这可能与进口产品的价格有关，后面会做进一步的验证。

为了分析不同地区消费者对葡萄产地的偏好差异，本研究将各省消费者对葡萄产地偏好统计结果进行整理，结果见表7-16。从统计结果看，全国消费者以购买本地葡萄居多，而新疆消费者购买本地葡萄最多，其次有宁夏、山东、河北、天津等省，可以发现购买本省葡萄比例大的多在我国的葡萄主产省，这也进一步验证了本研究前面的消费者对葡萄产地偏好的研究结果；海南购买外地葡萄最多；广东省购买的进口葡萄明显比其他省多，一方面广东省本地产的葡萄非常少，大量地依靠外部市场；另一方面广东省的经济水平在全国属于领先水平，消费者的购买力较强，因此能接受进口葡萄的人群比较多。

表7-16　各省消费者对葡萄产地偏好　　%

省份	本地葡萄	外地葡萄	进口葡萄	不知道产地
全国	63.80	10.10	4.30	21.70
北京	41.60	24.30	4.20	19.80
天津	60.60	18.20	6.80	14.40
河北	71.60	9.60	0.30	18.50
山西	52.80	28.70	2.80	15.70
内蒙古	45.80	22.40	8.40	23.40
辽宁	59.20	15.00	3.00	22.80
吉林	42.60	22.10	8.80	26.50
黑龙江	34.70	29.80	10.70	24.80
江苏	56.10	24.50	9.20	10.20
浙江	55.20	15.20	3.80	25.70
安徽	31.30	21.90	0.00	46.90
福建	35.30	17.60	11.80	35.30
江西	59.20	22.40	2.00	16.30

续表 7-16

省份	本地葡萄	外地葡萄	进口葡萄	不知道产地
山东	64.10	17.80	3.30	14.80
河南	5.50	21.10	2.30	21.10
湖北	46.00	28.00	0.00	26.00
湖南	42.70	29	4.60	23.70
广东	13.60	9.10	18.20	59.10
广西	53.70	17.10	4.90	24.40
海南	23.80	52.40	4.80	19.00
重庆	55.50	21.20	2.70	20.50
四川	44.30	20.80	1.90	33.00
贵州	69.40	5.60	2.80	22.20
云南	51.40	16.20	5.40	27.00
陕西	51.90	21.00	2.50	24.70
甘肃	56.70	36.70	0.00	6.70
宁夏	77.40	9.70	0.00	12.90
新疆	83.30	14.30	0.00	2.40

(3)消费者对本国和进口葡萄的偏好

在上述分析中有累积超过90%的样本选择国产葡萄，为了进一步考察消费者对本国葡萄和进口葡萄的态度和偏好差异，本研究调研了两类消费者群体(更倾向于购买本国葡萄产品和更倾向于购买进口葡萄产品)，询问了他们各自的购买动机，调研结果如图7-6和图7-7所示。

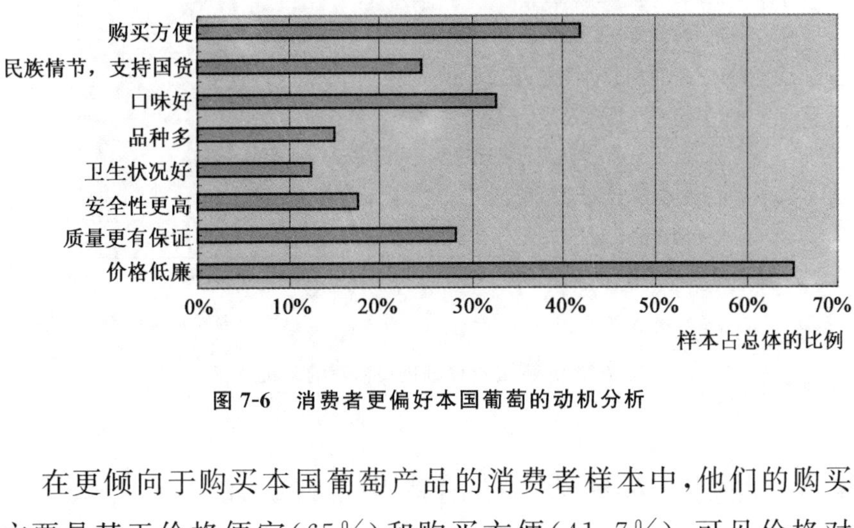

图 7-6　消费者更偏好本国葡萄的动机分析

在更倾向于购买本国葡萄产品的消费者样本中，他们的购买动机主要是基于价格便宜(65%)和购买方便(41.7%)，可见价格对我国消费者选择葡萄产品的制约性还是很强；进口葡萄一般在大型综合超市、专营性的水果店销售较多，较之分布局居民生活的大街小巷的众多农贸市场，购买便利性显然大幅减低。在本国葡萄产品中，消费者打分最低的是卫生状况，这跟我国葡萄的包装有关，国外的很多鲜食葡萄都已经实现了单穗包装，干净、卫生、美观又不易损坏，而我国现在大箱、大框包装还很普遍。

从前面的分析发现选择进口葡萄的居民并不多，只有总体的3.7%，而在这一小部分群体中，他们之所以偏好进口葡萄，原因也是多方面的。从调研结果图7-7来看，最突出的原因是他们认为进口葡萄的口味更好，其次是质量更有保证，第三是安全性更高，可见消费者还是从好吃和安全两个方面考虑作出的选择，当然毋庸置疑的一点是，这部分消费者的经济情况会比较好。通过查阅一些文献，发现在服装、汽车等消费方面，很多消费者选择进口品牌是出于该品牌更能显示拥有者的身份、地位等情感性的购买动机；本研究证实，在葡萄这种水果消费中，还是理性的购买动机占主导地位，情感型的动机相对较弱。

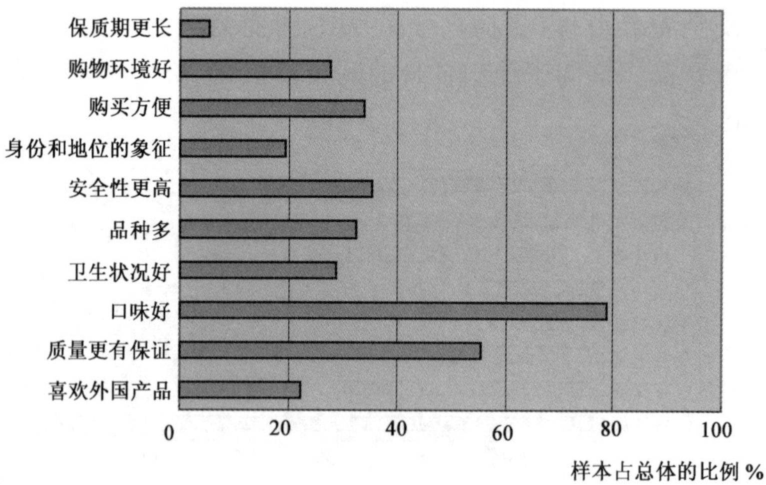

图7-7 消费者更偏好进口葡萄的动机分析

7.4.5 消费者对葡萄酒的消费及品牌认知

在葡萄产品中，葡萄酒无疑是非常重要的一种，葡萄酒美观并且具有多种营养、保健和美容功效，在欧洲和美洲，葡萄酒与人们的日常生活密切相关；而我国由于传统的消费习惯和文化习惯，比较尊崇白酒和啤酒，对葡萄酒的消费量还比较少，我国的葡萄酒文化还需要大力普及。

(1)葡萄酒饮用场合

本研究调研了目前我国消费者对葡萄酒的消费和认知情况。将葡萄酒消费场所进行了分类，包括口渴时、就餐时、宴会时、请客时、补充营养、日常习惯性饮用。调研结果显示，我国消费者饮用葡萄酒主要是在宴会和请客时，而日常就餐和习惯性饮用的比例还很低，葡萄酒消费还没有进入大众消费和日常消费阶段。

表 7-17 葡萄酒消费场合 %

饮用场合	百分比
口渴时	1.9
就餐时	14.4
宴会时	44.4
请客时	21.6
补充营养	6.1
日常习惯性饮用	11.6
合计	100

(2)葡萄酒品牌价值认知

在产品同质性越来越严重的今天，某品牌所代表的独特的品牌特征、品牌感知会在很大程度上影响消费者的购买意愿，进而影响购买行为。葡萄酒作为一种加工品，品牌的价值非常重要。目前我国产销量较大、消费者能较容易接触到的品牌主要有张裕、长城等，消费者对这些品牌的品牌价值认同感也有所不同，调研结果如图 7-8 所示，张裕在消费者心目中的价值是最高的(满分 5 分，得分 4.85 分)，其次是长城和香格里拉，王朝居第四位。消费者的这种认知价值并不一定代表该品牌的真实价值，与该品牌的产品特性有关，也受其广告等营销宣传的影响；但是感知价值与品牌的真实价值密切相关，并且能在很大程度上反映真实价值。

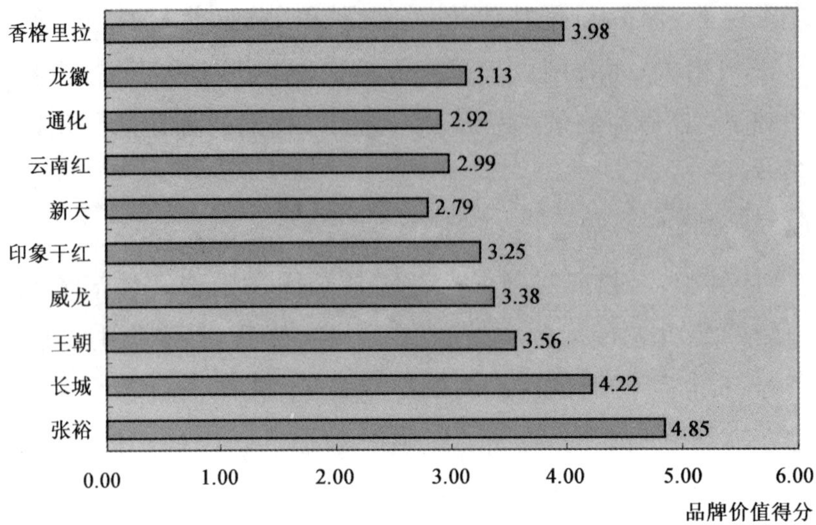

图 7-8 消费者对不同葡萄酒品牌的价值感知

7.5 我国消费者对特殊葡萄及产品的态度

7.5.1 消费者对反季节葡萄的态度

反季节葡萄是指利用特殊环境或者保护性设施，在一般无法正常栽培季节生产的葡萄，本研究在此将经过保鲜储存的葡萄也纳入反季节葡萄中；反季节葡萄由于提前或者延后了果品的供应期，对均衡市场供应、满足消费者需求发挥了一定的作用。那么，消费者对这些反季节葡萄的态度如何呢？本研究首先调研了消费者购买反季节葡萄的数量占购买葡萄总量的比例。

消费者对反季节葡萄的购买量情况统计结果如图 7-9 所示。从调研结果看，样本中 44.3%的消费者对反季节葡萄的购买量占葡萄总购买量的 10%以下，78.9%的消费者购买比例小于 30%，95.1%的消费者购买量小于总量的 50%，可见我国居民对反季节葡萄的购买比例还是比较低的。

消费者为什么对反季节葡萄的态度不积极、接受度不高，受哪些因素影响呢？本研究进一步调研消费者购买反季节葡萄的促进和制约因素，调研信息的统计结果见表 7-18。

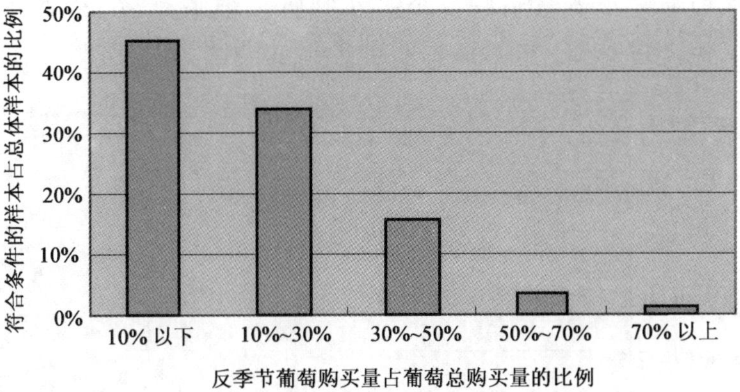

图 7-9　消费者对反季节葡萄的购买量情况

表 7-18　消费者购买反季节葡萄的促进和制约因素　　%

促进因素	百分比	制约因素	百分比
弥补非时令季节供应的不足	42.2	价格太高	39.1
炫耀心理	3.8	新鲜度不够	30.3
个人需求难以抗拒	16.2	没有时令葡萄口味好	24.2
求异心理，显示与众不同	2.1	可选择的品种少	2.9
好奇心理，买来尝尝	21.0	从众心理	3.5
馈赠亲朋好友	14.7	合计	100
合计	100		

在表示愿意购买反季节葡萄的消费者中，最主要的促进消费的因素是为了弥补时令季节供应的不足，可见主要是由于供应的季节差为反季节葡萄争取了一定量的消费群体。而制约消费者购买反季节葡萄的因素则要多和强烈一些，最主要的是因为价格高，其次新鲜度不够和口味没有时令葡萄好，即主要是受制于价格和产品本身的口味。

7.5.2　消费者对安全葡萄的态度

获得“无公害产品、绿色食品、有机食品”认证的葡萄都属于“安全葡萄”，相比普通葡萄而言，“安全葡萄”是安全、优质和营养的，并且有助于维护良好的生态环境，促进人与自然的和谐共处；但是由于生产和管理成本的增加，“安全葡萄”的价格也会适当上升。从产业可持续发展、人与自然和谐发展以及食品安全等多个角度来看，今后发展安全葡萄已是大势所趋。本研究调研了消费者对“安全葡萄”的基本态度和支付意愿,相关信息的结果统计如图 7-10 所示。

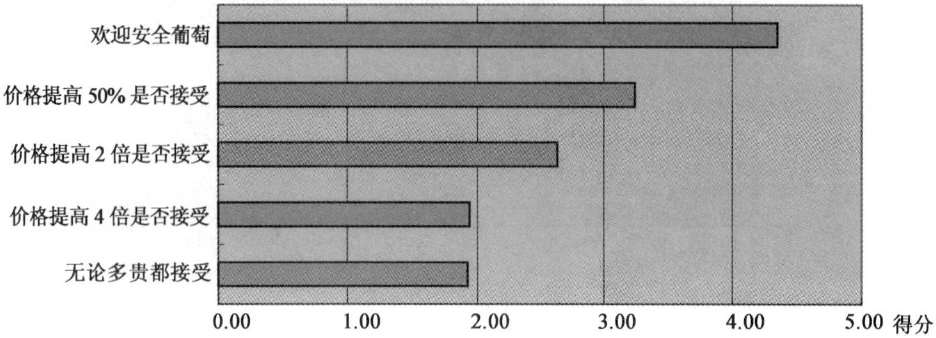

图 7-10　消费者对“安全葡萄”的态度

在基本态度方面,调研结果显示消费者很欢迎“安全葡萄”这种产品,在满分为 5 分的情况下,这一项得到 4.35 分,如果用百分率来表示,消费者的接受度达到了近 90%,可以说消费者的态度是非常积极的,非常愿意接受安全葡萄。但是在支付意愿方面,情况并不是很乐观。当安全葡萄的价格比普通葡萄高 50%即为普通葡萄价格的 1.5 倍时,消费者表示能够继续接受的比例有所下降,得分为 3.24 分,有近 70%的消费者愿意接受;当价格为普通葡萄的 2 倍时,只有 50%多的消费者表示依然接受,而当价格上升到 4 倍及以上时,消费者基本就不愿意接受了。可见,虽然消费者从理性和情感角度,都对“安全葡萄”持积极的态度,但是这种接受度随着“安全葡萄”价格的递增而逐渐降低。

7.5.3　消费者对转基因葡萄的态度

转基因葡萄是转基因食品的一种,转基因技术是指利用分子生物学技术,将某些生物的基因转移到其他生物物种中,以改造生物的遗传物质,使改造了遗传特性的生物在性状、营养和消费品质方面向人类需要的目标转变。关于转基因食品一直存在着支持与反对两种声音。不过到目前为止,还没有确凿的证据来证明转基因食品对人类有害。本研究在调研中同样关注了消费者对转基因葡萄的态度,相关信息的统计结果如图 7-11 所示。

从图 7-11 的统计结果来看,消费者对转基因葡萄的态度是比较保守的。消费者对转基因葡萄的态度得分为 3.11,即中立并且稍微

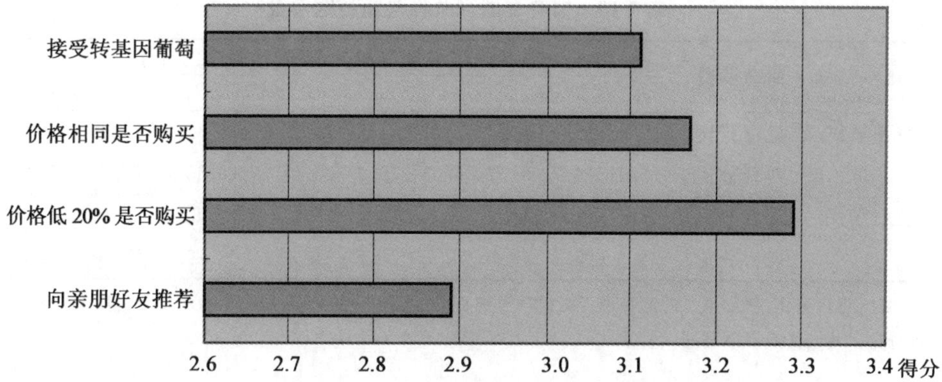

图 7-11　消费者对转基因葡萄的态度

倾向于基本接受。当转基因葡萄与普通葡萄价格相当时，购买意愿依然偏低，当其价格比普通葡萄低 20% 的时候，购买意愿有所上升，但是上升趋势并不显著。当涉及消费者是否会对亲朋好友推荐转基因葡萄时，这一态度变得更加保守，得分为“中立并且倾向于不愿意”，可见消费者对自己并不很乐意接受和购买的转基因产品，同样不愿意进行口碑传播，不愿意向身边的人推荐；而现代消费者行为学认为，口碑传播是非常重要的一种宣传和营销途径。

7.6　因素间交叉分析

为了更深入地研究消费者的各种特征与其对葡萄及葡萄产品消费之间的相互影响关系，本研究对调研数据进行了交叉分析，现将交叉分析效果显著的因素在下文中进行分析。

7.6.1　消费者城乡差异与葡萄消费

根据以往的研究经验，城乡居民在很多产品的消费观念和消费行为都有比较明显的差异，在此本研究按照城镇居民和农村居民将消费者分为两种消费者类型，以期探索城乡居民对葡萄消费行为和偏好的差异。

(1)消费者城乡差异与葡萄消费量

为了探讨城乡居民对葡萄的消费量在常见的 10 种水果中的地位的差异，本研究将消费者类型与葡萄的消费量排序进行了交叉分析，结果整理如表 7-19 所示。

表 7-19 消费者城乡差异与葡萄购买量 %

城乡差异＊葡萄消费		葡萄的购买量在常见 10 种水果中的排序									
		1	2	3	4	5	6	7	8	9	10
城镇居民	行百分比	7.5	10.9	13.2	15.2	15	14.7	10.9	7.37	3.64	1.57
	列百分比	75.1	74.7	81.7	77.5	79.2	75.9	77.9	80.6	77.5	77.1
农村居民	行百分比	8.8	12.9	10.4	15.4	13.8	16.4	10.8	6.2	3.7	1.6
	列百分比	24.9	25.3	18.3	22.5	20.8	24.1	22.1	19.4	22.5	22.9

注：行百分比：例如选 1 的消费者占城镇居民的百分比；列百分比：例如选 1 的消费者占所有居民的百分比。其余的及以下类同。

城镇居民将葡萄排在常见 10 种水果消费的第四位的比例最高，而农村居民对葡萄的消费量在常见10 种水果中的排序更多地集中在第六位，两者呈现出一定的差异。可见，城镇居民对葡萄的消费量要大于农村居民。

(2)消费者城乡差异与葡萄消费动机

将消费者城乡类型与葡萄的消费动机进行交叉分析，得到结果如表 7-20 所示，可以发现，城镇居民和农村居民选择葡萄的最主要动机都是时令水果消费和营养丰富；而城镇居民的第三主要动机是出于葡萄的保健功能，而农村居民的第三主要动机是葡萄的价格便宜。两者的动机相差不大，都是出于理性动机；差异出现在第三个因素，城镇居民考虑的仍然是对自身的保健功能，而农村居民开始关注价格因素，这是城乡经济水平差异在消费者消费行为方面的一个具体体现。

表 7-20 消费者城乡差异与葡萄消费动机 %

城乡差异＊消费动机		时令水果	营养丰富	追随消费	价格便宜	采摘乐趣	美容功能	减肥功能	保健功能
城镇居民	行百分比	79.5	57.2	11.7	18.3	8.9	17.6	10.4	22.5
农村居民	行百分比	75.7	53.3	14.4	23.1	12	14.8	9.5	19.7

(3)消费者城乡差异与葡萄的价格接受度

消费者城乡差异与消费者对葡萄的价格接受度交叉分析结果如表 7-21 所示。从表 7-21 可以看出：城乡居民对葡萄价格区间的偏好既有相同的也有不同之处。城乡居民最愿意接受的价格区间都是在3～8 元，而在 3 元以下和 8.1～13 元两个区间上两者的分布情况呈现出了比较明显的差异，城镇居民对 3 元以下和 8.1～13 元两个区间的接受度相当；而农村居民对3元以下葡萄的接受度则大大高于8.1～13元，即农村居民更偏好于单价较低的葡萄。值得注意的是，在3～8元区间上的分布，城镇居民的比例要比农村居民的高，但是差异不显著；本研究推论是由于3～8元的区间长度有些大，如果区间更加细分的话，两者的偏好可能呈现地更加明显。

表7-21 消费者城乡差异与葡萄消费动机 %

城乡差异＊价格接受度		消费者对葡萄的价格接受度(元/斤)				
		3元以下	3～8元	8.1～13元	13.1～20元	20元以上
城镇居民	行百分比	19.1	56.3	17.5	5.5	1.6
	列百分比	67.4	79.0	85.0	83.4	86.7
农村居民	行百分比	32.3	52.2	10.8	3.8	0.9
	列百分比	32.6	21.0	15.0	16.6	13.3

7.6.2 消费者性别与葡萄消费

(1)消费者性别与葡萄口味偏好

本研究将消费者与葡萄口味的偏好信息进行统计，结果见表7-22。从调研结果看，消费者的性别与葡萄口味偏好关系不明显。在男性样本中，53.8%的消费者偏好甜味葡萄。另外，有不足40%的人偏好酸中带甜的口味，偏好酸味的群体占总体的7.3%；在女性样本中，这一总体趋势没有改变，51%的样本群体偏好甜味葡萄，42%的消费者偏好酸中带甜的口味。可见消费者性别对消费者的葡萄口味偏好有一些影响，男性消费者比女性更偏好甜味更浓的葡萄，但是这个差异不显著。

表7-22 消费者性别与葡萄口味偏好 %

消费者性别＊葡萄口味		甜味	酸味	酸中带甜
男性	行百分比	53.8	7.4	38.8
	列百分比	47.5	48.5	44.3
女性	行百分比	51.2	6.7	42.1
	列百分比	52.5	51.5	55.7

(2)消费者性别与葡萄有无核

消费者性别与葡萄有无核偏好的统计结果如表7-23所示。由统计结果显示，消费者的性别与葡萄有无核偏好关系不大。男性和女性消费者都非常显著地偏好无核葡萄,有无核葡萄的偏好群体呈现“三七分配”的比例;男性和女性消费者偏好的差异性不大,相比较而言女性比男性对无核葡萄的偏好的比例更高一些。

表 7-23 消费者性别与葡萄有无核偏好 %

消费者性别 * 葡萄有无核偏好		有核	无核
男性	行百分比	30.1	69.9
	列百分比	48.2	45.3
女性	行百分比	27.8	72.2
	列百分比	51.8	54.7

(3)消费者性别与反季节葡萄消费

本研究将消费者性别与反季节葡萄消费进行交叉分析,结果如表 7-24 所示。男性和女性对反季节葡萄的消费量差异不是很显著,双方都是购买反季节葡萄的量占葡萄购买总量比例在 10%以下的群体最多。相比较而言,女性在购买量最低的区间所占的比例更高,而男性在其他区间的比例都比女性高,因此从总体趋势上来看,男性比女性更容易接受反季节葡萄。

表 7-24 消费者性别与反季节葡萄消费 %

消费者性别 * 反季节葡萄消费		购买的经储存的反季节葡萄占总购买量的比例				
		10%以下	10%～30%	30%～50%	50%～70%	70%以上
男性	行百分比	40.9	35.5	18.0	3.9	1.7
	列百分比	42.6	47.5	52.4	53.0	58.7
女性	行百分比	47.8	34.0	14.2	3.0	1.1
	列百分比	57.4	52.5	47.6	47.0	41.3

7.6.3 消费者年龄与葡萄消费

作为理性个人的消费者,他们的消费观念、风险偏好等都会随着年龄的增长而呈现一定的变化,这在消费者行为学和市场营销学中被多次验证过,这也是厂家非常关注不同年龄消费者市场细分的原因。本研究对消费者年龄与葡萄消费进行了交叉分析,以期探索其中是否存在显著的差异性关系。

(1)消费者年龄与葡萄口味偏好

消费者年龄与葡萄口味偏好交叉分析结果见表 7-25。由表 7-25 可见,18 岁以下的消费者中,偏好酸中带甜口味的比例最高,而其他年龄区间的消费者,都是偏好甜味葡萄的比例更高,随着年龄区间的增长，在偏好甜味的样本中所占的比例越高；因此年龄对消费者口味的影响较显著，年龄越高，对甜味葡萄的偏好更强烈。

表 7-25　消费者年龄与葡萄口味偏好　%

消费者年龄 * 葡萄口味偏好		甜味	酸味	酸中带甜
18 岁以下	行百分比	39.4	12.1	48.5
	列百分比	2.9	6.7	4.7
18～25 岁	行百分比	50.2	6.7	43.1
	列百分比	43.8	44.1	48.8
26～36 岁	行百分比	52.7	7.7	39.6
	列百分比	18.6	20.2	18.1
36～45 岁	行百分比	55.9	5.8	38.3
	列百分比	17.8	13.9	15.8
46～55 岁	行百分比	61.3	6.7	32.0
	列百分比	12.8	10.5	8.7
55 岁以上	行百分比	52.9	8.0	39.1
	列百分比	4.1	4.6	3.9

(2)消费者年龄与葡萄有无核偏好

消费者年龄与葡萄口味偏好的交叉分析结果如表 7-26 所示。可以看出，18 岁以下的消费者中，有近 60%的消费者倾向于选择无核葡萄，超过 40%的消费者偏好有核葡萄，两者相差不足 20%；而在其他年龄段的消费者群体中，基本呈现出 70%以上的消费者偏好无核葡萄，只有不足 30%的消费者偏好有核葡萄。对比这两组数据，可以认为在 18 岁以下的消费群体中，对葡萄有无核的偏好差异性较小；而在 18 岁以上的群体中，非常明显地偏好无核葡萄。

表 7-26　消费者年龄与葡萄口味偏好　%

消费者年龄 * 葡萄有无核		有核	无核	合计
18 岁以下	行百分比	40.7	59.3	100.0
	列百分比	5.6	3.3	4.0
18～25 岁	行百分比	30.1	69.9	100.0
	列百分比	47.5	44.6	45.4
26～36 岁	行百分比	29.5	70.5	100.0
	列百分比	18.8	18.2	18.4
36～45 岁	行百分比	23.7	76.3	100.0
	列百分比	14.0	18.2	17.0
46～55 岁	行百分比	27.4	72.6	100.0
	列百分比	10.6	11.3	11.1
55 岁以上	行百分比	24.1	75.9	100.0
	列百分比	3.5	4.4	4.1

(3)消费者年龄与转基因葡萄的接受度

消费者年龄与转基因葡萄的接受度的交叉分析结果见表7-27。可以看出,从18岁以下到55岁之间,随着年龄区间的上升,消费者不接受转基因葡萄的比例在增高,而接受的比例在降低,因此在这一区间,消费者的年龄与对转基因葡萄的接受度呈现负相关。转基因农产品毕竟是一种新型的、消费者没有普遍食用的新事物,消费者在面对新事物的时候,难免会产生一定的感知风险,一般来说年轻消费者对新事物的接受度更强一些;而随着年龄增大,消费者的顾虑会增多,进而感知风险增强,对新事物的接受度就下降,从交叉分析的结果来看,反映的也是这种趋势。而55岁以上的年龄区间与上一个年龄区间相比,不接受转基因葡萄的比例反而有所下降,而接受的比例明显提高,这一结论与假设相反。

表7-27 消费者年龄与转基因葡萄接受度 %

消费者年龄＊转基因葡萄接受度		你愿意接受转基因葡萄吗				
		非常不愿意	比较不愿意	中立	比较愿意	非常愿意
18岁以下	行百分比	9.7	5.9	41.5	29.6	13.3
	列百分比	3.5	1.7	4.4	3.9	6.2
18～25岁	行百分比	8.4	13.6	37.2	31.6	9.2
	列百分比	34.7	45.4	45.6	48.3	50.2
26～36岁	行百分比	11.0	11.8	38.4	29.8	9.0
	列百分比	18.4	16.0	19.0	18.5	19.7
36～45岁	行百分比	13.5	13.5	37.6	30.4	5.0
	列百分比	20.8	16.8	17.2	17.3	10.1
46～55岁	行百分比	17.0	19.4	33.9	23.3	6.4
	列百分比	16.8	15.6	9.9	8.6	8.3
55岁以上	行百分比	15.3	14.6	34.7	24.3	11.1
	列百分比	5.8	4.5	3.9	3.4	5.5

(4)消费者年龄与转基因葡萄的支付意愿

消费者年龄与转基因葡萄的支付意愿交叉分析结果见表7-28。当假设转基因葡萄的价格比普通葡萄低20%时,消费者的支付意愿与对转基因葡萄的接受度整体上呈现一致的趋势。在消费者年龄大于55岁以上时,愿意支付的比例反而有所上升,与整体的趋势不一致。

表 7-28　消费者年龄与转基因葡萄支付意愿　%

消费者年龄＊转基因葡萄的支付意愿		如果转基因葡萄价格比普通葡萄低 20%，您是否愿意购买				
		非常不愿意	比较不愿意	中立	比较愿意	非常愿意
18 岁以下	行百分比	6.7	12.6	32.6	28.1	20.0
	列百分比	2.8	3.0	4.9	3.6	4.7
18～25 岁	行百分比	6.6	15.5	26.1	34.6	17.2
	列百分比	32.4	42.1	45.0	50.9	47.0
26～36 岁	行百分比	10.4	18.3	27.5	28.0	15.8
	列百分比	20.8	20.2	19.2	16.6	17.5
36～45 岁	行百分比	11.5	17.1	24.8	29.6	17.0
	列百分比	21.1	17.3	16.0	16.3	17.3
46～55 岁	行百分比	14.1	20.8	26.7	25.9	12.5
	列百分比	16.6	13.6	11.0	9.1	8.3
55 岁以上	行百分比	13.9	15.3	24.3	25.7	20.8
	列百分比	6.3	3.8	3.9	3.5	5.2

7.6.4　消费者受教育水平与葡萄消费

(1)消费者受教育水平与葡萄酒消费场合

消费者受教育水平与葡萄酒消费场合的交叉分析结果见表 7-29。可以看出，不同受教育水平的消费者，对葡萄酒的习惯饮用场合有共同之处，但是也存在差异。

表 7-29　消费者受教育水平＊葡萄酒消费场合　%

消费者受教育水平＊葡萄酒消费场合		葡萄酒消费的场合					
		口渴时	就餐时	宴会时	请客时	补充营养时	日常习惯性饮用
未上过学	行百分比		40.0	50.0	10.0		
	列百分比		1.1	0.5	0.2		
小学	行百分比	3.4	15.3	28.8	28.8	13.5	10.2
	列百分比	4.4	2.5	1.5	3.2	5.2	2.1
初中	行百分比	1.6	13.0	41.5	31.7	7.3	4.9
	列百分比	8.9	8.8	9.3	14.6	11.9	4.2
高中	行百分比	1.9	11.6	40.7	27.6	7.1	11.1
	列百分比	20.0	14.8	17.2	24.2	21.9	18.2
大专	行百分比	1.4	15.4	40.9	25.0	6.8	10.5
	列百分比	15.6	20.3	18.0	22.7	21.9	17.8
本科及以上	行百分比	1.9	15.7	48.5	15.4	4.9	13.6
	列百分比	51.1	52.5	53.5	35.1	39.1	57.7

相同之处在于所有群体中，宴会都是最主要的葡萄酒饮用场合，其次是请客时的消费；不同之处在于，随着消费者受教育水平的提高（未上过学的样本比例很低，占总体的0.4%，代表性不强，暂时不予考虑），宴会时的消费量在提高，同时就餐时的消费量也在提高，而请客消费量有适当地降低，在高中、大专和本科及以上的消费者群体中，将葡萄酒作为日常习惯性饮用的比例也偏高。因此，从总体来看，可以认为受教育程度不同的人，由于其生活习惯有差异，因此对葡萄酒的消费习惯也有所不同；而且随着教育水平的提高，对葡萄酒文化的认同感更强，因而日常性饮用葡萄酒的比例也增高了。

(2)消费者受教育水平与安全葡萄接受度

消费者受教育水平与安全葡萄接受度的交叉分析结果如表7-30所示。消费者对无公害、绿色和有机等安全葡萄的接受度与其受教育水平也有一定的关系。未上过学和小学的样本群体中，由于文化水平较低，对安全葡萄所代表的绿色、安全、优质及无污染等特征认识度不够，而对安全葡萄的价格比普通葡萄高这一特征关注得更多，因而接受度相对较低；在初中以上文化水平的消费者中，接受科学文化知识和新事物的能力更强一些，对安全葡萄的以上属性认知度更高，因而对其接受度也显著提高。

表7-30 消费者受教育水平与安全葡萄接受度 %

消费者受教育水平 * 安全葡萄接受度		您愿意接受安全葡萄吗				
		非常不愿意	比较不愿意	中立	比较愿意	非常愿意
未上过学	行百分比	15.4	7.6	30.8	15.4	30.8
	列百分比	1.5	1.4	1.0	0.3	0.2
小学	行百分比	8.3	1.2	15.5	20.2	54.8
	列百分比	5.2	1.4	3.3	2.5	2.1
初中	行百分比	2.6	2.6	15.6	21.3	57.9
	列百分比	6.0	11.0	12.0	9.4	8.1
高中	行百分比	3.5	2.3	9.9	20.9	63.4
	列百分比	17.2	20.5	16.3	20.0	19.2
大专	行百分比	1.6	2.4	10.6	21.6	63.8
	列百分比	8.2	21.9	18.3	21.5	20.1
本科及以上	行百分比	4.9	1.9	11.3	18.5	63.4
	列百分比	61.9	43.8	49.1	46.3	50.3

7.6.5 消费者家庭收入与葡萄消费

(1)消费者家庭收入与对葡萄的价格接受度

消费者家庭收入与对葡萄的价格接受度交叉分析结果如表 7-31 所示。可以看出:3～8 元的葡萄是最容易被消费者接受的价格区间,但是随着家庭人均月收入的增加,3 元以下的接受者在逐渐减少,而选择 8.1～13 元这个档次葡萄的接受者在增加,13.1～20 元的接受者也在增加,随着收入的增加,消费者能够接受的葡萄价位也在逐渐提高;但是 20 元以上的接受者却并没有显著增加,反而比 13.1～20 元的接受百分比更低,可以理解为当葡萄的单价超过 20 元/斤的时候,已经超过了大多数消费者的心理价位,对葡萄的接受意愿迅速降低以至放弃葡萄消费,消费者可能转向其他水果和食品的消费,以至于各个收入阶层的接受度差别不大,接受度都很低。

表 7-31 家庭人均月收入与价格接受度 %

家庭人均收入 * 价格接受度		葡萄价格的接受度(元/斤)				
		3 元以下	3～8 元	8.1～13 元	13.1～20 元	20 元以上
1 000 元以下	行百分比	31.9	51.6	12.3	2.7	1.5
	列百分比	32.6	21.5	17.6	12.0	23.9
2 000～3 000	行百分比	24.6	56.6	14.8	3.4	0.6
	列百分比	38.3	35.9	32.1	22.8	15.2
2 001～3 000	行百分比	19.1	54.8	17.4	7.6	1.1
	列百分比	19.1	22.3	24.3	32.3	17.4
3 001～4 000	行百分比	10.9	67.0	15.1	5.4	1.6
	列百分比	3.9	9.9	7.6	8.4	8.7
4 001～5 000	行百分比	12.9	53.9	20.3	9.0	3.9
	列百分比	3.2	5.5	7.0	9.6	15.2
5 000 以上	行百分比	10.6	42.9	29.4	12.6	4.5
	列百分比	2.9	4.9	11.4	15.0	19.6

(2)消费者家庭收入与反季节葡萄消费量

消费者家庭收入与反季节葡萄消费量的交叉分析结果见表7-32。从整体的趋势来看,随着消费者家庭收入的增加,购买反季节葡萄的比例也在增加。这个趋势在前 5 个收入区间的时候都成立,而在人均收入 5 000 元以上的消费者群里中,购买反季节葡萄的比例却有所下降。前面的研究显示,制约人们购买反季节葡萄的最重要因素是反季节葡萄的价格太高，交叉分析也显示随着收入增加，对反季节葡萄的消费比例有所增加。至于家庭人均收入 5 000 元以上的消费者，由于这部分消费者有很强的支付能力，他们很可能转向其他新、奇、特水果或食品的消费，因此他们与人居年收入 4 001～5 000 的消费者相比，对反季节葡萄的消费比例没有如预期般地上升。

表 7-32 消费者家庭人均月收入与反季节葡萄消费 %

家庭收入＊反季节葡萄消费		购买的经储存的反季节葡萄占总购买量的比例				
家庭人均月收入/元		10%以下	10%～30%	30%～50%	50%～70%	70%以上
1 000 元以下	行百分比	46.7	32.4	15.5	3.3	2.1
	列百分比	23.9	21.2	22.9	21.6	36.4
1 000～2 000	行百分比	46.1	34.9	14.6	3.0	1.4
	列百分比	36.0	34.9	32.9	29.3	36.4
2 001～3 000	行百分比	46.3	36.2	12.5	4.5	0.5
	列百分比	23.3	23.2	18.1	28.4	9.1
3 001～4 000	行百分比	41.4	37.9	16.9	2.3	1.5
	列百分比	7.4	8.6	8.7	5.2	9.1
4 001～5 000	行百分比	34.1	41.8	20.3	2.7	1.1
	列百分比	4.2	6.6	7.3	4.3	4.5
5 000 以上	行百分比	37.1	30.7	24.9	6.3	1.0
	列百分比	5.2	5.5	10.1	11.2	4.5

7.7 结论与建议

本研究通过调查问卷的方式调研分析了我国消费者目前对葡萄及其制品的消费需求情况，分析所用的数据都是本研究团队组织收集的第一手资料，调研的样本量达 3 500 多份，对各种类型的消费者都有所涉及，样本代表性较好。

研究结果显示，目前我国消费者对葡萄及其制品的需求呈现一些具有统计规律性的特征，掌握这些特征有助于研究团队把握作为市场终端的消费者的消费心理和行为，有助于研究团队制定符合实际的葡萄产业发展规划、推行产业促进政策，有助于涉葡企业采取适合市场需求的营销和加工策略，也有助于生产者和种植户根据消费者需求和偏好改进、调整自己的生产。

7.7.1 主要研究结论

(1)葡萄消费一般特征

我国消费者对苹果的消费量最大,葡萄处于消费量排名第五的位置,这是由于消费者的消费习惯、葡萄相对苹果等其他水果不易储运和价格偏高等原因造成的。消费者对葡萄消费主要是基于时令水果消费和对营养价值的认同。城乡消费者消费葡萄的两个最主要动机都是时令水果消费和营养丰富;而在第三个因素出现了差异,城镇居民考虑的是对自身的保健功能,而农村居民开始关注价格因素,这是城乡经济水平差异在消费者消费行为方面的一个具体体现。

我国消费者对葡萄的消费,以鲜食葡萄消费为主,各种加工品的消费量远远低于鲜食量。由于消费均衡性较高的加工品占总消费量的比例较低,而消费季节性强的鲜食葡萄占消费的主体,因此导致我国葡萄消费呈现出明显的季节性特征。

(2)葡萄属性的消费偏好特征

消费者对葡萄的品种认知度还很有限,很多消费者不知道自己平时购买的是什么品种的葡萄,而是通过外形、色泽等属性的判断来选择购买哪一种葡萄,体现出一定的随意性消费特征。消费者对葡萄各种属性的关注度是不同的。研究表明消费者最关注属性:口味、新鲜度、安全性、卫生、营养、色泽。

在口味偏好中,90%以上的消费者偏好甜味型和酸中带甜的葡萄,而喜欢酸味葡萄的消费者比例不足10%。男女性在葡萄口味方面的偏好整体趋势一致,93.8%的男性和93%的女性都偏好甜味和酸中带甜的口味。不同年龄阶层的消费者对葡萄的口味偏好有所不同,随着年龄增高,消费者对甜味葡萄的偏好更强烈。

近70%消费者倾向于选择无核葡萄。交叉分析发现,男女性消费者都非常显著地偏好无核葡萄,相比较而言女性比男性对无核葡萄的偏好更强烈一些。在18岁以上的消费群体中,非常明显地偏好无核葡萄。

消费者能够接受的心理价格区间以8元以下的中低档为主,尤其以3～8元的中档葡萄为主。城乡居民对葡萄价格的接受度有所差异,农村居民更愿意接受中低价位的葡萄。消费者家庭收入会显著地影响对葡萄的价格接受度,随着收入的增加,消费者能够接受的葡萄价位在逐渐提高;当葡萄的单价超过 20 元/斤的时候,超出了大多数消费者的心理价位,各个收入阶层的消费者的接受意愿都很低。

(3)葡萄购买行为偏好特征

在选择购买葡萄的地点时,消费者首要考虑的因素是距离近、购买方便,其次是葡萄是否新鲜和卫生,第三是价格因素。目前我国消费者购买葡萄的主要地点为农贸市场、综合型超市、水果超市和水果批发市场,由于路边摊和社区水果店的便利性很强,因而也有相当一部分消费者选择这两个购买渠道。

50%以上的消费者平时倾向于选择本地葡萄。我国居民对进口葡萄的接受度较低,超过 90%的消费者偏好国产葡萄,其原因是由于本国葡萄价格便宜和购买方便;其他选择进口葡萄的消费者,认为国产葡萄卫生状况不够理想,而进口葡萄的口味更佳,其次是质量更有保证,第三是安全性更高。

(4)葡萄酒消费特征

我国居民消费的葡萄制品中,数量最多的是葡萄干,其次才是葡萄酒。我国还没有形成葡萄酒消费文化,消费者饮用葡萄酒主是在宴会和请客这两种情况下,日常就餐和习惯性饮用的比例还很低,葡萄酒消费还没有进入大众消费和日常消费阶段。不同受教育水平的消费者,宴会和请客都是最重要的葡萄酒饮用场合;随着消费者教育水平的提高,日常性饮用的比例有所增加。

葡萄酒作为一种工业品,其品牌影响力会影响消费者的购买决策。张裕品牌在消费者心目中的价值最高,其次是长城、香格里拉、王朝。

(5)对特殊葡萄的态度特征

目前我国消费者对反季节葡萄的消费量还很低,近 80%的消费者购买反季节葡萄的量占总消费量的比例小于 30%。促进消费者购买反季节葡萄购买意愿的主要因素是弥补时令季节供应的不足,体现出供应的季节差所带来的优势,而制约消费者对反季节葡萄消费的最主要因素是价格高,其次新鲜度不够和口味没有时令葡萄好。随着家庭收入增加,购买反季节葡萄的比例在增加。

消费者很欢迎安全葡萄,接受度接近 90%;当价格逐渐升高时,消费者支付意愿有所降低,当价格上升到普通葡萄的 4 倍时,消费者不再接受,支付意愿受制于价格因素。同时消费者的受教育水平也会影响对安全葡萄的接受度。

消费者对转基因葡萄的态度比较保守，接受度较低并且不愿意进行口碑传播，不愿意向身边的人推荐转基因葡萄。当其价格比普通葡萄低20%的时候，购买意愿有所上升，但是上升趋势并不显著。年龄在55岁以下的群体中，消费者的年龄与对转基因葡萄的接受度和支付意愿均呈现负相关。

7.7.2 建议

(1)强化葡萄消费观念，促进消费者需求充分释放

葡萄是一种营养价值非常高的水果，而我国大多数消费者一般只是将葡萄作为一种时令水果食用，对其在营养、保健和美容等方面的价值认知却远远不够；葡萄园景观优美，非常适合休闲观光，采摘葡萄不仅有乐趣，而且锻炼身体、陶冶情操。通过大力宣传葡萄消费理念，强化食用葡萄对人体健康的益处，引导消费者消费更多的葡萄及其产品。

葡萄酒美观、可口、健康，代表了一种对美的追求和对生活的享受，它不仅适合宴会等高档社交场合，也适合日常饮用。从欧美等国的经验看，人们对葡萄产品的消费主要是依靠葡萄酒，我国饮用葡萄酒的历史也非常久远，但是葡萄酒一直没有深入人们的生活，主要是我国的葡萄酒文化没有形成。通过营销宣传，在我国逐渐形成一种植根消费者日常生活的葡萄酒文化，使葡萄酒进入大众消费和日常消费阶段，促进消费者对葡萄酒的需求。

(2)注重市场调研，关注消费者偏好和市场发展趋势

必须改变重生产、轻市场，“酒香不怕巷子深”的传统观念，要充分重视市场研究，关注消费者的消费心理、消费行为体现出来的消费者偏好，因为这往往代表了市场未来的发展趋势。

在种质培育、栽培模式、品种选择等方面都要考核市场接受度和经济效益，进行市场预调研。调研显示，消费者偏好无核葡萄、甜味较强的葡萄、对转基因葡萄接受度不高，目前我国消费者对反季节葡萄的消费量还比较低，在实际生产环节，就要结合消费者的偏好和接受度来安排生产，可以多生产一些无核和甜味强的品种，对促早、延迟、一年多熟等栽培模式的采用要因地制宜、适当发展，不跟风、不盲目，才能使自己的产品适销对路，满足市场需求，获得良好的收益。

在市场分析中，还要注重市场细分，关注不同性别、年龄、收入的消费者的需求差异，提供差异化的产品、服务和营销策略，取得更好的效果。

(3)推广标准化和优质生产理念，提高果品质量

消费者对自身的安全和营养健康越来越关注，对果品的要求越来越高，消费者认为我国葡萄产业不足的首要问题就是果品质量有待提高，一些消费者选择进口葡萄也是基于进口葡萄的口味、质量和安全性，这都要求我国的葡萄种植者应该转变生产观念，树立科学的种植观，具备标准化和优质栽培理念，向市场提供安全、优质的葡萄产品。

在栽培环节和质量管理中都严格执行标准化，按照相关的国家标准、地方标准、行业标准和企业标准安排生产，坚决杜绝凭经验栽种、施肥、打药的现象。优质的前提是安全，在农药、化肥、生长调节剂的使用上，严格按照国家规定适量使用，最好少用和不用，坚决保证产品安全；正确处理产量与质量、质量与效益的关系，能够通过控制产量来提高质量，推行 GAP 生产规范，推广优质栽培模式和认证工作，发展以无公害、绿色和有机为代表的安全葡萄产品。

(4)大力发展葡萄加工业，满足市场多样化需求

调研显示，我国消费者对葡萄产品的消费以鲜食为主，而对葡萄酒、葡萄干等加工品的消费量远远低于鲜食葡萄；葡萄加工品的消费均衡性更高，市场需求更有保证，能够克服鲜食葡萄上市集中、消费季节性强等缺陷，同时通过深化加工，能够满足消费者多样化的需求，提高产品附加值、增加果农收益。

通过加强葡萄加工品的开发深度和广度，大力发展葡萄酒、葡萄干、葡萄汁等加工业，拓宽和延伸葡萄产品链条的广度和深度，开发种类丰富、风味独特、特色鲜明的葡萄产品，克服同质化现象；提高品质，提高产品优质率；注重品牌建设，培育民族品牌，扩大品牌效应；发挥葡萄加工业的产业波及效应，发展集种植、加工、旅游、服务、休闲于一体的葡萄经济链条。

8 中国葡萄国际贸易特征

在葡萄生产迅速发展的同时，中国葡萄产业的贸易情况却并不乐观。一直以来，我国葡萄国际贸易存在较大的贸易逆差，并且呈现扩大趋势，2009 年中国葡萄产业贸易逆差更创新高达到 4.88 亿美元，可见我国虽然已经成为世界葡萄生产大国，但距葡萄贸易强国还有很大的差距。因此，系统分析中国葡萄产业在当前国际贸易中所处的形势，可以客观判断我国葡萄产业的国际地位，发现葡萄产业发展中存在的问题并提出有针对性的措施建议，为提高我国葡萄产业的国际竞争优势提供参考建议。

8.1 中国葡萄国际贸易发展

(1)中国葡萄产业国际贸易发展迅速，贸易量和贸易额增速显著

改革开放以来，我国葡萄产业国际贸易取得了迅速发展。以鲜食葡萄、葡萄酒、葡萄干、葡萄汁等主要产品的贸易量之和代表葡萄产业贸易量来看，见图 8-1，从 1995 年开始，我国葡萄产业进口贸易基本保持了持续增长的趋势，尤其近十年来增速明显；而出口贸易在 1995—2001 年的 6 年间却增长乏力、甚至陷入停滞阶段，从 2002 年开始，我国葡萄产业出口贸易发展趋势逐渐好转，一改前几年的颓势。1995 年我国葡萄产品进口 0.58 万吨、出口 0.69 万吨，经过 15 年的发展，2009 年，葡萄产业的进口量达到 28.15 万吨，出口 14.4 万吨，分别增长了 48.5 倍和 20.87 倍；在贸易量显著增长的同时，贸易额也增速明显，1995 年葡萄产品进口额 0.49 千万美元，出口额 1.03 千万美元，2009 年进口额和出口额分别增长到 64.7 千万美元和 15.9 千万

美元，增长了 132 倍和 15.4 倍，可见我国葡萄产业贸易增长显著。

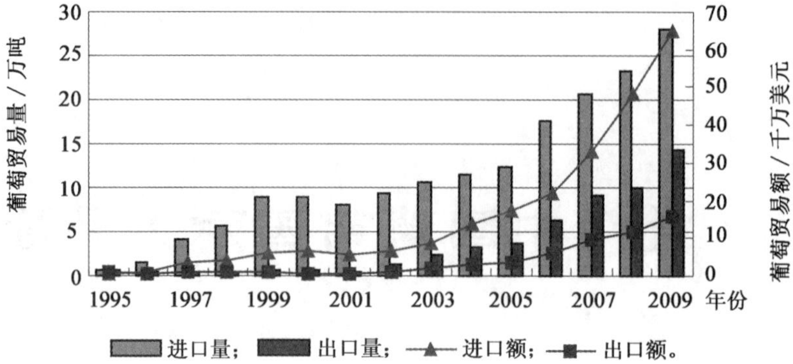

图 8-1　1995—2009 年我国葡萄产业国际贸易发展

(2)中国葡萄产业贸易逆差大

虽然我国葡萄产业贸易迅速发展，但是分析进口和出口贸易数据，就会发现我国葡萄贸易形势并不乐观。长期以来，我国葡萄及其制品的销售以国内市场为主，贸易存在较大逆差。从前面数据可见，15 年来，虽然我国主要葡萄产品出口量和出口额的增长都超过了 15 倍以上，但进口量更是增长了近 50 倍，增速远高于出口。

十多年来，我国葡萄进口量一直大大高于出口量，而且这一贸易差呈现递增态势，从 1996 年的 0.99 万吨增加到 2002 年的 8.14 万吨，至 2009 年已经增加到 13.74 万吨，进口量是出口量的 1.95 倍，差距显著。而贸易逆差的增长幅度更大，1996 年葡萄产业贸易逆差只有 0.35 千万美元，2002 年增至 5.32 千万美元，到 2009 年贸易逆差再次大幅增加至 48.81 千万美元，进口额是出口额的 4 倍之多，逆差有进一步加大趋势，见图 8-2。

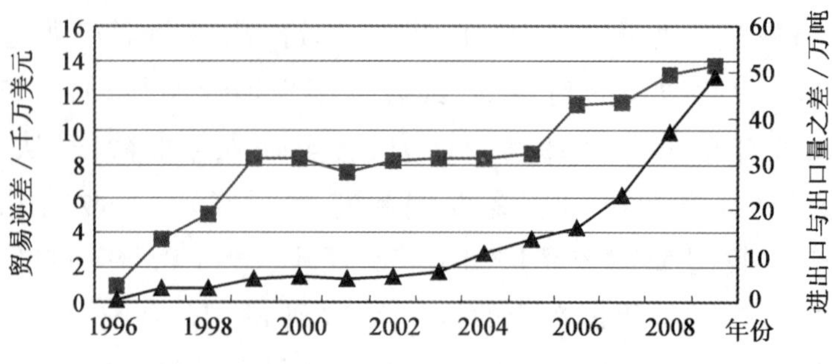

图 8-2　1995—2009 年我国葡萄产业国际贸易中贸易逆差

(3)中国葡萄产品贸易量占产量的比例较低，产品主要依靠内销

中国葡萄生产取得了巨大成就，是世界第二大葡萄主产国，已跻身世界葡萄大国之列；葡萄国际贸易也取得较大发展，但是贸易量占国内总产量的比例却一直很低，并且在贸易中出口量又明显低于进口量。1995 年中国葡萄贸易量占产量的比例只有 0.67%，2001 年上升至 2.25%，2008 年这一比例为近几年最高，但也只有 4.57%，相比 2008 年中国 728 万吨的葡萄产量，这一年的葡萄出口量(包括鲜食葡萄及主要葡萄制品)只有区区 10 万吨，出口量占葡萄产量比例非常之低，只有 1.37%。

(4)中国葡萄贸易占世界葡萄贸易的比例较低，贸易地位缓慢上升

中国葡萄产业国际贸易在世界葡萄产业国际贸易的发展环境中缓慢发展。2000 年，中国葡萄产业贸易量和贸易额分别为 9.42 万吨和 7.07 千万美元，而同期世界葡萄产业贸易量 1 943.99 万吨，贸易额 3 290.63 千万美元，中国的贸易量和贸易额占世界总量的 0.48% 和 0.21%；到 2008 年中国葡萄贸易量和贸易额增加到 33.27 万吨和 59.76 千万美元，分别占世界的 1.19%和 0.93%。可见，中国葡萄贸易在世界葡萄产业贸易中的比例还很低，虽然从 1994 年开始就是世界最大的鲜食葡萄生产国，并且从 2008 年开始成为世界第二大葡萄主产国，但中国的葡萄贸易在世界葡萄产业贸易中的地位较低，而且增长较为缓慢。

8.2 中国葡萄国际贸易产品结构

葡萄产业国际贸易主要包括鲜食葡萄、葡萄酒、葡萄干和葡萄汁的进出口贸易情况，我国各种葡萄产品的贸易状况发展不平衡，它们在整个葡萄产业贸易中的比重也不同。本研究选取 2000—2009 年各种葡萄产品的贸易数据进行分析，2000—2008 年间偶数年份和 2009 年数据如表 8-1 所示。

(1)鲜食葡萄和葡萄干出口快速增长，葡萄干实现贸易顺差，葡萄酒和葡萄汁逆差严重

我国葡萄产业中各种产品的贸易发展不平衡，鲜食葡萄、葡萄干出口量显著增加，2007 年开始鲜食葡萄进口量小于出口量，葡萄干已经多年实现了贸易顺差，而葡萄酒、葡萄汁的出口贸易则增长缓慢，

并且贸易逆差严重。

表 8-1 我国葡萄产业贸易产品结构 贸易量:万吨;贸易额:千美元

产品	贸易项目	2000	2002	2004	2006	2008	2009
鲜食葡萄	进口量	5.24	5.49	5.89	4.60	5.16	8.98
	占总体比例	59.18%	58.30%	50.77%	26.16%	22.24%	31.89%
	出口量	0.08	0.59	1.78	3.43	6.33	10.01
	占总体比例	13.28%	45.95%	55.04%	55.19%	62.87%	69.46%
	进口额	3 4615	32 239	67 482	69 659	95 017.61	170 941.9
	占总体比例	54.39%	49.85%	50.17%	31.65%	19.67%	26.42%
	出口额	239	2 289	7 382	19 234	47 437.07	85 850.49
	占总体比例	3.37%	19.93%	24.70%	31.43%	41.38%	54.06%
葡萄酒	进口量	3.43	3.00	4.37	11.47	16.32	17.12
	占总体比例	38.77%	31.90%	37.72%	65.16%	70.33%	60.83%
	出口量	0.39	0.21	0.20	0.37	0.50	0.14
	占总体比例	69.22%	16.31%	6.06%	6.02%	5.00%	0.97%
	进口额	27 450	22 469	49 648	129 325	360 032	441 697.23
	占总体比例	43.13%	34.74%	36.91%	58.76%	74.54%	68.28%
	出口额	5 350	3 380	3 392	9 988	17 744	5 625.19
	占总体比例	75.41%	29.43%	11.35%	16.32%	15.48%	3.54%
葡萄干	进口量	0.08	0.52	1.08	1.11	1.26	1.17
	占总体比例	0.94%	5.51%	9.29%	6.32%	5.42%	4.17%
	出口量	0.08	0.45	1.21	2.34	3.06	4.13
	占总体比例	14.13%	35.60%	37.48%	37.65%	30.41%	28.69%
	进口额	696	5 173	14 666	15 700	19 685.94	18 339.65
	占总体比例	1.09%	8.00%	10.90%	7.13%	4.08%	2.83%
	出口额	899	5 422	18 397	30 880	47 224.96	65 310.77
	占总体比例	12.67%	47.21%	61.55%	50.46%	41.19%	41.13%
葡萄汁	进口量	0.10	0.40	0.26	0.42	0.47	0.87
	占总体比例	1.11%	4.29%	2.22%	2.37%	2.01%	3.10%
	出口量	0.02	0.03	0.05	0.07	0.17	0.13
	占总体比例	3.37%	2.14%	1.42%	1.15%	1.72%	0.88%
	进口额	879	4 788	2 724	5 392	8 256.59	15 932.94
	占总体比例	1.38%	7.40%	2.02%	2.45%	1.71%	2.46%
	出口额	607	394	718	1 091	2 235.72	2 010.15
	占总体比例	8.56%	3.43%	2.40%	1.78%	1.95%	1.27%

注:贸易数据来源于中华人民共和国海关统计年鉴;为了便于与其他品葡萄产品的比较,将葡萄酒的贸易量统计数据统一换算为质量单位,葡萄酒密度按照 1 千克/升计算。

我国鲜食葡萄的出口总量增长较快。鲜食葡萄多年来都以内销为主,2007 年是我国鲜食葡萄国际贸易里程中的一大飞跃,这一年鲜食葡萄的出口量首次超过了进口量,2008 年和 2009 年继续保持了这一趋势，尤其是2009年，我国鲜食葡萄进出口量分别为8.98万吨和10.01万吨，比2008年增长了74.03%和58.14%。不过，虽然出口量大于进口量，但由于出口单价比较低，鲜食葡萄仍存在较大贸易逆差，2009年出口额为8.59亿美元，只占进口额的一半左右。可以说，我国鲜食葡萄出口的市场份额，一部分原因是由于价格低而获取的。

目前，我国葡萄酒产业处在培育期，国际贸易以进口为主，贸易逆差很大。近几年葡萄酒进口量大幅增长，从2000年的3 434万升跃升到2009年的17 123万升，进口额也相应地从0.27亿美元增加到4.42亿美元；而出口贸易发展趋势却不乐观，葡萄酒出口基数本来就小，且增长缓慢，有些年份还有下降的情况，2007年是出口贸易表现最好的一年，出口量914万升，出口额0.27亿美元，但也只占当年葡萄出口总额的27.9%，贸易逆差非常严重，而且呈现逆差扩大趋势。

我国葡萄干进出口贸易均表现出持续增长态势，出口量增长更为迅速。2009年葡萄干进出口量分别为1.17万吨和4.13万吨，进出口金额分别为18 340千美元和65 310千美元，出口贸易远远大于进口贸易。从2004年开始至今，我国葡萄干出口量均大于进口量，而且从2000年开始一直保持贸易顺差，这是我国唯一实现贸易顺差的葡萄产品。

与葡萄酒贸易类似，我国葡萄汁贸易一直以进口为主，呈现严重的贸易逆差。2000年至今，葡萄汁进口量起伏变化，出口量则基本一直处于缓慢的增长之中(2009年有所下降)，但出口量始终远远小于进口量，出口额也远小于进口额，贸易逆差较大。

(2)葡萄酒和鲜食葡萄是葡萄产业进口贸易的主体，而鲜食葡萄和葡萄干在出口贸易中所占比重最大，葡萄汁的进出口贸易比例都比较低

各种葡萄产品贸易在我国葡萄贸易总体中的比重不同。从表8-1可以看出，在进口贸易中，鲜食葡萄和葡萄酒所占的比重较大，而葡萄干和葡萄汁的比重则很低。2000年，鲜食葡萄占我国葡萄产品进口量的59.18%，之后这一比例有所降低，到2009年为31.89%，与此同时，进口额也从2000年的54.39%降低到2009年的26.42%，虽然比重有所降低，但鲜食葡萄仍然占据我国葡萄产业进口贸易的1/3。葡萄酒的进口更多，2000年葡萄酒进口量占葡萄产业进口总量

的38.77%，进口额占43.13%，到2009年这两个比例分别增加到60.83%和68.28%，现在葡萄酒已经成为我国葡萄产业贸易中进口最大的产品。葡萄干的进口量和进口额都在总体的10%以内，葡萄汁的进口比例最低，徘徊于5%左右。

在出口贸易中，鲜食葡萄和葡萄干所占的比例较高，而葡萄酒和葡萄汁的比例很低。2000年，鲜食葡萄占葡萄产业出口总量的13.28%，2009年增长到接近70%，出口额也占到了总额的54%以上，而且从2000年到2009年的十年间，这一比例基本上保持了持续增长的态势，我国鲜食葡萄出口贸易取得了巨大成就。由于葡萄干贸易实现了顺差，现在葡萄干已经成为我国葡萄产品中重要的出口创汇产品，2000年葡萄干的出口量和出口额都占总体的15%以内，2009年出口量已经占28.69%，出口额更是增至40%以上，成就显著。葡萄酒虽然在进口贸易中占主体，但出口贸易却比较逊色，近几年葡萄酒的出口量占总体的6%左右，出口额也较少超过20%，2009年更是大幅降低。葡萄汁所占出口比例较低，而且随着鲜食葡萄和葡萄干出口的大幅增长，近两年葡萄汁出口占总体的比例都没有超过2%。

(3)葡萄酒贸易中存在结构性差异，进口以桶装葡萄酒为主，出口以瓶装为主

在世界葡萄产业中，80%左右的葡萄用于酿酒，可见葡萄酒产业的特殊地位，因此有必要对我国葡萄酒贸易情况进行深入分析。

前面已经分析过，我国葡萄酒贸易进口远大于出口，贸易逆差严重。进一步分析我国葡萄酒进出口产品结构发现，一直以来我国进口的葡萄酒以装入2升以上容器的葡萄酒（桶装葡萄酒）为主（图8-3），2007年其进口量10 472万升，进口额59 432千美元，占进口葡萄酒总量的71.2%。而在出口葡萄酒中，则以装入2升以下容器的葡萄酒（瓶装葡萄酒）为主（图8-4），2007年出口量仅为867万升，出口额26 879千美元，占出口葡萄酒的94.2%；2009年依然保持了这一现状，我国2升以上葡萄酒进口8 019万升，而出口葡萄酒中2升以上的23万升，2升以下的539万升，结构性矛盾突出。

这种结构性矛盾是由于桶装葡萄酒和瓶装葡萄酒的价格差异导致的。装入2升以上容器的葡萄酒（桶装葡萄酒）进口单价很低，仅为0.568美元/升，而装入2升以下容器的葡萄酒（瓶装葡萄酒）进口单

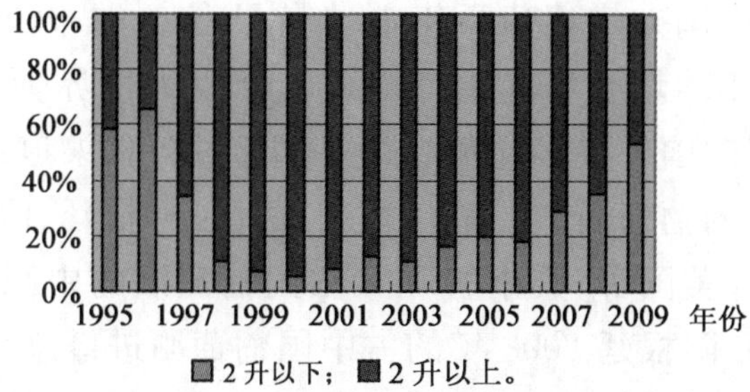

图 8-3　1995—2007 年中国进口葡萄酒产品结构

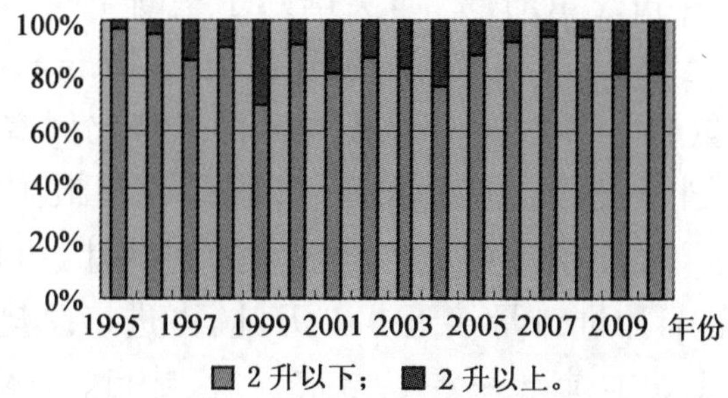

图 8-4　1995—2007 年中国出口葡萄酒产品结构

价 4.35 美元/升，约是装入 2 升以上容器葡萄酒的 7.7 倍。由于进口国外的桶装葡萄酒价格更低，因此很多国内葡萄酒生产企业选择从国外进口原酒进行勾兑之后生产最终产品即瓶装葡萄酒，以降低生产成本，但这并不利于我国葡萄酒产业自主振兴和发展。

8.3　中国葡萄国际贸易市场结构

我国葡萄产业国际贸易市场结构较为集中，市场集中度高，主要表现在以下几个方面。

(1)葡萄产业进口市场主要包括智利、美国、法国、意大利、澳大利亚和西班牙等

我国葡萄产业进口贸易主要是鲜食葡萄和葡萄酒。鲜食葡萄的进口主要来自智利、美国、新西兰等国，其中智利和美国几乎占据了中国鲜食葡萄进口 90%的市场份额。近年来智利一直是我国鲜食葡萄进口第一大国，2008 年从智利进口 2.8 万吨，占进口量 53.7%；从美国的进口量在 1999 年达到顶峰 3.45 万吨，之后有所减少，2008 年为 1.78 万吨，占进口量的 34.5%。

虽然目前中国人均葡萄酒年消费量只有0.64升，但近几年我国人均消费量的年均增长率超过10%，已经成为世界葡萄酒消费增长最快的市场，因此国外很多葡萄酒企业都通过各种渠道进入中国市场。目前，我国进口的葡萄酒主要来自智利、法国、阿根廷、西班牙、意大利、澳大利亚、德国、美国等，其中智利和法国葡萄酒的中国市场占有率最高，智利、法国和阿根廷2008年的占中国葡萄酒进口总量的65%。

我国的葡萄干进口主要集中在美国，多年来我国从美国进口的葡萄干一直高于进口总量的50%，2007年甚至达到1.10万吨，占进口总量的90%，2008年占总量的82%，美国几乎垄断了我国的进口葡萄干市场。我国从土耳其进口的葡萄干也有所增长，2007年进口量1 119 t，占进口量的9%，2008年从土耳其的进口比例增长到11.6%。

西班牙、美国、阿根廷、澳大利亚、韩国是我国最主要的葡萄汁进口国家。十年来，西班牙一直是我国最大的葡萄汁进口国，2008年我国对西班牙的葡萄汁进口量接近0.2万吨，占进口总量的41.95%。

(2)葡萄产品出口市场主要包括俄罗斯、越南、日本和加拿大等

近几年我国我国鲜食葡萄出口贸易发展迅速，目前主要出口至俄罗斯、越南、马来西亚、泰国、印尼、巴基斯坦等。俄罗斯一直是我国鲜食葡萄最大的出口对象，2001年出口俄罗斯425 t，随后逐年递增，2008年已经上升到1.80万吨。我国对越南的出口量也增长迅速，2007年越南成为我国第二大鲜食葡萄出口国。随着对其他国家出口量的逐渐增长，俄罗斯在我国葡萄出口总量中所占的比例逐渐减小，由2005年的46%下降到2008年的28.4%。

葡萄干也是我国主要的出口葡萄制品，葡萄干出口市场相对分散，其中主要的出口国家有日本、澳大利亚、加拿大、波兰、希腊、巴基斯坦等国。我国对日本的葡萄干出口量增长最为突出，2001年出口日本葡萄干371吨，2008年已经接近1万吨大关，增长了27倍；2008年我国出口到波兰的葡萄干为0.27万吨，希腊0.21万吨，分别占总出口量的9.0%和6.9%。

中国的葡萄酒和葡萄汁出口量相对来说比较少。葡萄酒出口到日本的居多，而葡萄汁主要出口到中国香港和台湾地区。

8.4 中国葡萄国际贸易价格

我国葡萄产业存在严重的贸易逆差，一方面是由于出口量小于

进口量,一方面是由于出口单价低于进口单价,这在鲜食葡萄贸易中表现地更为明显。

如图 8-5 所示,从 2000 年开始,鲜食葡萄的进口单价均高于出口单价,而且这一价格差呈现递增趋势。2007 年鲜食葡萄平均出口价格仅为 0.59 美元/kg,而进口均价为 1.48 美元/kg,出口价仅为进口价的 40%;2009 年进出口单价分别为 1.90 美元/kg 和 0.86 美元/kg,进口单价也远远高于出口单价。正是由于进出口价格的巨大差异,导致我国鲜食葡萄虽然出口量大于进口量,但仍然存在较大的贸易逆差,2007 年贸易逆差为 3.02 千万美元,2009 年出口量额大幅增加到 10.01 万吨和 8.59 千万美元,比 2008 年分别增长 58.1%和 81%,但依然存在 8.5 千万美元贸易逆差,而且与 2007 年相比贸易逆差继续增大。2009 年世界鲜食葡萄出口单价 1.57 美元/kg,也远大于我国 0.86 美元/kg 的出口单价。

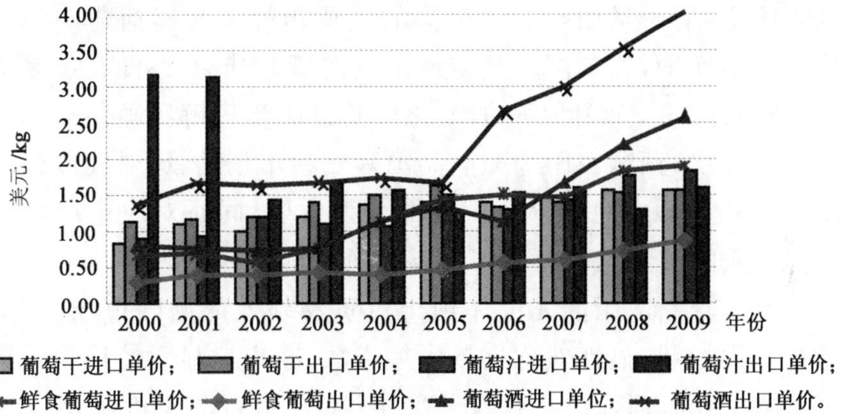

图 8-5　2000—2009 年我国葡萄产业贸易价格情况

葡萄酒的进出口价格呈现一定的波动性,十年来,出口单价一直高于进口单价(图 8-5)。2007 年我国葡萄酒进口单价为 1.66 美元/kg,出口单价为 2.99 美元/kg,2009 年我国葡萄酒进口单价 2.58 美元/kg,出口单价大涨到 4.02 美元/kg,出口价格的升高与我国出口以瓶装酒为主而进口以桶装酒密切相关;同时,出口价格的增高,不利于扩大我国葡萄酒的出口市场。

我国葡萄干的进出口价格基本持平。2007—2009 年三年中,葡萄干进出口单价分别为:1.45 美元/kg 和 1.41 美元/kg、1.57 美元/kg 和 1.54 美元/kg、1.56 美元/kg 和 1.58 美元/kg,进出口单价相差不大，同时由于葡萄干出口量远大于进口量，从而保证了葡萄干贸易显著的贸易顺差，可见我国葡萄干在国际市场具有较强的竞争力。

2000—2007年，我国葡萄汁出口单价一直高于进口单价，而且2000年和2001年出口单价尤其高，当时我国海关统计葡萄汁出口贸易并不区分白利糖度值的差异。2008年和2009年葡萄汁进口单价都高于出口单价，2008年葡萄汁进口单价1.77美元/kg，出口单价1.29美元/kg，进口价高于出口价近40%，2009年进出口价格差距缩小至1.83美元/kg和1.59美元/kg。葡萄汁进出口单价差异不是很悬殊，但出口量远小于进口量，因而葡萄汁也呈现贸易逆差。

8.5 中国葡萄产业国际竞争力分析

国际竞争力能科学地反映出某国某项产业在国际市场竞争中的优劣势地位，是衡量国际竞争优势的重要指标。我国葡萄产品国际贸易量逐年递增，葡萄国际贸易地位也逐渐上升，并逐渐在产品贸易总量、结构、流向上产生一些的变化。要进一步理解我国葡萄产品国际贸易的现状，预测我国葡萄产品国际贸易市场前景，对我国葡萄产品国际贸易竞争力的测算分析显得尤为重要，同时对农业增效及提升我国农业的国际竞争力具有重要的现实意义。

在此本研究选用能充分体现出口贸易绩效的国际市场占有率、贸易竞争力指数、显性对称比较优势指数、净出口显示性比较优势指数等指标对我国葡萄产品的国际竞争力状况进行测算和分析。

8.5.1 测算指标的选择与数据来源

(1)测算指标及其含义

①国际市场占有率MS(International Market Share)。国际市场占有率是指一国的某产品出口总额占世界该产品出口总额的比重，可反映一国某产业或产品的国际竞争力或竞争地位的变化。一个产业的国际竞争力大小，最终将表现在该产业的产品在国际市场上的占有率。在自由、良好的市场条件下，一种产品在国际市场的占有率，反映该产品所处产业的国际竞争力大小。国际市场占有率值越大，表示该产品所处的产业国际竞争力就越强，反之越弱。

②贸易竞争力指数。即TC(Trade Competitiveness)指数，是对

国际竞争力分析时比较常用的测度指标之一，它表示一国进出口贸易的差额占进出口贸易总额的比重，即 $TC=(X_i-M_i)/(X_i+M_i)$，其中，X,M 分别代表出口额和进口额，i 代表某一国家或某一产业的某一产品。贸易竞争力指数的优点是作为一个与贸易总额的相对值，剔除了经济膨胀、通货膨胀等宏观因素方面波动的影响，即无论进出口的绝对量是多少，该指标均在 $-1\sim1$ 之间。其值越接近于 0 表示竞争力越接近于平均水平；该指数为 -1 时表示该产业为净进口，越接近于 -1 表示竞争力越薄弱；该指数为 1 时表示该产业为净出口，越接近于 1 则表示竞争力越大。

③显示性对称比较优势指数 RSCA（Revealed Symmetric Comparative Advantage Index）。显示性对称比较优势指数是比显示性比较优势指数更优化的产品比较优势算法。贝拉·巴拉萨提出的“显示性比较优势”$RCA_{ij}=(X_{ij}/X_{tj})\div(X_iW/X_tW)$ 其中，X_{ij} 表示国家 j 出口产品 i 的出口值，X_{tj} 表示国家 j 的总出口值；X_iW 表示世界出口产品 i 的出口值，X_tW 表示世界总出口值。一般而言，RCA 值接近 1 表示中性的相对比较利益，无所谓相对优势或劣势可言；RCA 值大于 1，则该国的此产品在国际市场上具有比较优势，具有一定的国际竞争力；RCA 值小于 1，则表示在国际市场上不具有比较优势，国际竞争力相对较弱。

然而这种方法最大的缺陷就是不能代表正常状态，因为它在 0 和无穷大之间选择了 1 为参照点，这种偏斜分配破坏了回归中的正态假定，也就不能提供可靠的 t 检验。因此，当指标值在参照点两侧，“纯粹的”比较优势指标基本上就没有可比性。国外很多学者已经对这一方法进行了改进。其精髓就是将一直沿用的比较优势指数对称化，计算公式为：$RSCA=(RCA-1)/(RCA+1)$，计算结果介于 -1 和 1 之间，被称为“显示性对称比较优势指数”（$RSCA$）。一般来说，对称性比较优势指数大于 0，说明这一时期该地区的专业化程度高于同一时期的平均水平，反之则相反。而且，比较优势越大，说明专业化程度越高。

④净出口显示性比较优势指数 NRCA（Net Export Revealed Comparative Advantage Index）。为了反映进口对出口竞争力的影响，1989 年，贝拉·巴拉萨提出了一个改进的显示性比较优势指数，用一国某一产业出口在总出口中的比重与该国该产业进口在总进口

中的比重之差来表示该产业的贸易竞争优势，这一数称为“净出口显示性比较优势指数”，即“NRCA 指数”。净出口显示性比较优势指数值大于 0 表示存在竞争优势，指数值小于 0 表示存在竞争劣势，指数值等于 0 表示贸易自我平衡。净出口显示性比较优势指数剔除了产业内贸易或分工的影响，反映了进口和出口两个方面的影响，因此用该指数判断产业国际竞争力要比其他指数更能真实反映进出口情况。该指数值越高，国际竞争力越强；该指数值越低，国际竞争力越弱。

(2)测算的时间期间及数据资料来源

本研究的测算时间为 2001—2007 年，数据资料主要来源于联合国粮农组织统计数据库 FAOSTAT 的在线数据。

8.5.2 测算结果及分析

(1)国际市场占有率(MS)测算结果表明我国葡萄产品除葡萄干外国际市场份额明显偏低

从表 8-2 中可以看出，我国的葡萄产品中葡萄干的国际市场占有率略高并且增长趋势明显，2006 年和 2007 年分别为 3.39% 和 3.54%。我国葡萄其他产品的国际市场占有率明显偏低，2001—2007 年七年间，鲜食葡萄、葡萄酒、葡萄汁的市场占有率虽然有增长趋势，但是国际市场占有率的值均不超过 0.6%，葡萄酒甚至不超过 0.1%。

表 8-2 2001—2007 年我国葡萄产品国际市场占有率 %

年份	鲜食葡萄	葡萄干	葡萄酒	葡萄汁
2001	0.03	0.26	0.04	0.44
2002	0.09	0.94	0.04	0.23
2003	0.20	1.63	0.03	0.35
2004	0.24	2.28	0.02	0.25
2005	0.25	2.44	0.02	0.44
2006	0.49	3.39	0.05	0.50
2007	0.57	3.54	0.10	0.37

(2) 贸易竞争力指数(TC)测算结果表明我国葡萄产品除了葡萄干竞争力略高以外，其他产品总体竞争力低

贸易竞争力指数测算结果(表 8-3)表明我国葡萄及其产品的总体竞争力低，尤其是鲜食葡萄、葡萄酒、葡萄汁的贸易竞争指数在七

年间的贸易竞争力指数值均低于－0.5并接近－1，在国际市场具有明显的竞争劣势，葡萄干在2006年和2007年两个年份贸易竞争指数变为正值，表现为比较弱的竞争优势，属于我国葡萄产品中唯一一个具有竞争优势的产品。从动态发展的角度来看，鲜食葡萄和葡萄干的竞争力指数逐年呈上升趋势，但目前依然较低；葡萄汁的竞争力指数徘徊不前，葡萄酒的竞争力反而在最近两年开始降低，显示出我国葡萄酒产业严峻的国际贸易形势。

表 8-3　2001—2007 年我国葡萄产品贸易竞争力指数

年份	鲜食葡萄	葡萄干	葡萄酒	葡萄汁
2001	－0.970 2	－0.661 9	－0.810 6	－0.635 1
2002	－0.908 9	－0.338 1	－0.807 8	－0.826 9
2003	－0.805 2	－0.169 4	－0.873 6	－0.693 2
2004	－0.841 2	－0.090 8	－0.938 8	－0.700 4
2005	－0.840 4	－0.056 0	－0.942 9	－0.606 6
2006	－0.671 0	0.120 5	－0.896 0	－0.616 0
2007	－0.518 3	0.145 3	－0.857 9	－0.694 7

(3)显示性对称比较优势指数(RSCA)的测算结果表明我国葡萄产品不具有出口优势

显示性对称比较优势指数测算结果(表8-4)表明，我国葡萄产品不具有出口优势，鲜食葡萄、葡萄酒、葡萄汁的指数值很接近－1，在国际市场上处于比较劣势，可以说无竞争力可言，并且在近几年中并没有明显提高。唯有葡萄干在近些年来有比较好的发展，显示性对称比较优势指数有明显增长趋势，竞争力逐年增加，但是值也没有超过－0.4。

表 8-4　2001—2007 年我国葡萄产品显示性对称比较优势指数

年份	鲜食葡萄	葡萄干	葡萄酒	葡萄汁
2001	－0.989 7	－0.920 9	－0.986 8	－0.872 4
2002	－0.974 2	－0.766 9	－0.990 3	－0.937 3
2003	－0.949 3	－0.656 3	－0.992 9	－0.914 9
2004	－0.945 8	－0.577 3	－0.995 9	－0.942 1
2005	－0.946 8	－0.582 5	－0.995 5	－0.909 4
2006	－0.906 4	－0.493 6	－0.989 6	－0.903 9
2007	－0.897 1	－0.494 0	－0.981 0	－0.932 5

(4) 净出口显示性比较优势指数(NRCA)的测算结果表明我国葡萄产品不具有竞争优势或具有较弱的竞争劣势

净出口显示性比较优势指数的测算结果(表 8-5)表明:我国葡萄及其产品总体的 NRCA 在多数年份均小于 0 或接近 0,说明总体不具有竞争优势或具有较弱的竞争劣势。值得提出的是我国葡萄干产品的出口,按照目前的发展趋势预测,几年后会在国际市场上表现出一定的竞争优势。

表 8-5 2001—2007 年我国葡萄产品净出口显示性比较优势指数

年份	鲜食葡萄	葡萄干	葡萄酒	葡萄汁
2001	−0.000 15	−0.000 02	−0.000 13	−0.000 01
2002	−0.000 12	−0.000 02	−0.000 10	−0.000 02
2003	−0.000 10	−0.000 01	−0.000 13	−0.000 01
2004	−0.000 11	−0.000 01	−0.000 15	−0.000 01
2005	−0.000 13	−0.000 01	−0.000 17	−0.000 01
2006	−0.000 08	0.000 00	−0.000 20	−0.000 01
2007	−0.000 07	0.000 00	−0.000 30	−0.000 01

综上所述,通过对我国葡萄及其产品四个指标的测算分析,可以得出以下结论:我国葡萄产品(鲜食葡萄、葡萄干、葡萄酒、葡萄汁)在国际市场上所占份额总体偏低,产品处于比较劣势,市场竞争力弱;随着我国葡萄产业的不断发展,使我国葡萄产品竞争力近年来都有增加趋势;我国的葡萄干产品近年来比较优势和竞争力增加趋势明显。

8.6 提升我国葡萄产品国际竞争优势的建议

随着经济全球化的加快,我国葡萄产业必将进一步融入全球市场,分享世界市场带来的机会,也必然会面临世界市场带来的挑战。中国已经成为世界第二大葡萄主产国,中国葡萄产业国际贸易也取得了长足发展,但目前我国葡萄贸易仍然逆差严重,产品国际竞优势不强,出口贸易发展面临较大压力,必须采取有效措施提升我国葡萄产业的的国际竞争力。

(1)发展标准化和优质栽培理念,提高果品质量和经济效益

鲜食葡萄是我国葡萄产业出口创汇的主体,但由于出口单价较

低导致鲜食葡萄贸易存在严重的贸易逆差，而造成价格低的主要原因是我国鲜食葡萄的品质不高，没有形成具有竞争力的葡萄产品品牌，不能占领国外高端、优质果品市场。这要求我们要转变传统的重量轻质的生产观念，树立科学种植观，推广标准化和优质栽培理念。首先要做到种植的安全化，在农药、化肥、生长调节剂的使用上，严格按照国家规定适量使用，保证产品安全。其次，要发展种植标准化，注重开展葡萄标准化研究工作，强化标准化生产技术，加强标准化生产理念的宣传和推广。第三，要做到种植的优质化，正确处理产量与质量、质量与效益的关系，推广优质栽培模式和认证工作，发展以无公害葡萄、绿色葡萄和有机葡萄为代表的安全葡萄产品。

(2)加大国际市场研究，推动行业标准与国际接轨，拓展国际市场

葡萄产业是劳动密集型产业，而我国有着丰富的劳动力资源优势，但目前我国产业葡萄的比较优势还没有转化为竞争优势，需要大力开发国际市场。要开展国际市场营销策略研究，对目标国际市场进行政策、经济、文化背景、消费习惯、进口产品质量规格等信息的调查研究，采取有针对性的生产、流通和营销措施。葡萄的各项行业标准，包括食品检验检疫、卫生法规、产品分级、质量认证、包装规格、加工环节等都按照国际标准进行，减少技术性贸易壁垒对我国葡萄出口造成的限制，积极推动我国葡萄产品走向世界。

(3)加快发展葡萄加工业，促进葡萄产业结构调整和优化

世界生产的葡萄25%用于鲜食，70%用于酿酒，5%用于制干、制汁或制醋。而我国的情况与此相反，葡萄主要以鲜食为主，约占总产量的75%，酿酒所占比例不足15%，另有10%用于制干、制汁或其他加工。

葡萄深加工技术进步是葡萄产品提高国际市场竞争力的重要途径，也是我国葡萄产业快速健康发展的重要基石。我国葡萄采后深加工技术相对于发达国家比较落后，它直接影响到葡萄加工产品的质量安全、生产成本、市场销售等。这就是我国葡萄产品在国际市场上处于比较劣势、竞争力较弱的重要原因之一。由此可见，我们需要调整和优化葡萄产业产品结构，大力发展葡萄加工业，满足市场多样化的需求，同时提高产品附加值，提高产业收益。科技创新加速推进加工技术进步，充分发挥现代工业对葡萄产业的巨大带动作用，大力发展加工业，延伸葡萄业产业链条，向高质量和高附加值产品发展，

创造产品比较优势，才能开拓国际市场。

尤其要大力发展葡萄酒工业。优选具有中国特色的酿酒葡萄品种，搞好区域规划和产地认证工作；开发种类丰富、特色鲜明的葡萄酒产品，克服同质化现象；提高葡萄酒品质，提高产品优质率；培育民族品牌，扩大品牌效应，稳步扩大葡萄酒出口。

利用我国葡萄干产业贸易顺差的产业优势，积极发展葡萄干出口，增强出口创汇能力。发展大粒型葡萄干产品，加快提高葡萄干生产工艺和风味，提高产品质量，提升产品档次，占领国际市场。积极培育酿汁用葡萄品种，发展葡萄汁产业化生产基地，创出我国自己的葡萄汁品牌与产品，逐步减少葡萄汁的进口依赖性。

9 中国葡萄产业市场供求特征

9.1 中国葡萄供给特征

9.1.1 市场供给总量

从供求关系来看，国内市场供给总量＝国内产量＋从国外的进口量＋上年度库存量－出口到国外的量－本年度库存量－浪费量。考虑到葡萄作为一种生鲜、易腐、不易储存的生鲜农产品的特点，库存量很小，基本可以忽略不计；同时，国内外对水果浪费量的统计途径很少，就连 FAO 也从 2003 年以后没有再继续进行关于作物平衡表的相关统计，因此葡萄浪费量数据难以获得，这就为本研究获得准确的国内市场供应量加大了难度；考虑到消费终端－消费者之前各个环节葡萄的浪费损失量比较小，因此在供给量中忽略掉浪费量；则以上供给总量公式可以简化为：国内市场供给总量＝国内产量＋从国外的进口量－出口到国外的量。按照这个思路整理出我国葡萄的市场供给总量基本情况(图 9-1)。

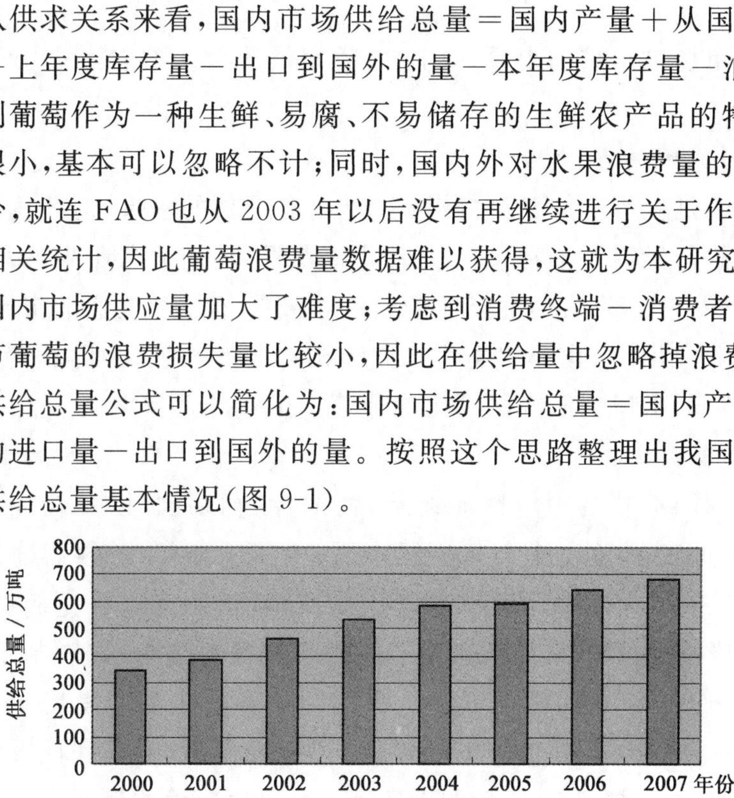

图 9-1　2000—2007 年中国葡萄供给总量(FAO 统计)

我国葡萄的市场供给总量呈现逐年增长的势头，同时进口葡萄在我国葡萄供给总量中的比例在逐渐减小（图 9-2）。除了 2004—2005 年期间，葡萄供给量增长幅度较小之外，其他年份的增长幅度都比较显著。一方面，表明我国的葡萄供给主要是依靠本国生产，进口葡萄对国内市场的冲击比较小；另一方面，近几年我国葡萄的出口量增长迅速，而进口量却开始减少，2007 年，我国的葡萄出口量大于进口量，从贸易量上实现了顺差。

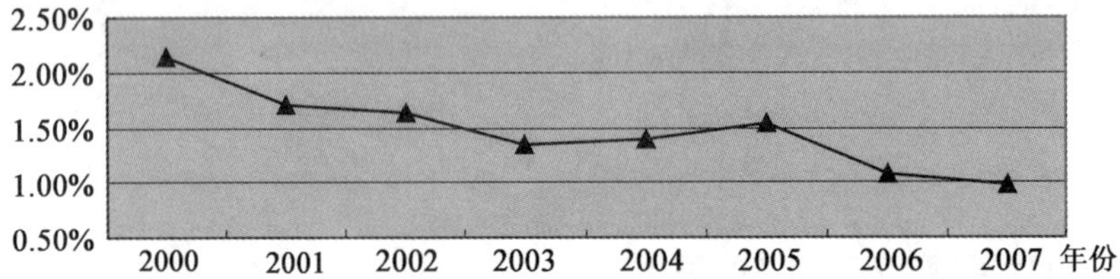

图 9-2　进口量在中国葡萄总供给量中的比例（FAO 统计数据计算得出）

9.1.2　市场供给结构

从市场供给结构上看，可以将葡萄供给分为鲜食葡萄和葡萄加工品。

（1）鲜食葡萄

葡萄是世界上加工比例最高、产业链最长的水果，但我国的葡萄产品结构与世界并不吻合。从全世界来看，在葡萄产业中，鲜食葡萄只是其中一小部分，葡萄产业的发展主要是依靠加工业的带动，尤其以酿酒业突出；而我国的葡萄产业结构却与此相反，我国鲜食葡萄的产量、产值、出口创汇方面都比加葡萄加工业的贡献更大。

（2）葡萄加工品

葡萄加工品主要包括葡萄干、葡萄汁、葡萄酒，以及较少量的制罐、制酱加工品等。从全球情况来看，大概有近 70％的葡萄用于酿酒，25％鲜食，5％用于制干、制汁或制醋；欧美国家这一比例更高，大概有 90％的葡萄产量用于加工，近 80％的葡萄酿酒，10％制干、制汁或制醋，而仅有 10％用于鲜食。我国的葡萄加工品业发展与世界先进国家的差距还比较大，葡萄加工业还比较落后，目前我国葡萄生产主要以鲜食为主，占总产量的近 75％，而酿酒葡萄的量所占比例不到 15％，10％制干、制汁或醋，较少部分用于其他加工产品。

近年我国酿酒葡萄种植面积持续增长，2007年酿酒葡萄种植总面积达到80余万亩，占全国葡萄总面积的12%左右。葡萄酒产量也在节节攀升(图9-3)，2008年已经接近70万千升。我国酿酒葡萄品种以红葡萄品种为主，约占80%；白葡萄品种约占20%。

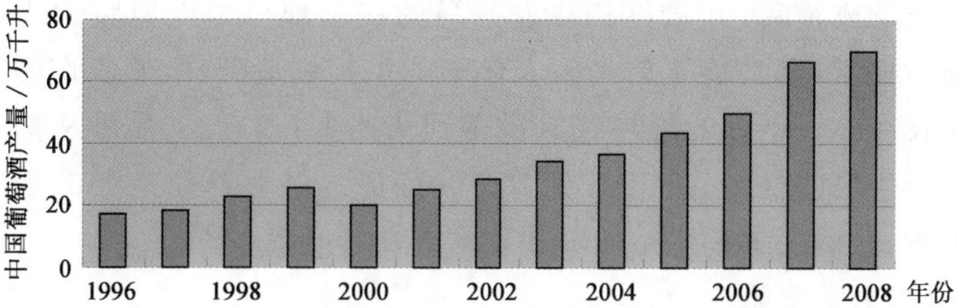

图9-3　1996—2008年中国葡萄酒产量(酿酒工业年鉴)

葡萄干也是一项重要的葡萄加工业，我国的葡萄干主产区主要是新疆的吐鲁番地区。根据美国农业部(USDA)的统计(图9-4)，2008/2009年度我国葡萄干产量为15万吨，居世界第三位。我国的制干品种主要是无核白。

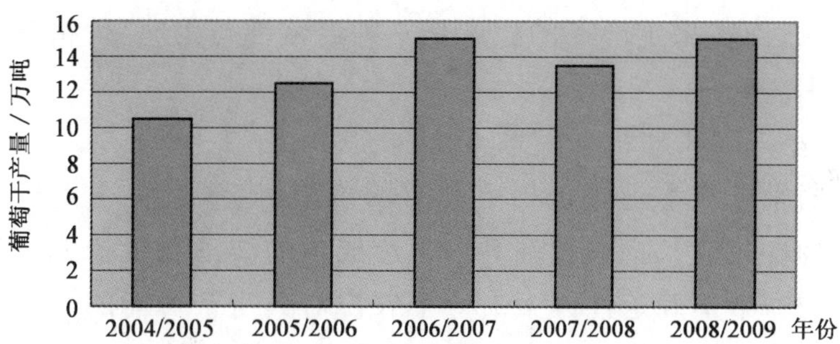

图9-4　2005—2009年中国葡萄干产量(USDA统计)

9.1.3　影响葡萄供给的因素

水果生产是自然再生产和社会再生产的有机结合，受到自然、经济条件以及社会文化等多种因素的影响。水果生产所需要的资源包括光照、降水和土地资源，所投入的劳动资料包括机械、畜力等固定资产，也包括种子、肥料、饲料、农药、农膜、电力等流动资产。除上述投入外，还有劳动者和技术等社会投入，并且受到社会大环境等诸多方面的影响。另外，在开放的市场条件下，水果供应还受到国际贸易的影响。葡萄作为一种典型的水果，其供给状况也受以上因素的影响。

(1)葡萄生产的基本要素条件

土地是农业生产中最主要的投入要素,土地、化肥、水等物质输入型要素与其他要素相比,具有一个突出特点就是直接参与农产品的物质形成过程,并最终构成农产品的一个部分。以地膜为代表的设施性要素,其功能主要是为农作物的生长创造条件,使农作物在不能生长或生长不好的地域或时段得到快速生长。优良品种从根本上改变了生物的性能,使其具有增产的特征。以上葡萄生产的基本生产要素,是满足葡萄供给的资源禀赋方面的必要条件。

(2)葡萄价格

葡萄价格是影响葡萄生产者生产行为的首要因素。从经济学的角度看,一方面可以影响生产者的生产决策,另一方面也可以通过生产者的经济收入来影响其生产行为。价格的高低影响着生产者的投资行为、产量决策以及供给决策。另外,由于生产者的生产行为中,自给性生产和商品性生产并存,因此生产者在投入、产出及供给的决策中总要安排一个最低的自给量(满足自给消费),这时价格的因素作用不大;当水果生产者的生产是一种经营性行为时,价格就会发挥诱导作用。

(3)生产成本和机会成本

葡萄生产成本主要包括劳动力的价格、生产过程中生产资料的价格、灌溉的费用、贷款利率等。生产成本的波动直接构成了生产者生产中的一个不确定性因素。一个农户对其生产可能的开支进行决策时会考虑两方面因素:一是他自己有能力控制的那部分要素的价格(如部分劳动力的价格),二是他无法控制的那部分市场供应紧缺或带有垄断性的要素的价格(如部分生产资料的价格、贷款利率等),这两方面的不确定性都存在。一般情况下,产品的生产成本与产出是负相关关系,成本降低(劳动力工资、化肥价格、农业贷款利率降低等),产出会增加。

另外,按照"经济人"观点,如果从事葡萄生产的效益低,则葡萄生产者的机会成本提高了,这会引发农业生产资源的转移,从而影响水果生产和供给。

(4)科学技术的进步

在新古典增长理论的框架中,经济增长最终产生于两个根源:一是投入生产要素的增加;二是技术进步。技术的进步意味着生产要素(土地、劳动力、水资源、生产资料等)的构成和质量发生变化。生产要素的利用效率提高,导致生产成本和产出总量的变化,产品市场供求关系变化,导致供给曲线向右下方移动,葡萄市场价格下降。如果市场价格和需求保持不变,葡萄供给量增长更多,市场剩余就会出现。

(5)国际贸易

在开放的经济条件下,葡萄进口增加使得国内葡萄价格降低,在国内葡萄供应量不变的情况下,国内葡萄生产量将下降。如果国际市场上葡萄价格高于国内市场价格,则我国就可以变成一个葡萄出口国,会导致国内葡萄供应量的减少,如图 9-5 所示。

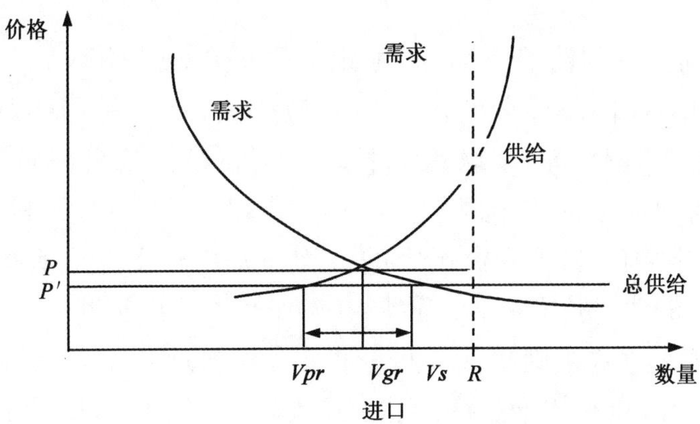

图 9-5　葡萄贸易对葡萄生产/供给的影响

(6)其他因素

影响葡萄生产、进而影响市场供给的因素还有很多,比如政府的政策、税收、经济发展、居民可支配收入等都会影响到农户的生产决策和生产行为。

9.2　中国葡萄需求特征

9.2.1　消费总量及结构

我国是全球最大的鲜食葡萄消费国。根据美国农业部 USDA 的统计数据(图 9-6),2008/2009 年度,我国鲜食葡萄消费量达到近 500 万吨,远远高于世界其他国家,比如美国和欧盟。而且从近 3 年的数据来看,我国鲜食葡萄的消费量还有上升的趋势,可以说市场需求还比较旺盛。

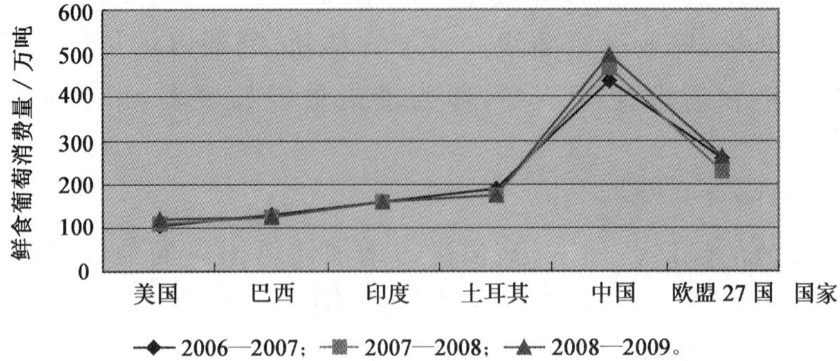

图 9-6 主要鲜食葡萄消费国家鲜食葡萄消费量(USDA 统计)

在葡萄酒的消费方面,我国跟世界平均水平有较大差距。世界上最主要的前四位葡萄酒消费国家是法国、意大利、美国和德国,这四国葡萄酒消费占到全球总量的近 50%。从人均消费量来看,人均消费葡萄酒最多的三个国家依次是卢森堡、法国和意大利,人均消费量在 50 升左右,其他欧洲国家的人均消费也较多。目前我国每年人均葡萄酒消费量仅有 0.64 升(图 9-7),远远少于 全球平均的 4.5 升,与欧洲国家的差距则更大。可喜的是,我国近几年人均葡萄酒消费量增长很快,年平均增长率则超过了 10%,已经成为世界上发展速度最快的葡萄酒市场。这是由于中国人均收入水平不断提高,尤其是葡萄酒作为健康饮品的价值在中国逐渐被广泛认同,中国将会成为世界葡萄酒消费潜力巨大的市场。

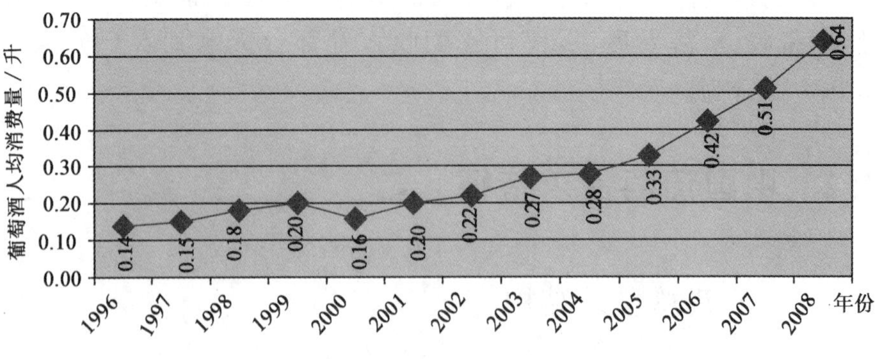

图 9-7 1996—2008 年全国葡萄酒人均消费量(中国食品工业年鉴)

我国的葡萄干消费量也居世界前列。2008年,我国的葡萄干消费量为12.8万吨(图9-8),仅次于欧盟27国和美国,居第三位;美国葡萄干的消费量为23.3万吨,是我国的近2倍。我国的葡萄干消费总量虽然比较高,但是人均消费量却比较少。

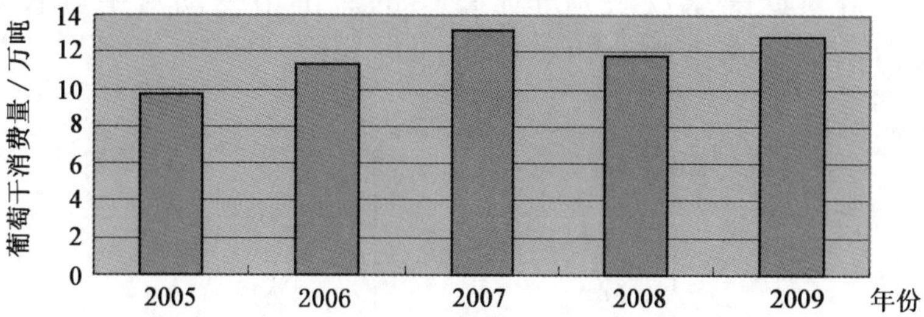

图9-8 2005—2009年中国葡萄干消费量(USDA统计)

9.2.2 影响葡萄需求的主要因素

影响农产品消费和需求的因素很多,既有经济、文化、以及地理条件等环境方面的因素,又有社会的生产、分配、交换、消费等环节的因素。在水果需求中,经济因素是影响消费行为的主要因素,它决定了消费者的消费能力和消费水平。经济因素主要有居民的收入水平、产品的价格、相关产品(替代产品)的价格等经济因素的影响,消费偏好如消费习惯、消费心理和消费预期等非量化因素的影响,还有人口规模及结构等社会因素的影响。葡萄作为一种重要水果,其需求也主要受以上因素的影响。

(1)葡萄价格

个人需求是消费者在预算约束条件下为尽量满足自己的需要和愿望而选择的最优消费。因此,给定消费偏好,消费者对某商品的需求是相对价格及收入的函数(图9-9a)。葡萄价格是影响消费者购买行为中最关键、最直接的因素。价格变化对预算约束有双重影响,一是对实际收入的影响,或称收入效应;二是对相对价格的影响,即替代效应。在较长的时期内,收入和价格都是影响需求和消费的最重要因素。

(2)消费者收入

消费者的收入决定购买行为,这是购买决策的决定因素,因为只有购买欲望,而没有一定的收入作购买能力的保证,购买行为是无法实现的。同时,不同的收入水平下,居民对葡萄价格和收入关系的敏感程度是不同的,对高收入群体来说,对葡萄的价格和收入的弹性变化不大;低收入群体对收入和葡萄价格弹性变动大;对不同档次、不同质量的葡萄来说需求价格弹性也是不同的。当葡萄价格变动时,低收入人群对此需求反映是非常敏感的。价格变动对中等收入户和高收入户的葡萄需求影响相对要小(图 9-9b)。

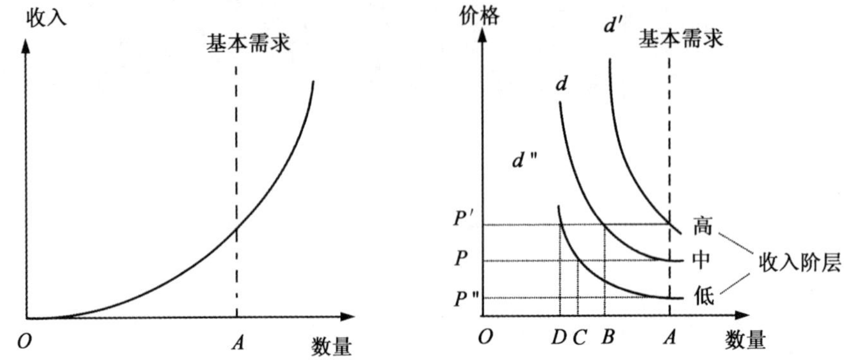

a. 不同收入水平下的水果需求　　b. 不同收入阶层水果需求图

图 9-9　不同收入水平下的水果需求特征图

(3)替代品的价格

如果一种消费品价格变动与另一种消费品的价格变动相关,那么需求的变动就是收入和替代的组合影响,需求就会由价格高的商品向价格低的商品转变(即替代效应)。如果两种或多种商品是相关的,而且它们之间存在价格差异,那么人们会更多地消费价格偏低的商品,即替代效应。如果两种或多种商品是互补的,那么一种商品价格的提高,将会因为其互补品需求量的下降而导致该商品需求量的下降,这就是价格对互补品消费需求的效应。葡萄与其他水果之间具有较强的替代性,如替代品价格上升会使葡萄需求曲线向右平移,其他条件不变的情况下,葡萄需求量增加;反之,如果葡萄替代品的价格降低,则葡萄的需求量减少。

(4)消费偏好

不同国家的消费者对葡萄的消费需求不同,其中消费偏好又主要受社会风俗和饮食习惯、城市化进程等因素的影响。比如在欧洲国家,葡萄的消费主要是葡萄酒,而我国葡萄消费主要以鲜食葡萄为主;针对我国鲜食葡萄的消费,不同地区的居民对不同的口味偏好也不尽相同;据研究,我国南北方消费者对葡萄果实的酸甜度、果肉的软硬方面的偏好都有所差异。

(5)人口数量和结构

随着人口数量的增长,消费者对葡萄的需求也在增加。人口中的年龄结构和性别比例对水果需求也具有影响,不同性别的消费者的水果消费存在着较大差异。根据刘汉成(2003年)对湖北、河南、江西和浙江4省478户的苹果消费的抽样调查结果显示,不同性别的消费者对水果消费的具有明显的差异。同理,居民的人口统计特征的差异对葡萄的需求和消费也有影响。

(6)其他因素

影响消费的不仅有价格和收入,还有多种外部性因素的影响,如国内的供给量,国内相关政策的变化(如贸易政策,关税);现有技术的应用情况,加工利用能力等;还有一些随机的事件等等。这些因素存在与葡萄需求构成一种复杂的相关关系。在一定的条件下,由于这些因素的综合作用,导致对葡萄的需求产生影响。

9.3 中国葡萄市场价格及供求预期

9.3.1 生产者价格

(1)我国葡萄的生产者价格偏低

生产者价格是商品从生产领域进入流通直至消费领域的第一层价格,也是形成销售价格的基础,因此生产者价格能比较准确地反映一国的某种商品的价格高低。根据FAO的统计(图9-10),2007年我国葡萄生产者价格为460.31美元/吨,而同期法国的价格高达1 872.84美元/吨,其他主要国家如加拿大为1 348.51美元/吨,意大利为603.77美元/吨,美国为541美元/吨,澳大利亚为512.62美元/吨,我国葡萄生产者价格明显偏低,只占法国葡萄生产者价格的25%,而且最近几年的增长比较缓慢。

如果再考虑到欧美国家的葡萄产业以酿酒葡萄为主,同等条件下,酿酒葡萄比鲜食葡萄的生产投入低、因而生产者价格偏低的因素,则我国的葡萄生产者价格更是严重偏低。

(2)不同地区葡萄的价格存在很大差异

从经济学角度来说,影响商品价格的最主要的因素当然是供求

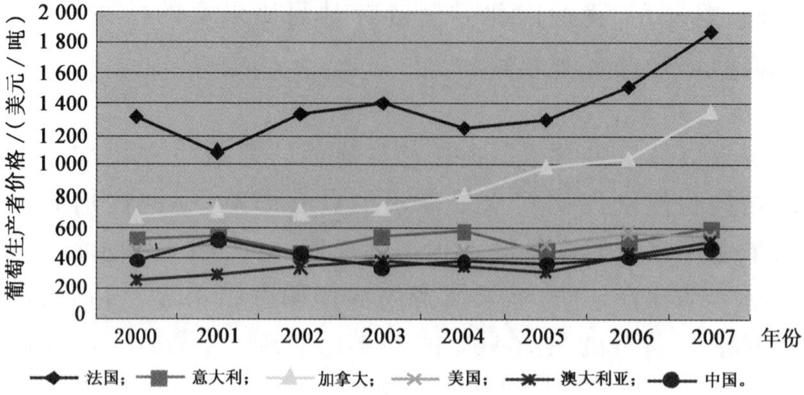

图 9-10 2001—2007 年世界主要葡萄生产国的葡萄生产价格(FAO 统计)

关系，市场的供给量和需求量的相对多少决定了商品的价格，葡萄当然也是如此。葡萄的价格主要由生产者提供的数量和市场需求量决定的，同时，葡萄的价格也受多种因素的影响，如居民的收入水平、生产成本、替代品的价格、人们对葡萄及其产品的营养及文化认识和接受程度等。

在没有实现全国性的充分、完全流通的情况下，我国各地葡萄的价格会受到当地经济水平的影响。我国幅员辽阔，各地的葡萄价格相差较大。根据国家葡萄产业技术体系产业经济岗位的实地调研，在浙江、江苏及上海等经济发达地区，葡萄的生产者价格多在 5 元/斤以上，搞精品园艺和采摘的葡萄甚至能达到 20～70 元/斤，这样的价位还会出现供不应求的现象；而在一些西部地区，比如调研的敦煌地区，当地生产的克瑞森无核葡萄在当地市场的销售价格才 1 元/斤，红提的生产者价格不足 1 元/斤，差异非常大，这主要是由于受当地葡萄种植户的市场营销能力、经济发展水平及消费能力和购买力的限制导致的。另外，在产品的稀缺性问题解决之后，产品的质量也是影响价格重要因素。

9.3.2 消费者价格接受度

中档价位的葡萄最受消费者欢迎。通过国家葡萄产业技术体系产业经济岗位于 2009 年 6～10 月在全国范围内开展的 3 507 份的《我国消费者对葡萄的消费需求情况》有效问卷调研发现，目前，我国消费者最能接受的价位以 3～8 元为主，占总样本量的 52.2%；其次为 3 元以下，占总样本量的 21.1%；接下来为 8.1～13 元(15.4%)，

13.1～20 元(5.3％),20 元以上的高档葡萄的接受人群只占样本量的 1.4％。可见,半数以上消费者的合适心理价位在 3～8 元,表明在我国目前经济和葡萄产业发展水平条件下,消费者最能接受的还是中档价位。

9.3.3 市场供给预期

葡萄的供应量还会有一定增长,市场竞争力有待于提升。我国的葡萄种植面积和产量总体上都在逐年增长;同时,我国的葡萄产品出口量,尤其是鲜食葡萄的出口量增长幅度比较快,进口量的增长幅度相对出口在减缓,这都是对我国的葡萄产业有利的方面;不过也要看到,我国葡萄的出口量和进口量与我国的生产总量相比,在其中所占的比例还很低,因此出口和进口对国内供应量的影响不是很明显。所以,可以预期在没有大的自然灾害和产业政策变化的情况下,未来我国葡萄的供应量应该是稳中有升的趋势。

未来要想维持或者进一步提高葡萄的价格,提高种植者的收益水平,首先必须以市场需求为导向,坚持优质、适量的供给。要本着适度、科学发展的原则发展葡萄产业,不能简单地攀比和盲目发展,要发挥优势产区的资源、市场、技术等优势;其次,要宣传葡萄文化,如葡萄及其制品的营养价值、保健功能等功效,深化消费者对葡萄消费的认可,这样才能引导消费者增加葡萄及其产品的消费量;另外还要提高葡萄产业的国际竞争能力,开拓国际市场,提高葡萄的出口创汇能力。从当前数据分析来看,我国葡萄产业的国际竞争力还比较弱,竞争优势不明显,缺少有品牌的高档、高端、高价的产品,这是生产和流通环节需要解决的问题;同时配以适当的国际市场营销策略,才能使我国葡萄产业走向世界,保持健康、可持续发展。

参 考 文 献

[1] 安福仁.个人消费需求的理性选择. Vol. 7 No. 4，2003 年 8 月：3-9.

[2] 蔡荣.农产品市场价格形成机制理论与实证分析[D].武汉：华中农业大学硕士学位论文，2008.

[3] 晁无疾. 进入 WTO 后过渡期我国葡萄产业面临的形势和任务[J].中外葡萄与葡萄酒，2005(2)：63-66.

[4] 晁无疾.建国 60 年中国葡萄产业发展历程与展望[J].中外葡萄与葡萄酒，2009(9)：56-60.

[5] 陈芳.从农超对接看农产品采购方式的变化[J].商品现代化，2009，(29)：1-3.

[6] 陈军，尚杰.我国粮食行业市场集中度低的原因分析[J].商业研究，2009，(5).

[7] 程瑞芳.我国农产品价格形成机制及波动效应分析[J].中国流通经济，2007，21(3)：22-24.

[8] 崔元锋，冯中朝.角色校正：农民由生产者向理性经营者转换分析.农村经济，2004(1)：29-30.

[9] 董晓霞，李志强，李干琼.中国省际葡萄市场整合程度研究[J].山东农业科学，2009(2).

[10] 傅群英，王华新，吴江.金华市葡萄产业现状及提升对策[J].中外葡萄与葡萄酒，2009(5).

[11] 过建春等.中国香蕉产业经济研究[M]. 北京：中国经济出版社，2010.

[12] 胡春胜.京郊密云县食物蛋白质生产效率及生产对策的研究[硕士学位论文].北京：中国农业大学，1988.

[13] 胡娟，余淑均.农超对接：一种农业产业化的创新安排[J].武汉科技大学学报，2008，10(6)：6-10.

[14] 姜增伟. 农超对接：反哺农业的一种好形式[J]. 华夏星火，2009 (12)：30-32.

[15] 句容市人民政府网站. [2010-9]. http://www.jurong.gov.cn/

xwzx/ttxw/20100919/093622749. html.
[16] 孔祥智,庞晓鹏,张云华. 北方地区小麦生产的投入要素及影响因素实证分析. 中国农村观察,2004(4):2-7.
[17] 李贵和. 超市视角下的“农超对接”[J]. 第三届中国中部地区商业经济论坛论文集,223-227.
[18] 李华,李甲贵,杨和财. 改革开放30年中国葡萄与葡萄酒产业发展回顾[J]. 现代食品科技,2009(4).
[19] 李华,王华,房玉林,等. 我国葡萄栽培气候区划研究(Ⅱ). 科技导报,2007,25(19).
[20] 李世泰,孙峰华,李庆志. 新世纪烟台城市形象定位的研究[J]. 人文地理,2005(01).
[21] 李泽华. 我国农产品批发市场的现状与发展趋势[J]. 中国农村经济,2002(6):36-42.
[22] 刘斯敖. 产业集聚测度方法的研究综述. 商业研究[J]. 2008(11).
[23] 联合国粮农组织统计数据[EB/OL]. [2010-9-1]. http://faostat. fao. org/site/339/default. aspx.
[24] 梁东,汪朝阳. 产业集群定量测度方法轨迹分析. 科技进步与对策[J],2006(12).
[25] 刘汉成. 中国苹果产业发展及国际竞争力研究:[硕士学位论文]. 武汉:华中农业大学,2003(5).
[26] 刘普合. 2009,http://news. cnnb. com. cn/system/2009/11/23/006334370. shtml.
[27] 刘雪. 中国蔬菜产业的竞争力研究[D]. 中国农业大学,2002:30-40.
[28] 罗瑾. 中国花生生产变动与影响因素的实证分析[硕士学位论文]. 北京:中国农业大学,2006.
[29] 马爱红,郭紫娟,李海山. 我国葡萄产业发展概况[J]. 河北农业科学,2009(12).
[30] 穆维松. 中国水果供求特征的计量研究:[博士学位论文]. 北京:中国农业大学,2006.
[31] 穆维松,李彩霞,傅泽田. 中国水果需求的主要影响因素及经济学特征分析. 现代农业科技,2007(6):41-42.

[32] 穆维松,田东,张领先,傅泽田.苹果供求关系计量模型构建及实证研究.农业系统科学与综合研究,2007,23(2):252-256.

[33] 商务部农业部关于开展农超对接试点工作的通知(商建发[2008]487 号).

[34] 苏东水.产业经济学[M].北京:高等教育出版社,2005.

[35] 唐礼智.我国花生国际竞争力的比较分析与提升对策[J].农业经济问题,2007(12):70-74.

[36] 田东,冯建英,陈旭,穆维松.世界葡萄产业生产及贸易形势分析. 世界农业,2010(6):46-50.

[37] 田淑芬.中国葡萄产业态势分析[J].中外葡萄与葡萄酒,2009(1).

[38] 孙利波. 渤海湾地区葡萄酒产业集群研究.中国农业大学学位论文[D],2007(6).

[39]王海波, 王孝娣, 王宝亮,等[J].中国设施葡萄产业现状及发展对策[J]. 中外葡萄与葡萄酒,2009(9).

[40] 王骏.中国农产品批发市场发展对策研究[D].北京交通大学硕士学位论文,2007.

[41] 吴英晶,斯日古楞,吴英姿.呼伦贝尔乳业行业集中度分析[J].合作经济与科技,2010.

[42] 谢敬.对统购统销政策运行三十余年的回顾与评析[J].江西社会科学,2003(3):108-110.

[43] 徐康宁, 冯春虎. 中国制造业地区性集中程度的实证研究[J].东南大学学报(哲学社会科学版),2003(1).

[44] 杨为民,等. 中国蔬菜供应链优化研究[M]. 北京:中国农业出版社,2007.

[45] 杨公朴,夏大慰. 产业组织经济学教程. 上海:财经大学出版社,1998:136.

[46] 余姚葡萄网.味香园:引领果农"抱团"兴产业. http://www.yyptw.net/new.asp? id=570.

[47] 张金昌.用出口数据评价国际竞争力的方法研究[J].经济管理,2001(20):17-25.

[48] 中华人民共和国国家发展改革委关于实施新农产品成本调查核算指标体系的通知.发改价格[2004]207 号,2004.

[49] 中华人民共和国国家统计局. 2009 年中国统计年鉴[M]. 北京：中国统计出版社，2010.

[50] 中共中央. 关于切实加强农业基础建设进一步促进农业发展农民增收的若干意见. 2008.

[51] 中共中央. 关于 2009 年促进农业稳定发展农民持续增收的若干意见. 2009.

[52] 周忠民. 浅谈饮食消费行为的影响因素. 扬州大学烹饪学报，2002(1)：56-58.

[53] 朱再清. 我国油菜籽及菜籽油的比较优势及国际竞争力分析[J]. 华中农业大学学报，2009(6)：10-13.

[54] Berdie，1994. 转引自吴明隆. SPSS 统计应用实务. 北京：科学出版社，2003.

[55] Bogers R. P. , Brug J. , van Assem P. , Dagneliea P. C. Explaining fruit and vegetable consumption：the theory of planned behaviour and misconception of personal intake levels [J]. Appetite，2004(42)：157-166.

[56] Gracia A. , Albisu L. M. Food Consumption in the European Union：Main Determinants and Country Differences. Agribusiness，Vol. 17 (4) 469-488 (2001).

后　记

《中国葡萄产业经济研究》一书终于成稿。这本书是在国家葡萄产业技术体系各位岗位科学家和综合试验站站长的大力协助与合作之下完成的，它凝聚了作者多年来对我国农业经济发展问题的关注、思考以及探索，更凝聚了国家葡萄产业技术体系产业经济岗位团队成员的共同努力与辛勤汗水。

尽管葡萄是一种全国普遍种植、加工发展潜力较大的水果，但由于其在整体农业中属于小品种，国内葡萄产业经济系统化研究少，发表的文献也比较有限，国家层面对葡萄产业的统计数据不足，国内不同地区葡萄产业的对口管理部门有所不同，产业基本数据资料的缺乏。葡萄产业经济问题研究的滞后不利于引导产业的健康和持续发展。

庆幸地是，2008年，在农业部和财政部支持下，以中国农业大学为研发中心和依托单位，成立了国家葡萄产业技术体系，并设置了1个产业经济岗位，本人有幸得以入选，成为葡萄产业经济岗位科学家。这是对本人以前在葡萄经济领域方面研究的初步认可，也对本人及研究团队提出了更高的要求。在深感荣幸与自豪之余，也倍感压力，深怕工作开展不够好，不能满足体系的要求，不能起到对产业发展的引导作用，辜负领导、同行、以及团队成员的信任，因而时感惶恐、对体系的工作丝毫不敢懈怠与放松。

为了尽快摸清葡萄产业的发展现状，从2009年初开始，在首席科学家段长青教授、其他岗位科学家和各综合试验站站长的理解与支持下，本人带领产业经济研究团队先后走访了北京、天津、浙江、江苏、上海、辽宁、山东、四川、甘肃、新疆、广西、湖北、宁夏等葡萄主产地，走访了广大的葡萄种植农户、种植大户、葡萄协会、葡萄专业合作社、葡萄经纪人、葡萄批发商、葡萄酒企业的管理人员与技术人员、广大的消费者、以及当地的葡萄行政主管部门工作人员，获取了大量的原始资料与素材，这是我们研究最宝贵的资料。

在开展葡萄产业经济研究和调研过程中，越发感受到葡萄产业经济问题研究基础薄弱。需要系统地梳理葡萄产业经济相关信息与研究资料，为深入开展葡萄产业经济问题研究奠定基础，为引导葡萄产业进入良性发展的轨道提供政策参考建议的紧迫性。当本人提出该想法时，总是恐惶于研究资料缺乏与研究深度不够，但产业体系岗位专家、顾问以及同行以他们诚挚的建议和对产业发展的深度见解给本人以巨大支持和启示，使得本人具有进一步动力把初步的研究成果展现给大家，以为葡萄产业经济研究的抛砖引玉之作，期待着葡萄产业经济研究的深入开展与学科体系的日益成熟，为产业发展贡献自己应有的力量。

由于时间紧、任务重，很多工作还有待进一步细化和深入研究，本书难免存在不足之处。本研究的很多研究结果都是基于对实地调研和问卷调研数据的整理与分析，由于问卷设计可能存在的不足，各地在大样本调研阶段所选取的样本可能存在不同层次的失真与代表性不足，这导致本书有一些研究结论或许与实际有所偏差。以上遗憾与不足，恳请广大葡萄科技工作者、生产商、经销商以及葡萄产业技术体系等同仁多多批评指正。

总之，只要本书能加深一些大家对我国葡萄产业经济问题的关注与理解，本人则认为有所收获和感到欣慰；如果再进一步，对促进我国葡萄领域科研工作、促进我国葡萄产业发展发挥微薄之力，则更是心满意足了。

本书在编写过程中，参阅和引用了国内外许多学者、专家的研究文献，在此向有关专家表示感谢！感谢中国农业大学出版社！

国家葡萄产业技术体系 产业经济岗位
穆维松
2010 年 9 月